It's me
창업 시리즈 3

창업경험을 바탕으로 이론을 접목한

기업가정신

이현상 저

내하출판사

PREFACE 01

머리말

많은 대학에서 기업가정신이라는 교과가 신설되고 있다. 기업가정신이란 주체적인 자세로 새로운 가치를 창출하려고 하는 일련의 동기와 활동을 말하며 기업가정신의 공통적 요소로는 혁신성, 위험감수성, 성취욕구, 자율성, 진취성을 다루고 있다. 하지만 범위가 너무 넓어 경영학을 전공한 학자출신의 교수는 아이디어 발상법이나 회계, 사업 타당성 분석 등을 중심으로 교육을 한다면, 실무 경험이 많은 교수는현업에 종사한 경험이 있는 교수는 실전 경험 및 진행 과정이 필요한 사업계획서, 피칭, 협상, 개발 전략 및 비즈니스 모델 수립 방법 같은 실무적인 내용을 중심으로 교육을 하기도 한다.

미국의 벤처캐피털리스트이자 교육자인 마이클 모리츠 박사는 "기업가정신이란, 이론만으로는 부족하며 실제 행동해야 한다."라고 말했으며 이론에 근거한 경험의 중요성을 주장하였다. 따라서 본서에서는 기업가정신을 '본인의 이름으로 살아가는 본인의 삶'으로 정의하고, '기업가정신 = 기업가가 갖춰야 할 정신'이라기보다는 학습자가 스스로 상품이라고 생각하고 주체적인 삶으로 성장하기 위한 논리적인 사고와 창업, 창직, 취업, 취직 등 경제적 로드맵을 제공하려고 한다.

스티브잡스는 대학 시절 철학을 전공하였으나, 학교라는 시스템이 마음에 들지 않아 1학기 만에 중퇴하고, 18개월간 본인이 원하는 공부를 하였다. 이 시기에 그는 캘리그래피에 집중했고, 이러한 경험을 바탕으로 매킨토시에 트루타입

폰트를 적용하게 되었다. 매킨토시와 캘리그래피는 전혀 다른 영역이지만 스티브잡스가 세상을 바꿨다 말하는 매킨토시가 탄생할 수 있었다. 이러한 결정은 스티브잡스가 미래의 스티브잡스가 되기 위한 인생의 중요한 기초 과정이 되었다.

그렇다면 이 시대의 청년들에게 가장 필요한 역량은 무엇일까? 많은 전문가는 창의력과 문제해결 능력을 선택하지만 이러한 능력은 특정 전공에서만 해당되는 것은 아니다. 실제로도 우리 주변에는 학창시절 아주 평범한 학생이었지만 남다른 아이디어와 실행력으로 창업에 성공한 사례가 많기 때문이다. 필자의 경우에도 25년간 13번의 창업을 한 스타트업 CEO이자, 5년여 간의 기업가정신과 창업 교육을 해 온 경험에서 얻어진 것은 "자신감 있게 도전하라. 기회는 항상 주변에 있지만, 준비되었을 때 그 기회를 잡을 수 있다." 이다.

따라서 본서에서는 기업가정신의 의미와 탄생배경을 설명하고 성공한 기업가들의 도전과 실패에서 무엇을 얻을 수 있었는지를 살펴보았다. 또한 기업가정신의 5가지 요소를 적용하고 구체적인 사례들을 들어 설명을 하였다. 또한 이러한 기업가정신을 바탕으로 기업가로 성장하기 위한 기초적인 준비와 개인의 성장, 비전 설정 등 자기주도적으로 나의 이름으로 살아가기 위한 과정들을 소개하였다.

창업을 하거나 기업가가 되기를 꿈꾸는 사람들에게 자신의 삶의 방향과 태도가 곧 기업가정신과 직결된다는 것을 인지하고 본서가 그 꿈을 찾아가는데 자그마한 불씨가 되기를 바라는 마음이다.

저자 이 현상

PREFACE 02

It's Me 창업 시리즈

나만의 삶의 가치 찾기

'It's Me 창업 시리즈'는 대학 시절부터 지금까지 총 14번의 다양한 창업 경험을 시도해 본 경험과 지식을 바탕으로 구성하였다. 소프트웨어, 하드웨어, IoT, 마케팅, 프로젝트 관리 등의 전문성을 바탕으로, 아이템 및 비즈니스 모델 구축, 기업가정신, 정부지원자금 받기, 창업 단계별 전략과 실행 방법 등 창업을 원하는 독자들에게 조금이라도 보탬이 되기를 바라는 마음으로 집필하게 되었다. 각 권은 서로 연결되어 있기도 하고, 독자의 상황에 따라 필요한 부분만 참고할 수 있도록 구성하였다.

❶ ChatGPT를 활용한 정부 창업과제 사업계획서 작성하기

정부 과제 지원금은 한정된 자원으로 지원을 하다보니 경쟁자가 많을수록 떨어질 확률이 높다. 하지만 경쟁력이 아닌 사업계획서를 제대로 작성하지 못해 떨어지는 경우도 빈번하다. 정부 과제는 주어진 포맷의 사업계획서를 작성해야 하는데, 사업계획서가 생소하여 창업 아이템과 비즈니스 모델을 제대로 표현하지 못하기 때문이다. 따라서 ChatGPT의 프롬프트를 함께 공유하면서 사업계획서를 제대로 작성할 수 있도록 안내한다.

❷ ChatGPT를 활용한 창업 아이템과 비즈니스 모델 구축하기

많은 창업자가 성공의 꿈을 안고 창업을 하지만, 창업기업의 생존율은 5년 후 30% 정도이다. 창업을 위해 꼭 준비해야 할 것은 '창업 아이템'과 '비즈니스 모델'인데 대부분 '번뜩이는 생각'을 창업 아이템으로 여기고, 비즈니스 모델을 고민하지 않고 창업을 하다보니 실패율이 높다. 창업을 고민하거나, 아이디어가 있어 창업을 준비하는 데 실질적인 가이드가 될 것이다.

❸ 창업경험을 바탕으로 이론을 접목한 기업가정신

창업을 준비하는 과정에서 독자의 미래를 설계하는데 포인트를 두었다.

기업가정신이란, '본인의 이름으로 살아가는 본인의 삶'으로 정의하고, '기업가정신 = 기업가가 갖춰야 할 정신'으로 보기보다는 본인 자체를 상품이라고 생각하고 접근할 수 있도록 하여, 독자에게 논리적인 사고와 창업, 창직, 취업, 취직 등에 대해 독자의 꿈과 독자의 경제적 로드맵에 대한 가이드를 제공하고자 하였다.

❹ ChatGPT를 활용한 실전 스타트업 프레임워크

창업의 초기 단계부터 성장 단계까지 각 단계별 전략과 실행 방법을 상세히 다루며, 스타트업 성공을 위한 구체적이고 실용적인 접근법을 제공한다.

'It's Me 창업 시리즈' 커뮤니티

www.chathwp.com

- ChatGPT 사용방법 제공
- 맞춤형 MyGPTs 제공

CONTENTS

차 례

CHAPTER 05 위험감수성: 위험과 기회

CHAPTER 06 성취 욕구: 목표 설정과 달성

CHAPTER 07 자율성: 독립적인 의사결정

CHAPTER 08 진취성: 능동적인 행동

CHAPTER 01

기업가정신이란

CHAPTER 01

기업가정신이란

1장에서는 기업가정신의 본질을 탐구하고, 시대의 변화에 따라 그것이 어떻게 진화해왔는지 깊이 있게 이해하는 것을 목표로 한다.

산업혁명부터 디지털 시대까지의 발전 경로를 따라 기업가정신이 현대 사회와 경제에 미친 영향을 조명한다. 학습자는 기업가정신에 대한 일반적인 오해를 분석하고, 이를 진실과 대비하며 기업가정신이 단순한 경제적 목적을 넘어선 광범위한 개념임을 깨닫게 된다. 세계적인 기업가들의 사례를 통해 이론을 실제에 적용하는 방법을 배우고, 혁신성, 위험감수성, 성취 욕구, 자율성, 진취성 같은 기업가정신의 핵심 가치에 대해 심도 있게 탐구한다. 이 과정을 통해 기업가정신이 현대 사회에서 어떻게 구현되고, 혁신과 발전을 이끌어내는 방법에 대해 명확히 이해하게 되며, 이를 통해 자신의 사고와 행동을 혁신적으로 변화시킬 수 있는 기초를 다지게 될 것이다.

1 기업가정신의 역사적 배경과 현대적 의미

1) 산업혁명으로 시작된 기업가정신의 기원

산업혁명은 18세기 영국에서 시작된 역사적 사건으로, 현대 사회의 기반을 형성하는 데 결정적인 역할을 했다. 제임스 와트의 증기기관 개선을 시작으로, 이 혁명은 전에 없던 산업 시대의 시작을 알리며 기술 혁신과 사업 기회의 새로운 지평을 열었다. 이러한 변화는 '기업가'라는 개념을 탄생시켜, 단순한 생산성 향상과 경제적 이익 추구를 넘어 혁신과 창조를 통한 사회적 및 경제적 발전을 목표로 하는 현대적 기업가정신의 초석이 형성되었다.

산업혁명으로 인해 생산 방식이 급격히 변화하며, 대규모 공장제 생산이 가능해졌고, 이는 노동 시장과 사회 구조에 근본적인 변화를 가져왔다. 기계의 도입은 생산성을 대폭 향상시켰으며, 이는 상품의 대량 생산을 가능하게 해 경제 전반에 파급효과를 냈다. 또한, 새로운 기술과 발명품이 사업 모델에 혁신을 가져오며 기업가정신을 더욱 자극했다. 이 시기에 활동한 기업가들은 현대 사회에서 중요한 역할을 하는 다양한 산업 분야를 개척하였으며, 이러한 배경 하에 기업가정신은 단순한 사업 운영을 넘어서 사회적 가치 창출과 경제 발전을 추구하는 방향으로 발전했다. 기업가들은 기술 혁신과 시장 기회를 파악하여, 전통적인 경계를 넘어서는 새로운 사업 영역을 개척했다. 이 과정에서 위험을 감수하고, 창의적인 해결책을 모색하는 기업가정신이 중요한 동력이 되었다. 이는 현대 사회에서 기업가정신이 단순한 경제 활동을 넘어서 혁신과 사회 변화를 주도하는 핵심 요소로 자리 잡게 되었다.

〈그림 1. 제임스와트의 증기기관〉

2) 20세기: 기업가정신의 확장

20세기는 기업가정신이 엄청난 확장을 경험한 시기이다. 헨리 포드의 대량 생산 방식 도입은 자동차 산업에 혁명을 일으켜, 제조 시간을 크게 단축시키고 비용을 절감하여 자동차를 일반 대중에게 접근 가능하게 만들었다. 이 혁신은 제조업 전반에 걸쳐 광범위한 영향을 미쳤다.

월트 디즈니는 창의성과 상상력을 기업가정신에 통합하여 엔터테인먼트 산업에 새로운 지평을 열었다. 이 시기의 기업가들은 사업적 성공뿐만 아니라 사회적 변화와 혁신을 주도하는 데 중요한 역할을 수행했다. 그들은 기업가정신이 단순한 이윤 추구를 넘어 사회에 긍정적 변화를 가져올 수 있는 강력한 수단임을 증명했다.

이 시기를 통해 기업가정신은 기술적, 경제적, 사회적 영역에서의 혁신을 촉진하는 주요한 힘으로 자리매김했다. 기업가들은 새로운 시장을 개척하고, 혁신적인 제품과 서비스를 도입하며, 전통적인 비즈니스 모델을 재정의함으로써 경제와 사회에 지속적인 영향을 미쳤다. 이러한 활동은 20세기를 통해 기업가정신의 본질이 단지 경제적 활동에 국한되지 않고, 광범위한 사회적 가치 창출에 기여할 수 있는 포괄적인 개념으로 발전하게 하는 데 기여했다. 이 시대의 혁신가들은 자신의 비전을 현실로 전환시키는 과정에서 사회적 책임과 윤리적 경영의 중요성을 강조함으로써, 기업가정신의 새로운 지평을 열었다.

〈그림 2. 헨리포드의 대량생산 체제〉

〈그림 3. 월트디즈니, 증기선 윌리; 1929〉

3) 디지털 시대와 기업가정신

디지털 혁명의 도래와 함께, 기업가정신은 전례 없는 새로운 차원으로 진화했다. 디지털 혁명의 선구자들, 특히 스티브 잡스와 애플은, 혁신적인 기술 및 디자인으로 전 세계적 변화를 주도했다. 그들은 사용자 인터페이스 및 경험에 중점을 둔 제품 개발을 통해, 대중과 기술 간의 거리를 현저히 좁혔다. 또한, 구글은 정보 탐색 및 접근 방식을 혁신, 지식 획득 및 공유 방법을 근본적으로 변화시켰다. 이러한 기업들은 기술과 창의성을 결합하여 전에 없던 방식으로 기업가정신을 구현했다.

이 기업들의 성공은 기업가정신이 새로운 사업 기회 창출을 넘어 사회적 및 문화적 변화를 이끌고 현대 사회와 긴밀히 연결됨을 보여준다. 디지털 시대의 기업가정신은 기술의 힘을 활용하여 인류의 생활 방식을 근본적으로 개선하고, 지식과 정보의 접근성을 높이는 데 중요한 역할을 하고 있다.

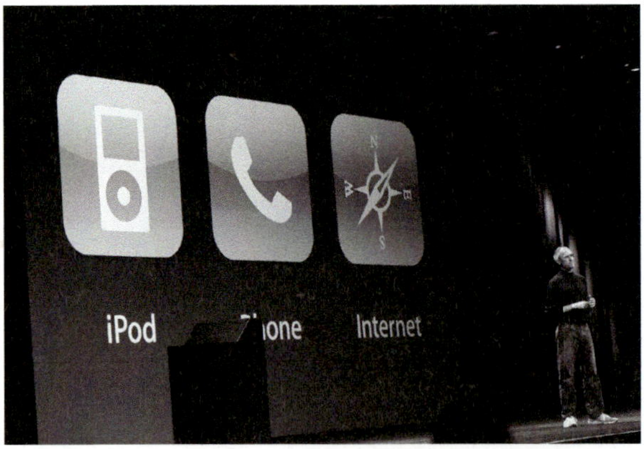

〈그림 4. 아이폰의 디자인 혁신; 2007〉

4) 현대적 의미에서의 기업가정신

현대적 의미에서의 기업가정신은 전통적인 사업 창출 개념을 초월하여 사회적 및 문화적 변화를 주도하는 넓은 범위로 확장되었다. 특히, 소셜 미디어 플랫폼의 출현은 전통적인 커뮤니케이션 방식을 혁신하고, 전 세계 사람들과 상호작용하는 기업가들에게 광범위한 영향력을 발휘할 수 있는 기회를 제공하였다. 이러한 변화를 통해 기업가들은 자신의 아이디어와 비전을 널리 퍼트리고, 사회적 변화를 촉진하는 데 중요한 역할을 할 수 있게 되었다.

현대 기업가정신은 또한 지속 가능한 발전과 사회적 기업가정신에 큰 중점을 두고 있다. 이는 경제적 이익 추구뿐만 아니라, 환경 보호와 사회적 책임을 기업 활동의 핵심 가치로 삼는 것을 의미한다. 지속 가능한 발전을 지향하는 기업가들은 사회적 문제 해결과 환경적 영향 최소화를 목표로 하는 비즈니스 모델을 통해 경제적 가치를 창출함으로써 기업가정신을 실천하고 있다.

현대적 의미에서의 기업가정신은 단순한 이윤 창출을 넘어서, 사회적 가치와 문화적 영향력을 중시하며, 지속 가능한 발전과 사회적 책임을 중요한 목표로 삼는다. 이는 현대 사회의 복잡한 도전과제에 대응하고, 긍정적인 변화를 이끌어내는 데 있어 기업가들이 중요한 역할을 수행할 수 있음을 시사한다. 따라서 기업가정신은 이제 경제적 성공 뿐만 아니라, 사회적 가치 창출과 지속 가능한 발전에 기여하는 광범위한 활동으로 인식되고 있다.

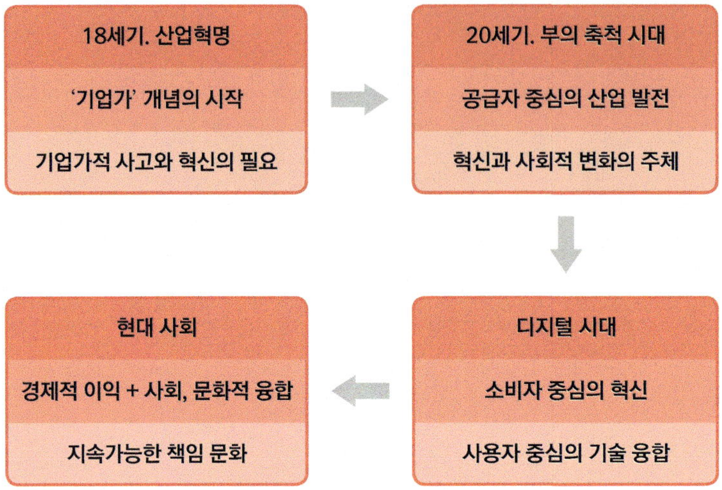

〈그림 5. 기업가정신의 발달 과정〉

5) 미래의 기업가정신

기업가정신의 미래는 인공지능, 빅데이터, 지속 가능한 발전 등 미래의 기술적 및 사회적 도전과 기회들에 의해 형성될 것이다. 이러한 변화들은 기업가정신에 새로운 형태와 의미를 부여하며, 기업가들에게 전례 없는 도전을 제공한다. 이를 통해 기업가들은 혁신적인 솔루션을 개발하고, 사회적 및 경제적 가치를 창출하는 새로운 방법을 찾아야 한다.

변화하는 환경 속에서도, 혁신성, 위험감수성, 성취 욕구, 자율성, 진취성과 같은 기업가정신의 핵심 가치는 여전히 중요하다. 이러한 가치들은 변화하는 환경 속에서 기업가들이 성공적으로 사업을 이끌고, 사회적 영향력을 발휘하는 데 필수적인 요소다.

▶ 혁신성은 새로운 기술과 아이디어를 개발하고 적용하는 능력을 의미한다.

- 위험감수성은 불확실성 속에서도 대담하게 새로운 기회를 추구하는 태도를 나타낸다.
- 성취 욕구는 목표를 설정하고 이를 달성하기 위해 끊임없이 도전하는 동기를 제공한다.
- 자율성은 독립적인 의사결정과 창의적인 문제 해결을 가능하게 한다.
- 진취성은 능동적으로 기회를 창출하고 실행에 옮기는 행동력을 의미한다.

앞으로 기업가정신은 이러한 핵심 가치를 바탕으로, 인류가 직면한 다양한 문제에 대한 해결책을 제공하고, 지속 가능한 발전을 위한 중요한 동력이 될 것이다. 이에 따라, 우리는 변화하는 세계에서 기업가정신의 의미를 재정의하고, 그 가치를 실현하기 위한 새로운 방법을 모색해야 할 것이다. 기업가정신의 미래는 이러한 가치들을 중심으로 지속적인 혁신과 발전을 추구하며, 사회적 책임과 지속 가능성을 향한 노력을 강화해야 한다.

2 기업가정신과 관련된 오해와 진실

기업가정신에 대해 널리 퍼진 오해들이 그 본질과 중요성을 잘못 전달하곤 한다. 본 섹션에서는 이러한 오해들을 해명하고, 기업가정신의 진정한 의미와 중요성을 명확히 설명함으로써 올바른 이해를 촉진하고자 한다.

1) 오해 1: 기업가정신은 오직 돈을 벌기 위한 것이다.

기업가정신에 대한 일반적인 오해 중 하나는 그것이 오직 경제적 이득만을 추구한다는 점이다. 그러나 실제로 기업가정신은 경제적 성공을 넘어서 훨씬 더 광범위하고 다층적인 목표를 지향한다. 이는 사회적 가치의 창출, 혁신의 촉진, 개인 및 조직의 성장과 발전을 아우르는 포괄적인 활동이다.

사회적 기업가들은 이윤 창출을 넘어선, 사회적 문제 해결에 중점을 둔 활동을 통해 기업가정신의 다면성을 드러낸다. 이들은 비즈니스 모델을 활용해 사회적, 환경적 문제에 대응하고, 생성된 이익을 사회적 목적을 지원하는 데에 재투자한다. 이 과정은 경제적 이익과 사회적 책임을 조화롭게 결합하는 기업가정신의 형태를 보여준다.

또한, 기업가정신은 개인적인 성장과 자기계발의 기회로도 작용한다. 기업가들은 새로운 기회를 탐색하고, 창의적인 해결책을 모색하며, 자신의 한계를 시험하는 과정에서 개인적 역량을 강화한다. 이 과정에서 얻은 경험, 지식, 기술은 개인의 전문성을 높이는 데 기여한다.

따라서, 기업가정신은 단순한 이윤 추구를 넘어서 사회적 가치 창출, 혁신 촉진, 개인 및 조직의 성장을 목표로 한다. 이는 경제적, 사회적, 개인적 차원에서 중요한 영향을 미치며, 지속 가능한 발전을 위한 핵심 동력으로 작용한다. 기업가정신은 다양한 가치를 창출하며 사회 전반에 긍정적 변화를 가져오는 중요한 역할을 수행한다.

2) 오해 2: 기업가는 타고난 재능이 있어야 한다

기업가가 되기 위해 타고난 재능이나 본능이 필수적이라는 인식은 기업가정신에 대한 오해 중 하나이다. 실제로 기업가정신은 선천적 요소만으로 결정되지 않으며, 어느 정도의 기질과 성향이 유용할 수는 있지만, 핵심은 배움과 경험을 통한 능력의 발전에 있다. 이는 지속적인 학습, 시행착오 그리고 그 과정에서의 성장을 통해 이루어진다. 새로운 시도와 실패를 경험하며 얻은 교훈과 회복력이 기업가정신의 진정한 본질이다.

기업가가 되는 길은 자기 계발과 지속적인 혁신에서 시작되며, 이 과정에는 전문 지식의 습득, 시장 동향의 이해, 관계 구축 등이 포함된다. 여기서 가장 중요한 것은 열정, 인내, 그리고 지속적인 개선을 위한 학습이다. 따라서 기업가정신은 타고난 재능보다는 이러한 요소들을 통해 누구나 개발하고 연마할 수 있는 능력이며, 모든 사람에게 기업가가 될 가능성이 열려 있음을 의미한다.

많은 성공적인 기업가들이 자신의 경험과 실패에서 배운 교훈을 바탕으로 사업을 성장시켜 나간 사례를 보면, 기업가정신이 타고난 것이 아니라, 인생의 다양한 경험을 통해 점진적으로 형성되고 발전하는 과정임을 알 수 있다. 이러한 이해는 기업가정신에 대한 보다 깊은 통찰을 제공하며, 기업가가 되고자 하는 이들에게 영감을 준다.

3) 오해 3: 기업가정신은 무모한 위험을 감수하는 것이다

기업가정신이 무모한 위험을 감수하는 것이라는 흔한 오해와 달리, 실제로는 신중한 계산과 전략적 사고를 바탕으로 위험을 관리하는 능력이 중요하다는 것이다. 성공적인 기업가들은 위험을 단순히 감수하는 것이 아니라, 신중한 분석과 계획에 기반하여 계산된 위험을 수용한다. 스타트업 창업 과정에서 기업가들은 시장 분석, 재무 계획, 리스크 평가를 통해 사업의 타당성을 면밀히 검토하며, 모든 가능성을 고려하고 위험 요소를 최소화하는 전략을 마련함으로써 실패 위험을 줄이고 성공 가능성을 높인다.

또한, 경험 많은 기업가들은 실패를 회피하기보다는 지속적으로 학습하고 적응하며, 과거의 실패에서 얻은 교훈을 바탕으로 더 나은 의사결정을 내린다. 그들은 실패를 성장과 발전의 기회로 삼으며, 이를 통해 위험을 관리하고 대처하는 능력을 개발한다. 기업가들은 위험을 감수하기 전에 이해관계자들과의 협의를 통해 의견을 수렴하고, 균형 잡힌 결정을 내리는 과정에서 협업과 팀워크의 중요성을 인식한다. 이는 기업가정신이 개인적인 판단보다는 다양한 관점과 전문 지식의 통합을 통한 결정 과정을 중시함을 보여준다.

결론적으로 기업가정신은 무모한 도전이 아니라 계획된 위험 관리와 전략적 사고에 기반을 두고 있다. 이는 기업가들이 단순히 단기적 성공을 추구하는 것이 아니라, 장기적인 지속 가능한 성장과 혁신을 목표로 한다는 것을 의미한다. 기업가정신은 심층적인 분석과 사려 깊은 결정 과정을 포함하는 광범위한 활동이다.

4) 오해 4: 기업가정신은 단독으로 수행되는 활동이다

기업가정신이 단독으로 수행되는 활동이라는 오해는 성공적인 기업가들의 경험을 통해 깨질 수 있다. 실제로 성공적인 기업가들은 자신들의 성공이 팀워크, 협업 그리고 다양한 네트워크와의 관계에 깊이 뿌리를 두고 있음을 강조한다. 이는 기업가정신이 단순한 개인주의적 접근이 아니라 공동체 의식과 상호 협력에 기반한 활동임을 나타낸다.

성공적인 비즈니스 구축 과정에서 기업가들은 멘토, 팀원, 비즈니스 파트너, 투자자 등 다양한 이해관계자들과 협력한다. 이들은 아이디어를 현실화하고 비즈니스 모델을 개발하는 데 필요한 조언, 지식, 자원을 공유한다. 멘토링, 팀워크, 네트워킹은 기업가가 사업 전략을 세우고, 시장에 진입하며, 성장을 이루는 데 필수적인 요소이다.

이러한 협력과 네트워킹은 기업가에게 새로운 기회를 제공하며 사업의 성장과 발전을 촉진한다. 따라서 기업가정신은 개인의 노력만으로 이루어지는 것이 아니라, 상호작용과 협업을 통해 발전하는 공동체적 활동이다. 이 과정에서 기업가들은 다양한 관점을 수용하고 서로 지원하며 함께 목표를 달성하는 경험을 한다.

5) 오해 5: 기업가정신은 창업에 필요한 정신이다.

기업가정신이 창업에만 국한된다는 오해는 기업가정신의 진정한 범위와 의미를 제한하는 관점이다. 실제로, 기업가정신은 창업뿐만 아니라 모든 조직 환경에서 혁신, 창의성, 변화 주도의 중요한 역량으로 작용한다. 이는 대기업부터 중소기업, 비영리 조직, 심지어 정부 기관에 이르기까지 다양한 분야에서 적용되며, 조직의 성장과 발전을 촉진하는 핵심 요소이다.

대기업의 팀 리더나 관리자가 기업가적 접근을 통해 사업 모델을 혁신하거나, 중소기업에서 창의적 해결책을 찾아내는 것, 비영리 단체에서 조직의 목표 달성을 위한 새로운 방법을 모색하는 것 모두 기업가정신의 적용 사례이다. 이러한 접근은 조직 내에서 새로운 아이디어를 제안하고, 실험적인 프로젝트를 주도하며, 지속 가능한 변화를 이끌어내는 데 중요하다.

기업가정신은 조직 내외부의 변화와 도전에 능동적으로 대응하고, 새로운 기회를 창출하는 데 필수적인 능력이다. 이는 리더십, 협업, 위험 감수, 지속적인 학습 및 적응 능력과 같은 다양한 요소를 포함한다. 따라서 기업가정신은 특정 분야나 활동에 국한되지 않고, 모든 조직과 개인이 직면한 문제를 혁신적으로 해결하고, 지속 가능한 성장을 추구하는 데 중요한 역할을 한다.

3 글로벌 기업가들의 사례 분석

세계적으로 유명한 기업가들의 사례는 기업가정신이 실제 세계에서 어떻게 혁신과 변화를 이끌어내는지 이해하는 데 중요한 통찰을 제공한다. 다음은 몇 가지 대표적인 사례를 통해 기업가정신의 구현과 영향력을 살펴본다

1) 스티브 잡스: 혁신적인 비전의 실현

애플의 공동 창립자 스티브 잡스는 혁신적인 비전과 그 비전을 현실화하는 끊임없는 추구로 기술 산업에 지대한 영향을 미쳤다. 잡스의 접근 방식은 기술 제품 자체를 넘어 사용자 경험을 극대화하고, 디자인, 사용성, 감성

적 가치를 통합하여 제품을 창조하는 데 집중했다. 아이폰은 잡스의 비전이 실현된 대표적인 예로, 스마트폰 시장을 창조하고 사용자가 기술과 상호작용하는 방식을 근본적으로 변화시켰다.

스티브 잡스는 아이폰, 아이팟, 맥북을 포함한 다양한 혁신적 제품을 통해, 기술이 인간의 삶을 어떻게 개선할 수 있는지에 대한 새로운 시각을 제시하였다. 그의 이러한 접근은 기술 개발에 있어 사용자 경험을 최우선으로 두는 새로운 패러다임을 만들었으며, 기술의 미래를 기술적 진보의 관점이 아닌 사용자 경험의 향상으로 재정의했다.

스티브 잡스의 경력은 혁신적 사고와 창조적 실행이 기업가정신을 통해 세계를 어떻게 변화시킬 수 있는지를 보여주는 중요한 사례이다.그의 예리한 시장 통찰력과 혁신적인 제품 개발은 기술 산업은 물론, 전 세계 다양한 산업에 깊은 영향을 미치며 현대 기술 발전의 방향성을 제시했다. 이를 통해 기업가정신의 본질이 단순히 성공적인 사업을 운영하는 것을 넘어, 지속적인 혁신을 통해 사회적, 문화적 변화를 이끌어낼 수 있는 광범위한 영향력을 가질 수 있음을 알 수 있다.

〈그림 6. 스티브잡스〉

2) 엘론 머스크: 미래를 향한 대담한 도전

엘론 머스크의 기업가정신은 혁신과 미래 지향적인 비전의 대표적인 사례로 꼽힌다. 스페이스X와 테슬라를 통해 그는 기존의 산업 패러다임을 뛰어넘는 새로운 길을 개척했다. 스페이스X에서의 저비용 재사용 가능 로켓 개발은 우주 탐사와 우주 산업의 상업화에 혁명적인 변화를 가져왔다. 테슬라를 통해 그는 전기차 시장에 혁신을 주도하며, 전기차가 성능과 디자인에서도 내연 기관 차량과 경쟁할 수 있는 대안임을 세계에 보여주었다.

머스크는 단순히 기업을 운영하는 것을 넘어, 지속 가능한 미래를 향한 비전을 구현하고자 하는 강한 의지를 가지고 있다. 그의 비전 중 하나인 솔라시티 설립은 태양광 에너지의 활용과 보급을 촉진함으로써 에너지 사용의 지속 가능성을 높이는 데 기여했다.

엘론 머스크의 접근 방식에서 우리가 배울 수 있는 것은, 기업가정신이 지닌 대담한 도전과 혁신적인 접근이 어떻게 산업의 경계를 넘어서 인류의 미래를 개척할 수 있는지에 대한 깊은 통찰이다. 그는 기술과 혁신을 통해 인류가 직면한 문제에 대한 실질적인 해결책을 제시함으로써, 기업가정신이 지닌 잠재력을 극대화하고 있다. 머스크의 기업가정신은 현실적인 문제 해결과 미래 지향적인 비전을 결합한 것으로, 기술 산업은 물론 인류의 미래에 대한 긍정적인 전망을 제시한다.

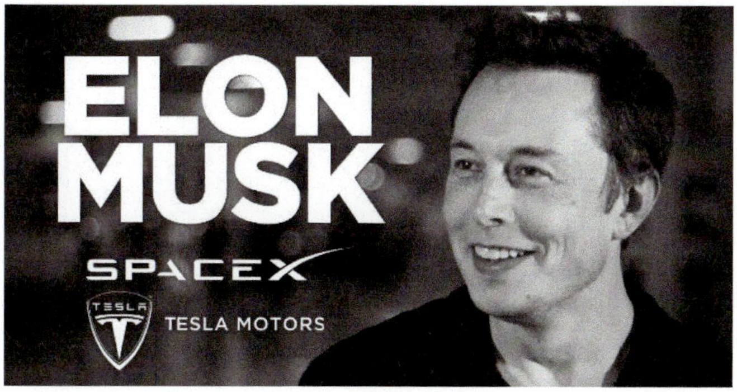

〈그림 7. 엘론 머스크〉

3) 마크 주커버그: 소셜 네트워크의 혁신가

마크 주커버그의 창조적인 업적은 소셜 네트워킹의 경계를 넓히는 데 중요한 역할을 했다. 페이스북의 창립은 단지 대학 커뮤니티의 벽을 넘어서 전 세계적인 소셜 미디어 혁명을 일으켰다. 주커버그의 비전은 사람들이 서로를 찾고, 소통하며, 정보를 공유하는 방식을 근본적으로 변화시키는 것이었다. 이로 인해 페이스북은 개인과 커뮤니티가 온라인상에서 서로 연결되는 새로운 방식을 창출했다.

주커버그의 리더십 하에 페이스북은 사용자들에게 개인적인 프로필을 만들고, 친구와 소통하며, 사진과 생각을 공유할 수 있는 독특한 플랫폼을 제공했다. 이러한 플랫폼은 온라인에서의 자기표현, 관계 형성, 정보 취득 방식을 혁신적으로 바꿔 놓았다.

페이스북의 글로벌한 성공은 국경을 넘어서 사람들이 서로 소통할 수 있는 플랫폼을 제공함으로써 세계적인 커뮤니티 형성에 기여했다. 이는 사회적, 정치적, 문화적 다양성을 공유하고 표현하는 데 중요한 역할을 했다. 하지만, 페이스북은 프라이버시, 가짜 뉴스, 데이터 보안 등의 도전에 직면하며 디지털 시대의 새로운 윤리적 및 법적 과제를 마주하게 되었다.

주커버그의 기업가정신은 소셜 미디어가 전 세계적으로 미치는 영향을 재정의하는 데 중요한 기여를 했다. 그의 비전과 혁신은 디지털 커뮤니케이션과 관계 형성에 새로운 장을 열었으며, 이러한 접근은 전 세계적으로 소셜 미디어의 역할과 중요성에 대한 이해를 넓혔다. 주커버그의 이야기는 디지털 시대에 기업가정신이 어떻게 사회적 관계와 커뮤니케이션을 혁신할 수 있는지를 보여주는 사례로 기억될 것이다.

〈그림 8. 마크 주크버그〉

4) 잭 마: 알리바바와 전자상거래의 개척자

잭 마의 알리바바 창업과 경영 스토리는 기업가정신이 전 세계적인 변화를 주도할 수 있는 방법을 보여주는 강력한 예시이다. 그의 겸손한 출발부터 세계적인 비즈니스 제국으로의 성장까지, 잭 마는 인터넷과 전자상거래의 잠재력을 신속하게 인식하고, 이 분야에 몰두하였다. 알리바바의 탄생은 중소기업들이 글로벌 시장에서 경쟁할 수 있는 독특한 기회를 제공하였으며, 전자상거래 시장에 새로운 패러다임을 제시하였다.

잭 마의 고객 중심의 접근 방식과 기술을 활용한 문제 해결 전략은 알리바바를 단순한 전자상거래 플랫폼을 넘어서 다양한 분야로 확장하는 데 중요한 역할을 하였다. 그의 리더십 아래, 알리바바는 중국의 전자상거래 시장을 지배하며 글로벌 시장에서도 중요한 영향력을 발휘하게 되었다. 잭 마의 혁신적인 사고방식과 기업가정신은 전자상거래 산업의 발전을 촉진시켰고, 기존의 경제 체계에 새로운 도전을 제시하였다. 잭 마의 이야기는 기업가정신이 새로운 산업을 창출하고, 사회적 및 경제적 변화를 이끌 수 있는 강력한 힘임을 입증한다.

〈그림 9. 잭 마〉

5) 정주영: 현대그룹의 창립자

정주영은 현대그룹의 창립자로서, 한국 경제 발전에 있어 상징적인 인물이자 대표적인 기업가이다. 그의 인생 여정과 성공 스토리는 어려운 상황에서도 기회를 창출하고 혁신을 추구하는 기업가정신의 중요성을 강조한다. 가난한 농촌 출신인 정주영은 자신의 형편에 만족하지 않고 끊임없이 도전하여 더 나은 삶을 추구했다. 이러한 정신력은 현대그룹의 설립과 성장에 결정적인 역할을 했다.

현대자동차와 현대중공업은 그의 주요 성과 중 하나로, 각각 자동차 및 조선 산업에서 글로벌 리더의 위치를 확립했다. 현대자동차는 기술 혁신과 품질 향상에 집중하여 국제적으로 인정받았으며, 현대중공업은 세계 최대의 조선소로 성장하여 한국 경제 발전에 기여했다.

정주영의 기업가정신은 끊임없는 혁신, 국제 시장에서의 경쟁력 강화, 그리고 사회적 책임에 중점을 두었다. 그의 비즈니스 활동은 한국 산업 발전과 국제 사회에서 한국의 위상을 높이는 데 큰 기여를 했다. 정주영의 이야기는 어려운 시작에서도 지속적인 도전과 혁신을 통해 글로벌 성공을 이룰 수 있다는 것을 보여주며, 후대 기업가들에게 영감을 주는 중요한 사례로 남아 있다.

〈그림 10. 정주영〉

이러한 기업가들의 사례는 각기 다른 분야에서 혁신과 성장을 이룩한 기업가정신의 다양한 면모를 드러낸다. 스티브 잡스, 엘론 머스크, 마크 주커버그, 잭 마, 그리고 정주영과 같은 인물들은 자신만의 독특한 방식으로 산업에 혁신을 주도하고 새로운 기회를 창출함으로써 전 세계적인 영향력을 발휘했다. 이들의 사례는 미래의 기업가들에게 깊은 영감을 제공하며, 기업가정신이 세계를 변화시키고 새로운 가치를 창출하는 데 어떻게 중요한 역할을 할 수 있는지를 명확하게 보여준다.

4 기업가정신의 핵심 가치

1) 혁신성: 끊임없는 진화를 향한 추구

혁신성은 기업가정신의 핵심 가치 중 하나로, 단순히 새로운 아이디어나 제품을 창출하는 것을 넘어선다. 이는 기존의 방식과 사고를 전환하고, 아직 탐험되지 않은 영역을 발견하는 과정이다. 혁신성은 기존의 문제들을 해결하고, 새로운 가치를 창출하는 데 있어 중요한 역할을 수행한다.

애플의 아이폰은 이러한 혁신성의 대표적인 예이다. 아이폰은 기술적 진보를 넘어 사용자 경험을 혁신적으로 변화시켰다. 터치스크린 인터페이스, 직관적인 사용자 환경, 다양한 애플리케이션의 통합은 사용자들이 기술을 경험하는 방식을 근본적으로 바꿔 놓았다. 이러한 변화는 단순히 제품의 형태를 변경한 것이 아니라, 사람들의 생활 방식과 의사소통에 깊은 영향을 미쳤다.

혁신성은 기술 분야에만 국한되지 않는다. 서비스, 비즈니스 모델 등 다양한 영역에서 혁신은 새로운 비즈니스 기회를 창출한다. 공유 경제 모델을 채택한 기업들은 전통적인 소유와 대여의 개념을 재해석하여 새로운 시장을 만들고 있다. 이들 기업은 자원의 효율적 사용과 접근성 향상을 통해 새로운 가치를 창출한다.

기업가정신에서 혁신성은 단순한 제품 개발을 넘어 사회적, 경제적 변화를 주도한다. 지속 가능한 발전과 사회적 변화를 이끄는 혁신은 기업가정신의 중심 원칙으로 자리 잡고 있다. 혁신을 통해 기업가들은 기존의 한계를 초월하여 새로운 가능성을 탐색하며, 변화하는 세계에서 지속적으로 새로운 가치를 창출해 나간다.

2) 위험감수성: 도전을 통한 성장

위험감수성은 불확실한 상황에서도 새로운 기회를 모색하고, 도전적인 목표를 설정하는 용기를 의미한다. 성공적인 기업가는 리스크를 면밀히 분석하고, 실패를 경험하더라도 그로부터 배워 성공으로 이끌어내는 능력이 있다.

제프 베조스가 이끄는 아마존은 단순한 온라인 서점에서 시작하여 기술, 로지스틱, 클라우드 컴퓨팅 등 다양한 분야로 사업을 확장한 대표적인 예시이다. 이러한 확장은 큰 리스크를 수반했으나, 베조스의 위험감수성 덕분에 아마존은 세계적인 기업으로 성장했다. 특히 클라우드 컴퓨팅 분야에서의 혁신은 아마존의 비즈니스 모델을 혁신적으로 변화시켜, 업계 전반의 혁신을 촉진했다.

위험감수성은 실패의 가능성을 인정하고, 그 안에서 배움과 성장의 기회를 발견하는 것을 포함한다. 실패한 프로젝트나 실험적인 사업에서 얻은 교훈은 종종 더 큰 성공으로 이어지기도 한다. 이는 기업가들에게 실패를 종말이 아닌 새로운 시작으로 바라볼 수 있는 시각을 제공한다.

또한, 위험감수성은 불확실성 속에서도 전략적인 결정을 내릴 수 있는 능력을 요구한다. 기업가들은 잠재적인 리스크를 평가하고 관리하며, 그 안에서 기회를 발견한다. 이는 기업가가 변화하는 시장 환경에 유연하게 대응하고, 혁신적인 비즈니스 기회를 포착하는 데 중요하다.

결론적으로, 위험감수성은 기업가가 불확실한 환경에서도 기회를 발견하고, 실패에서 배우며, 지속적인 성장을 추구하는 데 필수적인 요소이다. 이는 기업가정신의 근본적인 부분으로, 도전을 통한 성장과 혁신을 가능하게 한다.

3) 성취 욕구: 목표를 향한 열정과 집념

성취 욕구는 목표를 설정하고 이를 달성하기 위해 끊임없이 노력하는 열정과 집념을 의미한다. 이는 기업가가 자신의 비전을 현실화하기 위해 도전을 계속하고, 실패에도 불구하고 전진하는 데 필수적인 태도이다.

스타트업 창업자들의 경우, 그들의 아이디어가 시장에 수용될 것이라는 믿음으로 가득 차 있으며, 이를 현실로 만들기 위한 끊임없는 노력을 기울인다. 초기 단계에서의 자금 부족이나 시장의 불확실성 같은 여러 어려움에 직면함에도 불구하고, 성취 욕구가 강한 창업자는 이러한 장애물을 극복하고 목표를 향해 나아간다.

성취 욕구는 개인적인 자기 발전에서도 중요한 역할을 한다. 자신의 역량을 발전시키고자 하는 젊은 직원이나, 더 높은 직위나 책임 있는 역할을 수행하고자 하는 개인은 지속적인 학습과 자기 개발을 통해 경력 목표를 달성하기 위해 노력한다.

기업적 측면에서도 성취 욕구는 핵심적이다. 기업들은 시장에서의 리더십을 유지하고 지속 가능한 성장을 이루기 위해 혁신과 개선에 지속적으로 투자한다. 이러한 노력은 조직의 장기적인 성공을 보장하며, 성취 욕구를 장려하는 기업 문화는 조직의 지속적인 성장에 기여한다.

결국, 성취 욕구는 기업가정신의 핵심적인 부분이며, 개인과 조직이 목표를 향해 나아가는 데 있어 중요한 동기 부여 요소이다. 이는 어려움과 도전을 극복하고, 지속적인 개선과 혁신을 통해 목표 달성을 위한 노력을 의미한다. 성취 욕구를 가진 기업가와 조직은 끊임없는 도전과 성장을 통해 자신의 비전을 현실로 만들어 나간다.

4) 자율성: 독립적인 의사결정의 힘

자율성은 개인이나 조직이 외부의 간섭 없이 독립적으로 의사결정을 할 수 있는 능력을 말한다. 이는 창의적인 사고와 혁신적인 솔루션을 촉진하는 데 필수적이며, 기업가들이 자신의 비전을 실현하는 데 중요하다.

자율성은 개인의 업무 방식과 수행 방식에 대한 자유를 의미한다. 스타트업 환경에서의 자율적 의사결정은 신속하고 효율적인 대응을 가능하게 하여, 변화하는 시장 환경 속에서 중요한 경쟁력을 제공한다. 자율성을 부여

받은 개인은 자신의 아이디어와 전략을 자유롭게 실험하며, 이를 통해 더 나은 결과를 도출할 수 있다.

조직 차원에서의 자율성은 직원들이 자신의 업무에 대해 더 큰 책임감을 가지고 참여하도록 한다. 구글의 '20% 시간' 정책과 같은 자율성 촉진 정책은 창의적인 아이디어가 혁신적인 제품으로 발전할 수 있는 환경을 마련한다.

자율성은 또한 조직의 리더십 스타일에 영향을 미친다. 자율적 리더십은 팀원들이 자신의 역할과 프로젝트에 대해 자율적으로 결정할 수 있는 권한을 부여함으로써, 팀원들의 전문성과 창의성을 최대한 발휘할 수 있는 기회를 제공한다. 이는 조직 전체의 혁신과 성과 향상으로 이어진다.

결론적으로, 자율성은 개인과 조직이 자신들의 비전과 목표를 성공적으로 달성하는 데 필수적인 요소이다. 자율성은 창의적 사고를 촉진하고, 신속한 의사결정을 가능하게 하며, 조직 내 혁신을 지원한다. 자율적인 환경에서 일하는 개인과 팀은 자신들의 역량을 최대로 발휘할 수 있으며, 이는 조직의 성공으로 이어진다.

5) 진취성: 능동적인 행동의 동력

진취성은 주도적이고 능동적인 태도를 의미하며, 기회를 적극적으로 찾고 변화를 주도하는 데 중요한 역할을 한다. 이는 기업가들이 현재 상태에 만족하지 않고 끊임없이 발전하려는 의지를 반영한다.

신기술이나 시장 트렌드를 발견하고 이를 사업 기회로 전환하는 것은 진취성의 예시이다. 이를 통해 기업가는 시장에서 선제적으로 움직이고 새로운 비즈니스 영역을 개척한다. 진취적인 기업가는 미래의 가능성을 보고 이를 현실로 만들기 위해 노력한다.

진취적인 사고방식은 도전을 두려워하지 않고 실패에서 배우며 새로운 시도를 지속하는 태도를 포함한다. 실패한 프로젝트에서 얻은 교훈을 바탕으로 개선된 전략을 수립하고 다시 시도하는 것이다. 이는 기업가가 불확실한 환경에서도 성공적으로 나아갈 수 있게 해준다.

조직이 직원들에게 새로운 아이디어를 실험하고 도전적인 목표를 설정하며 적극적으로 변화를 추구할 수 있는 환경을 제공한다면, 이는 전체 조직의 혁신과 성장을 촉진한다. 진취성을 가진 조직은 시장의 변화에 빠르게 대응하고 경쟁 우위를 확보할 수 있다.

결국, 진취성은 기업가정신의 중요한 구성 요소로, 적극적이고 주도적인 태도를 통해 새로운 기회를 창출하고 혁신을 추구하며 지속적인 성장을 도모한다. 진취적인 기업가와 조직은 끊임없는 발전을 향한 열정과 노력으로 시장에서 선도적인 위치를 확보할 수 있다.

CHAPTER 02

기업가정신의 탄생 배경

CHAPTER 02

기업가정신의 탄생 배경

제 2장은 44차 산업혁명의 역사적 흐름을 이해하고, 이 혁명이 기업가정신에 어떤 영향을 미치는지를 탐구한다. 기술 발전과 기업가정신의 상호작용을 분석하며, 혁신적인 기업 사례들을 통해 현대 사회에서 기업가정신이 어떻게 구현되고 있는지를 살펴본다. 이 장은 기술적 변화와 사회적 요구가 기업가정신에 어떻게 영향을 미치고 있는지를 이해하는 데 중점을 둔다.

1 산업혁명의 흐름에 대한 이해

1) 산업혁명으로 시작된 '도시화'

18세기 후반 영국에서 산업혁명이 일어나면서 기계화의 도입으로 생산성이 급격히 증가하였다. 이 변화는 농촌 지역의 인구를 도시로 이동시키면서 새로운 노동자 계급, 즉 공장 노동자들을 형성하였다. 이 시점부터 도시화가 본격적으로 진행되었다고 할 수 있다.

도시 자체는 이전에도 존재했지만, 그 규모는 농업 중심의 사회 구조 때문에 상대적으로 작았으며, 주로 자급자족의 형태로 운영되었다. 산업혁명에 따라 대량생산 체제가 구축되면서 사람들은 농사를 지을 필요 없이도 생계를 유지할 수 있게 되었다. 이에 농민들과 자본가, 상인들이 일자리와 수익 창출의 기회를 찾아 도시로 이동하게 되었다.

도시화는 'urbanization'이라고 하며, '도시(city)'와 '되다(become)'라는 단어가 합쳐진 합성어이다. 그런데 한 가지 특이한 점은 영어에서 말하는 'city'는 중세 시대 때 만들어진 개념으로서 근대 이후 생겨난 'modern city'와는 다른 의미를 지니고 있다는 것이다. 즉, 원래 시골 마을이었던 곳이 대규모 자본 투자 및 여러 사회 제도들의 도입으로 현대적인 모습을 갖춘 뒤에야 비로소 'city'라고 불리게 된 것이다. 따라서 우리가 흔히 생각하는 서구식 대도시들은 19세기 중반 이후에나 등장하게 된다.

도시화의 등장으로 인해 이전과는 전혀 다른 새로운 삶의 양식이 나타났다. 바로 근대화된 도시 속에서 생활하는 인간의 일상생활이었다. 우선 농업 중심 경제 구조로부터 탈피하여 공업 위주의 산업구조로의 개편이 이루어졌다. 또한 각종 상업 시설이나 공공기관 같은 편의시설 역시 많이 늘어나게 되자 자연스럽게 거대 도시가 탄생했고 오늘날과 같은 대도시 시스템이 구축되었다.

2) 자유방임주의로 시작된 '환경파괴'

경제학에서는 크게 고전파 이론과 케인스 이론 그리고 신자유주의 이론으로 나뉜다. 먼저 고전파 이론은 애덤 스미스의 국부론(자유방임주의)으로부터 시작된다. 그는 개인의 이기심 추구가 사회 전체의 이익을 가져온다고 주장했다. 이른바 '보이지 않는 손'이라는 개념인데 정부의 개입 없이도 시장 내 자율 조정 기능만으로 효율적인 자원 배분이 가능하다는 논리다. 따라서 국가의 간섭보다는 민간의 자유로운 경제활동을 장려해야 한다고 강조했다. 이때부터 '생태계 파괴'라는 단어가 시작되었다. 예컨대 현재 가장 큰 문제로 지적되는 기후변화 역시 인간의 과도한 생태계 파괴로부터 비롯됐다는 게 환경 전문가들의 공통된 견해다.

문제는 지나친 이기심은 환경오염 및 생태계 파괴라는 심각한 문제점을 일으킨다는 점이다. 즉 이타심이 동반되지 않은 이기심은 결국 인류에게 부메랑처럼 돌아온다는 의미다. 물론 이것은 먼 훗날 얘기지만 그렇다고 해서 지금 당장 아무런 행동을 하지 않아도 된다는 뜻은 아니다. 그런데도 우리는 여전히 각자의 삶에만 몰두할 뿐 자신만을 위한 무분별한 개발 행위를 지속하였고, 무분별한 개발 행위는 산림 훼손이라는 치명적인 결과를 만들었다.

이 시대에서는 부의 축적을 위해 지하자원의 개발을 반복하게 되었으며, 이러한 과정에서 막대한 양의 이산화탄소가 배출되어 지구온난화현상이 가속화되었고, 이에 따라 이상기후 현상이 발생하여 세계 곳곳에서 대규모 피해의 원인이 된 것이다.

3) 수정자본주의로 시작된 '세계화'와 '금융화'

자본주의 경제체제에서는 수요와 공급이라는 기본 원리가 작용한다. 따라서 가격 결정 메커니즘에 의해 자원 배분이 이루어진다. 이때 정부는 생산요소 제공자인 가계와 기업으로부터 세금을 징수하여 공공재 및 국방 서비스 등 사회간접자본 확충에 사용한다. 이것이 바로 오늘날 일반적으로 통용되고 있는 수정자본주의 이론이다.

경제학자인 존 메이너드 케인스는 1929년 대공황 시기에 정부의 적극적인 개입(수정자본주의)을 강조하였다. 1930년대 초 석유파동으로 인해 원유가격이 급등하자 물가가 치솟았고 실업자가 급증했으며 무역수지 적자 폭이 눈덩이처럼 불어났다. 그러자 각국 정부는 적극적인 개입 정책을 펼치기 시작했다. 케인스 학파의 처방에 따른 뉴딜정책이 그것이다. 대규모 토목공사를 통해 일자리를 창출하고 유효수요를 늘려 불황을 타개하고자 했다. 물론 일시적으로는 효과가 있었지만, 근본적인 해결책은 아니었다.

1970년대 후반부터는 또다시 위기가 찾아왔다. 중동 산유국들이 본격적으로 증산 경쟁에 돌입하면서 유가가 급락했고 그로 인해 인플레이션 압력이 완화되었다. 덕분에 한동안 호황을 누렸지만 1980년대 중반 무렵 한계에 봉착했다. 과잉투자 후유증으로 인한 국제수지 악화와 만성적인 경상수지 적자 그리고 높은 실업률 등 이른바 스태그플레이션 징후가 나타나기 시작한 것이다. 마침내 1985년 9월 뉴욕 증권거래소 주가 대폭락을 계기로 현재의 신자유주의 시대가 대두되었다.

4) 역사적으로 형성된 현대 사회의 문제점

위에서 살펴본 역사적 근거로 인해 아래와 같이 정리할 수 있다.

〈표 1〉

원인	산업혁명		자유방임주의		수정자유주의	
사회 현상	도시화	자본화	자연 파괴		세계화 및 금융화	
문제점	기회의 불균형	소득격차 발생	기후 위기	지구 온난화	세계 공동체	자국우선 주의
현재의 숙제	빈부 격차로 인한 갈등		자연 재해	전염병 발생	지역이기주의 NIMBY	

물론, 많은 원인의 복합적인 관계로 현재의 문제점을 만들게 되었다. 어느 하나의 이유가 현재의 문제로 귀결되는 것이 아닌, 상호 영향 속에서 이런 문제들이 누적되었음을 이해해야 한다.

5) 4차 산업혁명으로 인한 소비자 니즈의 다각화

산업혁명(産業革命, Industrial revolution)은 18세기 영국에서 시작된 사회경제적 변화와 기술의 혁신을 1차 산업혁명이라 불리고 있으며, 혁명이라는 단어는 이런 기술 혁신의 영향을 받아 사회경제적으로 발전을 이룬 인류 문명의 총체를 일컫는다.

현대 사회의 많은 성취와 문제가 이 산업혁명을 계기로 시작되었다 해도 과언이 아닐 것이다. 현대인들이 생각할 수 있는 사회 제도의 거의 모든 것이 산업혁명 시기에 생겨났다고 할 수 있다. 양적인 면에서도 엄청난 변화를 가져다주었는데, 15세기와 21세기를 비교하자면 인구는 5억에서 80억으로 늘었고 전 세계 총생산은 2,500억 달러에서 103조 달러로 불어났다.

역사적으로 총 4번의 기술적 변곡점은 아래와 같이 설명할 수 있다.

〈표 2〉

구분	1차 산업 혁명	2차 산업 혁명	3차 산업 혁명	4차 산업 혁명
시기	1784	1870	1969	2015
키워드	기계화	대량 생산	디지털	융합
핵심 발명품	증기기관, 방적기	전기, 전기모터, 컨베이어벨트	컴퓨터, 반도체	D.N.A(Data, Network, AI)
핵심 산업	면방직 산업	자동차, 중화학, 철강	인터넷, 컴퓨터, 반도체	D.N.A
경제 구조의 변화	◆ 자급자족 공업 중심 ◆ 도시의 생성	◆ 대기업 중심 경제 성장 ◆ 공급자 위주의 경제	◆ 벤처 기업이 혁신의 주체로 등장 ◆ 세계 경제의 글로벌 화	◆ 기술 창업의 활성화 ◆ IoT 산업구조 사회 시스템 혁신
사회 구조의 변화	◆ 노동자 계급의 성장 ◆ 자유 민주주의 체제 형성	◆ 자본가의 영향력 증대 ◆ 기술 의존도 심화	◆ 생활 편의 향상 ◆ 신지식인 그룹 등장	◆ 초연결 사회
인문 사회학적 의미	개인의 노동 ▼ 기계가 대신	인류의 노동 ▼ 대량 생산	개인의 사고 ▼ 컴터가 대신	인류의 사고 ▼ 인공 지능

제4차 산업혁명은 간단히 말해 컴퓨터 기반의 생산 방식의 혁신을 의미한다. 이는 인공 지능을 중심으로 한 소프트웨어, 방대한 데이터를 처리하는 빅데이터 기술, 그리고 최신 로봇 기술이 결합되어 근로의 형태가 혁신적으

로 변화하는 과정을 포함한다.

1990년대 초중반까지 전형적으로 제조업 중심의 굴뚝 산업이었다. 그 시절에는 생산자와 소비자 사이에 오직 공급과 수요라는 이분법적 관계만이 존재했다. 중간 유통 과정도 있었지만, 이는 매우 제한적이며 단순 중개 수준에 그쳤다. 고객 만족이라는 개념은 고려되지 않았으며, 구매 여부는 판매자가 제시하는 가격과 품질에 의해 결정되었다. 선택의 폭이 좁아 다양한 고객의 요구 사항을 반영하는 것이 불가능했고, 현재는 당연한 애프터서비스조차 없었다. 이러한 상황이 자동차를 한 번 사면 폐차할 때까지 사용한다는 말이 나오게 했다. 그러나 2000년대에 들어서며 IT 기술의 발달과 정보통신 기술(ICT)의 융합 시대가 도래하면서 자동차 업계는 기존과 전혀 다른 양상을 보이기 시작했다.

1990년대 초중반에는 PC의 보급이 활성화되며 인터넷 시대가 도래했고, 2000년대에 들어서는 스마트폰의 등장으로 모바일 시대가 본격적으로 개막했다. 이러한 정보통신 기술의 발달은 산업 패러다임을 완전히 바꾸게 만들었다. 이제 우리는 인공 지능, 로봇 기술, 사물인터넷을 기반으로 한 자율주행 자동차 개발 등, 제4차 산업혁명 시대를 맞이하게 되었다.

먼저, 인터넷 쇼핑몰의 등장은 유통 구조의 변화를 가져왔다. 이전에는 상상조차 못 했던 일이지만, 이제는 몇 번의 클릭만으로도 원하는 상품을 쉽게 구매할 수 있게 되었다. 이런 변화로 인해 소비자는 매장을 직접 방문하지 않아도 원하는 모델을 비교하고 검색할 수 있게 되었으며, 더욱 저렴한 가격으로 상품을 구매할 수 있게 되었다. 또한 스마트폰의 보급 확대로 모바일 쇼핑이 활성화되며 온라인과 오프라인의 경계가 모호해졌다. 이는 옴

니채널 시대의 도래를 의미한다.

또 다른 주목할 만한 변화는 ICT 기반의 플랫폼 비즈니스의 활성화다. 차량 공유 서비스인 우버, 숙박 공유 서비스인 에어비앤비, 그리고 배달 앱인 요기요 및 배달의민족 등은 이러한 변화의 대표적인 예이다. 제4차 산업혁명은 소비자의 니즈를 다양화시키며, 새로운 비즈니스 모델과 시장을 탄생할 수 있게 했다.

6) 코로나19로 야기된 세계 경제의 저성장

코로나 이전의 세계화로 인한 글로벌 분업화로 이루어진 글로벌 공급 체인은 코로나로 인해 타격을 받게 되었다. 반도체 수급이 어려워서 신차구매에 대한 대기 기간이 1년 정도 지연되는 것은 이미 경험한 바 있다.

2020년 초 발생한 코로나19 팬데믹은 자본주의의 근간이 흔들리고 있다. 2021년 경제 상황은 코로나19 발생 초기 이전 전염병처럼 잠시 스쳐 지나가는 유행병 정도로만 여겼다. 그리고 곧 종식될 것이라는 희망 고문과도 같은 뉴스 보도에 일희일비하기도 했다. 불확실한 측면이 많았지만 우리는 코로나19의 충격에서 벗어날 수 있을 거라 기대했었다. 그러나 러시아·우크라이나 전쟁, 미국이 주도한 통화정책의 급속한 전환, 중국의, 제로 코로나 정책 등에 따른 연이은 봉쇄 조치, 강대국들의 경제패권 다툼 등의 변수들이 연이어 발생했다.

따라서 단기적으로는 세계 경제 환경의 불확실성이 미칠 영향에 기민하게 대응하는 것이 무엇보다 중요하다. 이러한 경제 저성장 기조의 트렌드는 기업들도 긴축 재정을 하게 되고, 취업시장은 더 줄어들 것으로 예상된다.

2 기술 발전과 기업가정신의 상호작용

기술 발전과 기업가정신의 상호작용은 현대 사회에서 중요한 역할을 한다. 이 상호작용은 기술 혁신과 기업가적 사고의 결합으로 새로운 비즈니스 모델, 제품, 서비스를 창출하는 과정이다. 인터넷의 등장은 전자상거래의 탄생을 가능하게 했고, 스마트폰의 보급은 모바일 앱 시장의 성장을 가져왔다. 사물인터넷(IoT) 기술은 다양한 분야에서 새로운 가능성을 열었으며, 인공지능과 빅데이터의 발전은 서비스의 개인화와 예측 분석의 정확도를 높였다.

이러한 기술 발전은 기업가들에게 새로운 기회를 제공하며, 전통적인 시장과 산업에 혁신을 가져오고, 새로운 시장과 수요를 창출한다. 사회적 미디어와 디지털 마케팅은 기업들이 고객과의 소통 방법을 혁신하고, 클라우드 컴퓨팅은 소규모 기업이나 스타트업에게 강력한 컴퓨팅 자원을 저렴한 비용으로 이용할 수 있는 기회를 제공한다.

그러나 기술 발전은 새로운 도전과제도 제시한다. 비즈니스 환경의 지속적인 변화는 기업가들이 끊임없이 새로운 기술을 학습하고 시장 변화에 신속하게 대응해야 함을 의미한다. 사이버 보안, 데이터 프라이버시, 기술 윤리 등의 이슈는 기업가들이 기술을 책임 있게 사용하고 이러한 문제에 대해 균형 잡힌 접근 방식을 취해야 함을 시사한다.

결론적으로, 기술 발전과 기업가정신의 상호작용은 새로운 기회를 창출하며, 기업가정신은 이러한 기회를 혁신적인 비즈니스로 전환하는 과정에서 중요한 역할을 한다. 기술의 발전을 이해하고 이를 기업가적 사고와 결합하는 능력은 미래의 성공적인 경력을 위한 기초가 되며, 변화하는 비즈니스 환경에서 중요한 역할을 할 수 있게 한다.

혁신적인 기업들은 기술과 창의력을 결합하여 전통적인 산업을 혁신하고 새로운 비즈니스 모델을 창출하는 데 성공했다. 다음은 현재 시대의 기업가 정신이 어떻게 구현되고 있는지를 보여주는 몇 가지 예시이다.

1) 애플의 혁신적 접근

애플의 혁신은 단순한 기술 발전을 넘어서, 사용자 경험에 대한 깊은 이해와 그에 대한 집중에서 시작된다. 스티브 잡스의 철학에서 출발한 애플은 아이폰, 아이패드 등을 통해 기존에 없던 새로운 시장을 창조해내며, 전 세계적으로 모바일 커뮤니케이션과 엔터테인먼트의 방식을 혁명적으로 바꾸었다.

아이폰의 출시는 스마트폰 산업의 표준을 새롭게 정립하는 계기가 되었다. 전에는 생각지도 못했던 멀티터치 인터페이스는 사용자들에게 전례 없는 편리함을 제공했고, 모바일 앱을 통한 무한한 확장성은 개인의 생활 방식 자체를 변화시켰다. 예를 들어, 지도 앱 하나만으로도 사용자는 전 세계 어디에서든 길을 찾을 수 있게 되었고, 소셜 미디어 앱을 통해서는 실시간으로 전 세계 사람들과 소통할 수 있게 되었다.

아이패드의 등장은 태블릿 PC의 개념을 대중화하고, 미디어 소비부터 그래픽 작업, 게임에 이르기까지 다양한 분야에서 혁신적인 사용자 경험을 제공하였다. 예를 들어, 아이패드를 사용하면 언제 어디서나 전자책을 읽거나, 영화를 감상하며, 노트 필기를 디지털화할 수 있다. 이는 사용자들이 정보를 소비하고 창작하는 방식에 혁신을 가져왔다.

애플의 성공은 단순히 기술적 우수성에만 기인한 것이 아니라, 사용자 중심의 디자인 철학과 세심한 사용자 경험 설계에 있다. 애플 제품은 사용자의 삶을 더욱 편리하고 즐겁게 만드는 데 초점을 맞추고, 이를 통해 강력한 브랜드 충성도를 구축했다. 애플의 혁신적 접근은 기술이 사람의 삶을 어떻게 변화시킬 수 있는지를 보여주는 완벽한 사례로, 앞으로도 계속해서 새로운 기준을 제시할 것으로 기대된다.

2) 테슬라의 전기자동차 혁명

테슬라의 전기자동차 혁명은 단순히 자동차를 전기로 움직이게 하는 것에서 멈추지 않았다. 엘론 머스크의 리더십 아래, 테슬라는 환경 친화적인 운송 수단을 넘어서, 전기자동차 산업의 전반적인 생태계를 재정의했다. 테슬라의 모델들은 우수한 성능과 장거리 주행 능력, 빠른 충전 시간을 자랑하며, 전기차에 대한 고정관념을 깨뜨렸다.

테슬라의 혁신은 단지 자동차의 성능에만 국한된 것이 아니다. 회사는 전 세계적으로 수천 개의 슈퍼차저 스테이션을 설치하여, 전기차 사용자들이 장거리 여행도 불편함 없이 할 수 있도록 했다. 이러한 인프라 구축은 전기차 산업의 가장 큰 장벽 중 하나였던 '충전 문제'를 해결하는 데 큰 역할을 했다. 또한, 테슬라는 자동차 기술의 미래 방향을 제시하는 다양한 혁신을 선보였다. 자율주행 기술의 개발과 통합, 차량 내 엔터테인먼트 시스템의 혁신, 그리고 차량 업데이트를 위한 소프트웨어의 원격 업데이트 같은 기능들은 테슬라를 단순한 자동차 제조사에서 기술 회사로의 변화를 이끌었다.

테슬라의 전기자동차 혁명은 전 세계 자동차 산업에 대한 도전이자, 새로운 기준을 제시했다. 이는 다른 자동차 제조사들도 전기차 개발에 더욱 적극적으로 나서게 하며, 환경 친화적이고 지속 가능한 교통 수단에 대한 대중의 인식을 변화시켰다. 테슬라의 이러한 접근은 기업가정신이 어떻게 전통적인 산업을 변화시키고, 새로운 시장을 창출할 수 있는지를 보여주는 좋은 예시이다.

3) 아마존과 온라인 쇼핑의 변화

아마존의 성장 과정은 단순한 온라인 서점을 넘어 전 세계적으로 소비자 쇼핑 행태를 근본적으로 변화시킨 혁신의 이야기다. 제프 베조스가 창립한 이후, 아마존은 끊임없는 기술 혁신과 고객 중심의 서비스로 전자상거래 산업의 리더로 자리매김했다. 이 회사는 빠른 배송, 사용자 친화적인 웹사이트 디자인, 그리고 고객의 취향과 이전 구매 내역을 분석하여 개인화된 상품 추천을 제공함으로써 쇼핑의 새로운 패러다임을 제시했다.

아마존 프라임, 같은 날 배송 같은 혁신적인 서비스는 고객이 온라인 쇼핑을 더욱 쉽고 편리하게 이용할 수 있도록 만들었다. 이는 전통적인 소매업체들에게도 큰 영향을 미치며, 온라인 쇼핑의 기준을 한 단계 끌어올렸다. 아마존은 클라우드 컴퓨팅, 인공 지능, 빅 데이터 분석 등 최신 기술을 적극적으로 활용하여 소비자의 쇼핑 경험을 지속적으로 혁신하고 있다.

아마존의 성공은 단순히 상품을 판매하는 것을 넘어서, 데이터 기반의 의사 결정, 고객 중심의 서비스 제공, 그리고 지속적인 혁신을 통해 소비자의 기대치를 뛰어넘는 것에 있었다. 이로 인해 아마존은 전 세계적으로 소매업의 미래를 재정의했으며, 기업가정신이 어떻게 기술과 결합하여 전통적인 산업을 변혁시킬 수 있는지를 보여주는 완벽한 사례가 되었다.

4) 구글의 정보 검색 혁신

구글의 성공 이야기는 정보 검색의 혁신에서 시작되어, 다양한 디지털 서비스로의 확장으로 이어졌다. 처음에는 단순한 검색 엔진으로 출발했지만, 뛰어난 알고리즘과 사용자 경험에 대한 깊은 이해를 바탕으로 급속도로 성장했다. 구글은 정보의 바다에서 가장 관련성 높고 정확한 결과를 빠르게 찾아내는 데 초점을 맞추며, 전 세계 사람들의 정보 접근 방식을 근본적으로 변화시켰다.

이후 구글은 이메일 서비스인 Gmail, 지도 서비스인 Google Maps, 온라인 문서 도구인 Google Docs, 클라우드 기반 저장소인 Google Drive, 그리고 모바일 운영체제인 Android 등으로 서비스 영역을 확장했다. 이 모든 서비스는 사용자 중심의 설계와 끊임없는 혁신을 통해 정보를 찾고, 공유하고, 저장하는 방식을 혁신적으로 개선했다.

구글의 혁신은 단지 기술적인 발전에만 그치지 않고, 데이터 분석과 사용자 경험을 최우선으로 고려하는 새로운 비즈니스 모델을 창출했다. 이러한 접근 방식은 구글을 단순한 검색 엔진 회사에서 전 세계적인 정보 기술의 선두주자로 만들었다. 또한, 구글은 오픈 소스와 협업의 중요성을 강조하며, 전 세계 개발자와 사용자 커뮤니티와의 긴밀한 관계를 유지하고 있다.

구글의 성공은 정보와 기술이 어떻게 세계를 변화시킬 수 있는지를 보여주는 사례이다. 구글은 끊임없이 변화하는 기술 환경 속에서도 사용자의 필요를 충족시키기 위해 지속적으로 혁신하며, 이를 통해 정보 접근성을 향상시키고, 디지털 경험을 풍부하게 하는 데 기여하고 있다.

5) 넷플릭스의 엔터테인먼트 산업 변혁

넷플릭스의 성공 스토리는 단순한 엔터테인먼트 제공을 넘어서, 콘텐츠 소비 방식의 글로벌한 변혁을 이끌었다. 처음에 DVD 대여 서비스로 시작하여 스트리밍 플랫폼으로의 전환은 넷플릭스를 엔터테인먼트 산업의 선두주자로 자리매김하게 했다. 이러한 변화는 사용자가 원하는 콘텐츠를 언제 어디서나 접근할 수 있는 새로운 시대를 열었다.

넷플릭스의 혁신 중 하나는 개인화된 추천 알고리즘을 도입한 것이다. 사용자의 시청 이력과 선호도를 분석하여 맞춤형 콘텐츠를 제안함으로써, 사용자 각자에게 최적화된 시청 경험을 제공한다. 이는 전통적인 TV 방송이나 다른 스트리밍 서비스와 차별화된 넷플릭스만의 경쟁력이 되었다.

또한, 넷플릭스는 자체 제작 콘텐츠인 넷플릭스 오리지널 시리즈와 영화를 통해 업계에 새로운 트렌드를 선도했다. 이는 단순히 콘텐츠를 유통하는 것을 넘어, 고품질의 독창적인 콘텐츠를 제작하여 글로벌 시청자들에게 제공함으로써, 전 세계적으로 큰 사랑을 받고 있다. 이러한 자체 제작 콘텐츠 전략은 넷플릭스를 단순한 스트리밍 서비스 제공업체에서 콘텐츠 제작사로의 변모를 가능하게 했다.

넷플릭스의 혁신적인 접근 방식은 엔터테인먼트 산업에서 새로운 기준을 설정했으며, 전통적인 TV 방송과 영화 산업에 경종을 울렸다. 넷플릭스의 성공은 기술과 창의력이 결합된 기업가정신이 어떻게 전통적인 산업의 경계를 허물고, 새로운 시장을 창출할 수 있는지를 보여주는 대표적인 예시로 남아 있다.

6) 에어비앤비와 숙박업의 재정의

에어비앤비는 숙박업계에 혁명을 일으킨 사례로, 개인의 집을 여행객에게 임대할 수 있는 플랫폼을 제공함으로써 전통적인 호텔 산업의 패러다임을 변화시켰다. 이 혁신적인 비즈니스 모델은 공유 경제의 대표적인 성공 사례로 꼽히며, 여행자와 집주인 모두에게 새로운 기회를 열어주었다.

에어비앤비의 플랫폼은 사용자에게 다양한 숙박 옵션을 제공한다. 전 세계 어디서나 저렴한 가격에 독특한 경험을 제공하는 숙소를 찾을 수 있으며, 이는 전통적인 호텔이 제공할 수 없는 개성과 편안함을 갖추고 있다. 또한, 집주인은 추가 수입을 얻을 수 있고, 자신의 공간을 전 세계 여행객과 공유할 수 있다는 점에서 매력적이다.

에어비앤비는 숙박업을 재정의함으로써 숙박 시설의 접근성을 높이고, 여행자들에게 더 많은 선택권을 제공했다. 이는 전 세계적으로 숙박업의 다양성을 증가시키고, 여행 산업에 새로운 활력을 불어넣었다. 에어비앤비의 성공은 기업가정신이 어떻게 전통적인 산업에 혁신을 가져오고, 새로운 비즈니스 기회를 창출할 수 있는지를 보여주는 또 다른 사례이다.

에어비앤비의 모델은 또한 사회적, 경제적 영향을 미쳤다. 숙박 옵션의 확대는 지역 경제에 긍정적인 영향을 미치며, 여행자들이 더 다양한 지역을 탐험하게 함으로써 지역 관광 산업을 촉진한다. 동시에 에어비앤비는 지역 사회와의 협력을 강조하며, 지속 가능한 관광과 지역 발전에 기여하고자 노력하고 있다.

에어비앤비는 숙박업의 재정의를 통해 전통적인 호텔 산업에 대한 혁신적인 대안을 제시하였다. 이는 공유 경제의 성공적인 모델을 보여주며, 기업가정신이 사회적, 경제적 변화를 이끌 수 있는 강력한 동력임을 증명한다.

이러한 기업들의 사례들은 혁신이 산업의 경계를 넘어 새로운 비즈니스 모델을 창출하는 과정을 보여준다. 기술과 창의력이 결합되어 혁신을 이루며, 이러한 혁신이 전 세계적인 영향을 미치는 과정을 이해하는 데 중요하다.

3 미래 기업가정신의 방향성

미래 기업가정신의 방향성은 현 시대의 기술 발전과 사회적 변화를 반영하여 새로운 형태로 나타나고 있다. 이러한 방향성은 지속 가능성, 디지털 혁신, 사회적 책임, 그리고 협업과 네트워킹의 중요성에 초점을 맞추고 있다.

1) 지속 가능성과 친환경적 혁신

지속 가능성과 친환경적 혁신은 미래 기업가정신에서 가장 중요한 요소로 자리잡았다. 이 개념은 환경 보호뿐만 아니라, 장기적인 비즈니스 성공과 사회적 책임을 아우르는 광범위한 접근 방식을 의미한다. 예컨대, 테슬라는 전기자동차를 통해 환경 보호에 기여하는 동시에 경제적 성공을 이루어내며 이 분야에서 혁신의 아이콘이 되었다. 이러한 전기자동차는 기존의 화석 연료를 사용하는 자동차에 비해 대기 오염을 현저히 줄이며, 재생 가능 에너지의 사용을 촉진한다.

뿐만 아니라, 지속 가능한 패션 브랜드들은 환경 친화적인 소재 사용과 생산 방식을 도입함으로써 패션 산업 내에서 중요한 변화를 이끌고 있다. 이들 브랜드는 재활용 가능한 소재를 사용하거나, 물과 에너지 소비를 최소화하는 생산 공정을 통해 지속 가능한 패션을 실현하고 있다. 이러한 접근 방식은 소비자들에게 지속 가능한 소비의 중요성을 알리며, 패션 산업의 미래 방향을 제시한다.

이처럼, 지속 가능성과 친환경적 혁신은 단순히 환경적 가치를 넘어서 경제적 가치와 사회적 책임을 동시에 실현하는 현대 기업가정신의 핵심이다. 이러한 접근은 기업들이 장기적인 성공을 달성하는 동시에 지구 환경을 보호하고, 더 나은 미래를 위한 기반을 마련하는 데 기여한다.

2) 디지털 혁신과 기술 통합

디지털 혁신과 기술 통합은 미래 기업가정신의 중심축을 이룬다. 인공지능(AI), 빅데이터, 사물인터넷(IoT)과 같은 첨단 기술들은 비단 새로운 비즈니스 모델을 탄생시키는 데 그치지 않고, 기업들이 서비스를 개인화하고 운영 효율성을 극대화하는 데 중추적인 역할을 한다. 예를 들어, 구글과 아마존은 클라우드 컴퓨팅과 인공지능을 활용하여 사용자 경험을 맞춤화하며, 데이터 분석을 통한 의사결정 과정을 혁신하고 있다.

구글은 사용자의 검색 데이터를 분석하여 개인에게 최적화된 검색 결과와 광고를 제공함으로써 디지털 마케팅의 패러다임을 바꾸었다. 아마존 역시 구매 이력과 검색 패턴을 분석하여 소비자에게 맞춤형 추천을 제공하며, 클라우드 서비스를 통해 기업 고객에게 비용 효율적인 컴퓨팅 자원을 제공한다.

이러한 디지털 혁신은 기업이 고객의 요구를 실시간으로 파악하고, 이에 빠르게 대응할 수 있게 함으로써 비즈니스의 경쟁력을 크게 향상시킨다. 또한, IoT 기술은 제품과 서비스의 사용 방식을 혁신하며, 이는 스마트홈, 스마트팩토리, 스마트시티와 같은 새로운 산업 분야를 탄생시켰다.

이처럼 디지털 혁신과 기술 통합은 기업이 지속 가능한 성장을 이루고 사회에 긍정적인 변화를 가져오는 데 필수적인 요소다. 미래 지향적인 기업가정신을 가진 기업들은 이러한 기술의 발전을 적극적으로 수용하고, 이를 통해 새로운 가치를 창출하며 시장에서 선도적인 위치를 확보할 수 있다.

3) 사회적 책임과 윤리적 경영

사회적 책임과 윤리적 경영은 현대 기업이 직면한 중대한 과제이다. 소비자들이 기업의 사회적 영향력에 대해 더욱 관심을 가지면서, 기업들은 단순한 이윤 추구를 넘어 사회와 환경에 긍정적인 기여를 하는 방향으로 전환하고 있다. 이러한 변화는 기업의 장기적 성공과 브랜드 이미지에 직접적인 영향을 미친다.

예컨대, 사회적 기업가들은 전통적인 비즈니스 모델에 혁신을 가하여 수익 창출과 동시에 사회적 문제 해결에 주력한다. 이는 고용 창출, 교육 기회 확대, 환경 보호와 같은 다양한 분야에서 구현될 수 있다. 예를 들어, 패션 산업에서 지속 가능한 소재를 사용하거나 공정 무역을 지지하는 브랜드들은 소비자들로부터 큰 호응을 얻으며 시장에서 차별화된 경쟁력을 확보하고 있다.

윤리적 경영은 기업이 내외부 이해관계자와의 관계에서 정직하고 투명한 원칙을 유지하는 것을 의미한다. 이는 고객의 신뢰를 얻고, 장기적인 파트너십을 구축하는 데 필수적인 요소이다. 또한, 기업은 자신의 활동이 환경에 미치는 영향을 면밀히 검토하고, 지속 가능한 방식으로 비즈니스를 운영하기 위한 전략을 수립해야 한다.

사회적 책임과 윤리적 경영에 대한 이러한 접근 방식은 기업이 사회적 가치와 경제적 가치를 동시에 추구할 수 있게 하며, 이는 기업의 지속 가능한 성장을 위한 중요한 기반을 마련한다. 미래 지향적인 기업가들은 이러한 원칙을 비즈니스 모델의 핵심으로 삼아, 사회적, 환경적 측면에서 긍정적인 변화를 이끌어내는 데 기여할 수 있다.

4) 협업과 네트워킹

협업과 네트워킹은 현대 기업 환경에서 성공의 핵심 요소로 자리 잡았다. 이는 기업가들이 다양한 분야의 전문 지식을 활용하고, 공동의 목표를 달성하기 위해 서로 협력하는 과정을 포함한다. 특히, 급변하는 시장과 기술 환경 속에서 협업은 새로운 아이디어를 실현하고, 복잡한 문제를 해결하는 데 있어 중요한 역할을 한다.

스타트업 허브, 혁신 랩, 코워킹 스페이스 등은 기업가들이 만나 아이디어를 교환하고 협력 프로젝트를 시작할 수 있는 장소를 제공한다. 이러한 공간은 다양한 배경을 가진 사람들이 모여 서로의 경험과 지식을 공유하며, 새로운 비즈니스 기회를 발굴할 수 있게 한다. 예를 들어, 기술 스타트업은 마케팅 전문가와 협력하여 자신의 제품을 시장에 성공적으로 출시할 수 있으며, 디자이너와 엔지니어는 함께 새로운 사용자 경험을 창조할 수 있다.

네트워킹은 비즈니스 기회를 발굴하고, 파트너십을 구축하며, 자원을 공유하는 데 필수적인 활동이다. 산업 행사, 컨퍼런스, 워크샵은 전문가들이 만나 서로를 알고 협력의 기회를 모색할 수 있는 기회를 제공한다. 또한, 온라인 플랫폼과 소셜 미디어는 전 세계의 기업들과 연결하고, 협력을 위한 대화를 시작하는 데 유용한 도구가 된다.

협업과 네트워킹은 단순한 관계 구축을 넘어, 지식 공유, 혁신 촉진, 그리고 지속 가능한 성장을 위한 전략적 도구로 활용될 수 있다. 미래 지향적인 기업가들은 이러한 역량을 발휘하여 복잡한 문제를 해결하고, 새로운 시장을 개척하며, 비즈니스 세계에서 지속 가능한 성공을 달성할 수 있다.

미래의 기업가정신은 기술 혁신과 사회적 책임을 동시에 추구하는 방향으로 나아가고 있다. 이는 기술에 대한 깊은 이해와 사회적 영향력을 고려한 창의적인 사고가 필요함을 의미한다. 미래 기업가들은 변화하는 시장과 사회적 요구에 능동적으로 대응하고, 혁신적이고 지속 가능한 방식으로 비즈니스를 운영해야 한다. 이러한 능력은 미래의 비즈니스 리더로 성장하는 데 있어 중요한 기반이 될 것이다.

CHAPTER 03

도전과 실패: 학습의 과정

CHAPTER 03

도전과 실패: 학습의 과정

3장에서는 도전과 실패를 통한 학습 과정을 중요하게 다룬다. 이 장은 도전의 중요성을 인식하고, 실패에서 얻은 교훈을 성공으로 전환하는 방법을 탐구한다. 유명 기업가들의 실패 사례를 통해, 실패가 성공의 필수적인 부분임을 보여주며, 이를 바탕으로 회복 탄력성을 강화하고 긍정적인 마인드셋을 유지하는 방법을 배울 수 있다. 이 장은 실패를 두려워하지 않고, 오히려 그것을 성공으로 가는 중요한 단계로 받아들이며 목표를 향해 나아가는 방법에 대해 깊이 있게 이해할 수 있도록 돕는다.

1 도전의 중요성과 실패에서 배우기

1) 도전의 중요성

도전은 개인적 성장과 발전의 필수 요소이다. 특히 대학생활의 시작은 새로운 환경과 경험에 직면하는 도전의 시기이다. 이때, 도전은 새로운 기술을 배우고, 자신의 한계를 시험하며, 미지의 영역을 탐험하는 기회이다. 하지만 이 과정에서 실패는 불가피한 부분이다. 실패는 단순히 목표에 도달하지 못했다는 것을 넘어, 중요한 교훈과 성찰의 기회를 제공한다.

도전의 중요성을 이해하는 것은 매우 중요하다. 새로운 환경에서의 학습, 새로운 사람들과의 관계 형성, 새로운 분야의 탐구 등 모든 것이 도전의 일부이다. 이러한 도전은 때로는 실패를 경험하게 만들 수도 있지만, 이는 개인의 성장에 필수적인 경험이다. 실패는 단순히 끝이 아니라, 무엇이 잘못되었는지, 어떻게 개선할 수 있는지를 배우는 과정이다.

예를 들어, 대학에서의 첫 프로젝트나 발표에서의 실패는 흔한 경험이다. 이러한 실패는 처음에는 실망스러울 수 있지만, 이를 통해 시간 관리, 팀워크, 발표 기술 등을 개선할 수 있는 기회가 된다. 실패는 자신이 약한 부분을 인식하게 하고, 이를 개선하기 위한 구체적인 방향을 제시한다.

성공한 많은 기업가들의 이야기도 이와 유사하다. 예를 들어, 삼성전자의 이건희 회장은 여러 차례의 실패를 겪었지만, 이를 통해 새로운 비즈니스 전략을 수립하고 삼성을 글로벌 기업으로 성장시켰다. 그의 이야기는 실패를 통해 학습하고, 이를 바탕으로 성공으로 나아가는 모습을 보여준다.

또한, 실패는 자신감과 회복 탄력성을 키우는 과정이기도 하다. 실패를 경험하고도 다시 시도하는 것은 쉽지 않은 일이지만, 이를 통해 자신감을 얻고, 어려움을 극복하는 능력을 키울 수 있다. 예를 들어, 스타트업 창업가들은 여러 차례의 실패 끝에 성공적인 기업을 설립하는 경우가 많다. 이들은 실패를 극복하는 과정에서 강한 정신력과 유연한 사고방식을 개발한다.

실패에서 배우는 것은 단순히 그 순간의 문제를 해결하는 것을 넘어, 미래의 도전에 더 잘 대비할 수 있게 해준다. 실패를 경험한 후에는, 그 경험을 분석하고, 어떻게 다르게 할 수 있었는지, 다음에는 어떤 접근 방식을 취할 것인지를 생각해보는 것이 중요하다. 이러한 과정을 통해 개인은 더 강해지며, 미래의 어떤 도전이든지 간에 더 잘 대처할 수 있는 능력을 키울 수 있다.

결론적으로, 도전과 실패는 우리의 삶에서 중요한 부분이며, 이를 통해 개인은 더 큰 성공으로 나아갈 수 있다. 도전을 두려워하지 말고, 실패를 경험하더라도 그것에서 배울 것을 찾아야 한다. 이러한 태도는 대학생들이 성공적인 대학생활을 보내는 데 도움이 될 뿐만 아니라, 미래의 직업 생활과 개인적인 삶에서도 중요한 역할을 할 것이다.

2 유명 기업가들의 실패와 교훈

유명 기업가들의 실패와 교훈은 현재의 성공을 위한 필수적인 과정이었다. 이들의 초기 실패 경험은 그들이 오늘날의 위치에 도달하는 데 있어 중요한 역할을 했다. 실패를 겪은 후, 이들은 교훈을 얻고 자신의 방식을 개선하여 궁극적으로 성공을 달성했다. 이 과정에서의 학습과 성장은 기업가정신의 핵심적인 부분을 이룬다.

1) 토마스 에디슨의 실패와 교훈

토마스 에디슨은 "나는 실패한 적이 없다. 단지 10,000가지 방법을 발견했을 뿐이다."라고 말했다. 이 말은 에디슨이 전구를 발명하는 과정에서 겪은 수많은 실패를 통해 얻은 교훈을 담고 있다. 에디슨은 전구를 만들기 위해 2,774번의 실패를 경험했으며, 이 과정에서 다양한 실험을 통해 필라멘트의 적합한 재료를 찾아내는 데 성공했다. 그의 실패들은 단순한 시행착오가 아니었다. 각각의 실패는 전구의 밝기, 전기 소비, 내구성 등 다양한 요소에 대한 깊은 이해와 개선 방안을 제시했다.

에디슨의 접근 방식에서 우리가 배울 수 있는 중요한 교훈은 실패를 단순한 장애가 아닌 성공으로 가는 과정의 일부로 받아들이는 태도이다. 그는 실패를 통해 더 많은 것을 배우고, 각 시도에서 얻은 지식을 바탕으로 다음 실험을 개선해 나갔다. 결국, 그의 끈기와 실험을 통한 학습 덕분에, 우리는 지금 1,200시간 이상 지속 가능한 전구를 사용할 수 있게 되었다.

에디슨의 이야기는 우리에게도 큰 영감을 준다. 새로운 아이디어나 프로젝트에 도전할 때, 처음부터 완벽한 결과를 기대하기보다는 실패를 통해 학습하고, 그 과정에서 얻은 지식을 바탕으로 계속해서 개선해 나가는 태도가 중요하다는 것을 일깨워준다. 실패는 성공으로 가는 길목에서 우리에게 중요한 교훈을 주며, 이러한 교훈을 통해 우리는 더 나은 결과를 얻을 수 있다.

따라서, 에디슨의 실패와 교훈은 우리에게 실험의 중요성과 인내심, 그리고 실패를 통한 학습의 가치를 상기시킨다. 이러한 접근 방식은 단지 발명뿐만 아니라 모든 창의적인 활동과 도전에서 성공의 열쇠가 될 수 있다.

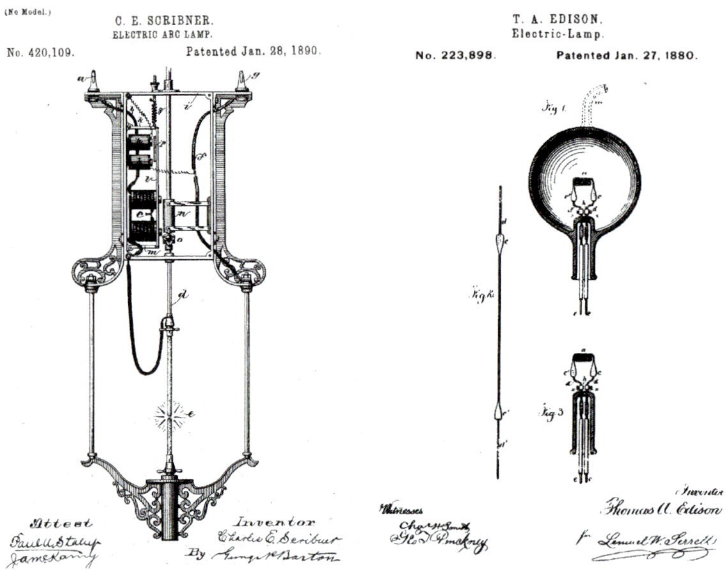

〈그림 11. 토마스 에디슨의 전구 연구노트〉

2) 헨리 포드의 초기 실패

헨리 포드의 사업은 많은 어려움과 실패로 시작되었다. 그의 첫 번째 자동차 회사인 디트로이트 오토모빌 컴퍼니는 1899년에 설립되었으나, 제품 개발 지연과 투자자들 사이의 불만으로 인해 큰 어려움에 직면했다. 포드는 자신의 이상적인 자동차를 생산하기까지 많은 시간과 노력을 들였지만, 초기 제품은 느리고 무겁고 신뢰할 수 없는 등 다양한 문제를 안고 있었다. 이러한 실패는 투자자들의 신뢰를 잃게 만들었고, 회사는 결국 재정비를 해야만 했다.

이 초기 실패에도 불구하고, 포드는 포기하지 않았다. 그는 자신의 접근 방식을 재고하고, 새롭게 설립한 포드 모터 컴퍼니에서 대량 생산 방식을 도입함으로써 자동차 산업에 혁신을 가져왔다. 이러한 변화는 자동차를 더욱 저렴하고 효율적으로 생산할 수 있게 만들었고, 폭넓은 대중에게 자동차를 소유할 기회를 제공했다. 포드의 이러한 혁신은 그를 자동차 산업의 선구자로 자리매김하게 만들었다.

헨리 포드의 초기 실패와 교훈은 우리에게 중요한 메시지를 전달한다. 첫째, 실패는 성공으로 가는 과정에서 불가피한 부분이며, 실패를 통해 배우고 성장하는 것이 중요하다. 둘째, 혁신적인 아이디어와 접근 방식은 기존의 문제를 극복하고 새로운 기회를 창출할 수 있는 열쇠가 될 수 있다. 셋째, 포기하지 않고 지속적으로 도전하는 정신은 어떠한 어려움도 극복할 수 있는 힘을 제공한다.

포드의 이야기는 대학생들에게 특히 중요한 교훈을 준다. 새로운 아이디어와 프로젝트에 도전할 때, 초기 실패에 좌절하지 않고, 이를 극복하고자 하는 의지와 혁신적인 사고가 얼마나 중요한지를 상기시킨다. 또한, 지속적인 학습과 개선을 통해 목표를 달성할 수 있다는 것을 보여준다. 헨리 포드의 이야기는 미래의 성공을 위한 강력한 동기 부여가 될 수 있다.

〈그림 12. 헨리 포드의 첫 가솔린 트럭; 1900년〉

3) 소프트뱅크의 손정의의 위기 극복

소프트뱅크의 손정의 회장은 기업가정신의 상징적 인물 중 하나로, 그의 경력은 극적인 위기와 놀라운 회복의 연속이다. 닷컴 버블 붕괴 당시, 소프트뱅크는 엄청난 손실을 입었고, 손 회장 개인의 거의 모든 자산을 잃었지만, 그는 이 위기를 굴복하지 않고 오히려 성장의 발판으로 삼았다.

손 회장은 닷컴 버블이 붕괴되면서 인터넷과 기술 회사에 대한 과도한 투자로 인해 회사의 주가가 급락하고 부채가 쌓이는 어려움을 겪었다. 하지만 그는 이 위기를 회피하기보다는 직면하기로 결정했다. 손 회장은 비효율적인 자산을 대대적으로 매각하고, 비용 절감에 나서는 등 과감한 구조조정을 단행했다. 그의 끈질긴 노력은 소프트뱅크를 다시 안정적인 길로 이끌었다.

그러나 손 회장의 비전은 단순히 회사를 원상태로 복귀시키는 데 그치지 않았다. 그는 알리바바와 같은 유망한 기업에 대한 투자를 통해 소프트뱅크를 세계적인 투자 회사로 변모시키는 데 성공했다. 그는 비전 펀드에 거액을 투자하여 인공지능, 로봇공학, 바이오 기술 등 미래 기술에 대한 대규모 투자를 진행했고, 이는 소프트뱅크가 기술 산업의 선두주자로 자리매김하는 데 결정적인 역할을 했다.

이러한 전략적인 투자와 위기 관리는 소프트뱅크뿐만 아니라 손 회장 개인에게도 큰 성공을 가져다주었다. 우버, 슬랙, 위워크 등 세계적인 스타트업에 대한 투자는 그의 투자 안목을 증명하는 사례로 남았다. 손 회장의 이러한 성공은 그가 단순히 위기를 극복한 것을 넘어, 위기를 기회로 전환한 뛰어난 기업가임을 보여준다.

손 회장의 이야기는 위기 속에서도 비전을 유지하고 장기적인 목표에 집중하는 것의 중요성을 강조한다. 그의 경험은 기업가들에게 실패와 어려움을 두려워하지 않고, 이를 극복하여 성공으로 이끌 수 있는 용기와 영감을 준다. 소프트뱅크의 현재 위치는 손 회장의 끈기와 비전이 어떻게 회사를 세계적인 투자 회사로 변모시켰는지를 보여주는 증거이다.

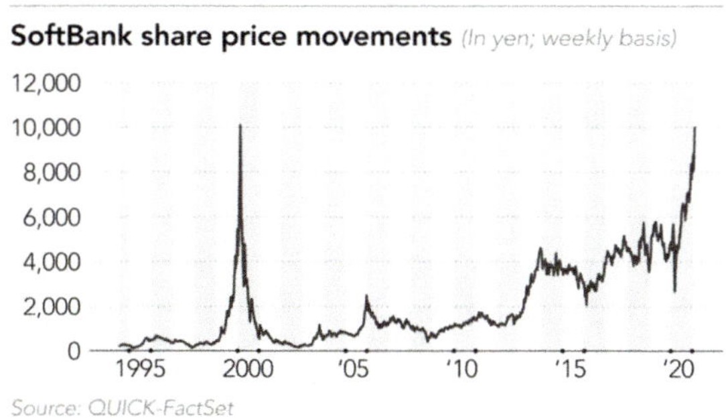

〈그림 13. 닷컴 버블 붕괴 당시의 소프트뱅크 주가〉

3 회복 탄력성과 긍정적 마인드셋

1) 회복 탄력성의 중요성

대학 생활은 끊임없는 도전과 변화로 가득 차 있다. 이 시기에 학생들은 다양한 시험, 프로젝트, 그리고 사회적 상황에 직면하게 된다. 이러한 경험들은 종종 실패와 실망을 수반하지만, 이를 통해 중요한 교훈과 자아 발견의 기회를 얻는다. 실패를 겪은 후에도 긍정적인 태도로 빠르게 회복하고, 다음 도전을 위해 준비하는 능력, 즉 회복 탄력성은 대학생활뿐만 아니라 인생 전반에 걸쳐 성공적인 대처 방식의 핵심이다.

회복 탄력성은 단순히 긍정적인 생각을 유지하는 것 이상의 의미를 갖는다. 이는 실패에서 빠르게 회복하고, 그 과정에서 배운 교훈을 바탕으로 더 나은 방향으로 나아가는 능력을 의미한다. 예를 들어, 시험에서 기대했던 성적을 얻지 못했을 때, 그 경험을 통해 공부 방법을 재평가하고, 자신의 약점을 개선하는 기회로 삼는 것이다. 이러한 과정은 개인의 성장과 발전을 촉진하며, 장기적으로 더 큰 성공을 이루는 데 기여한다.

또한, 회복 탄력성은 대인 관계와 사회적 상황에서도 중요한 역할을 한다. 대학생활 동안 겪게 되는 갈등이나 오해와 같은 상황에서도, 긍정적인 태도로 문제를 해결하고 관계를 개선할 수 있는 능력이 필요하다. 이는 다양한 사람들과 효과적으로 소통하고 협력하는 데 필수적인 기술이다.

결론적으로, 회복 탄력성은 대학생활을 성공적으로 이끌기 위한 필수적인 요소이다. 실패와 도전을 긍정적인 학습의 기회로 삼고, 이를 통해 개인의 능력을 강화하는 것은 미래의 성공에 중요한 기반을 마련한다. 따라서 대학 생활 동안 이러한 능력을 개발하고 강화하는 것은 매우 중요하다.

2) 긍정적 마인드셋의 힘

긍정적 마인드셋은 어려움에 직면했을 때 희망과 자신감을 유지하는 데 도움이 된다. 예를 들어, 어려운 과제나 프로젝트에 직면했을 때, 이를 성장의 기회로 여기는 태도는 해결책을 찾고, 적극적으로 문제에 접근하는 데 유리하다. 이러한 태도는 실패를 극복하고, 성공으로 나아가는 길을 열어준다.

긍정적인 사고방식은 단순히 문제를 긍정적으로 바라보는 것에서 시작된다. 이는 모든 상황에서 긍정적인 측면을 찾으려는 의지와 노력을 포함한다. 예를 들어, 실패를 단순한 실패로 보지 않고, 그 속에서 배울 수 있는 교훈과 앞으로 나아갈 방향을 찾는 것이다. 이러한 접근 방식은 문제를 해결하는 데 필요한 창의력과 유연성을 발휘하도록 돕는다.

또한, 긍정적 마인드셋은 동기부여와 자기 효능감을 높인다. 자신이 어떤 상황에서도 긍정적인 결과를 만들어낼 수 있다고 믿는 것은, 도전적인 목표를 설정하고, 그것을 달성하기 위해 필요한 노력을 기울이게 만든다. 이는 학업, 사회적 관계, 개인적 목표 등 생활의 모든 영역에서 적용될 수 있다.

긍정적 마인드셋의 힘은 또한 스트레스와 부정적인 감정을 관리하는 데 중요하다. 어려운 상황에 처했을 때, 긍정적인 생각을 유지하려는 노력은 스트레스를 감소시키고, 부정적인 감정을 극복하는 데 도움을 준다. 이는 건강한 정신 상태를 유지하고, 전반적인 삶의 질을 향상시키는 데 기여한다.

결론적으로, 긍정적 마인드셋은 대학 생활뿐만 아니라 인생 전반에 걸쳐 성공과 행복을 이루는 데 필수적인 요소이다. 어려움에 직면했을 때 긍정적인 태도로 접근하는 것은 더 나은 해결책을 찾고, 목표를 향해 나아가며, 삶의 질을 높이는 데 중요한 역할을 한다. 따라서 긍정적인 마인드셋을 개발하고 강화하는 것은 모든 대학생이 추구해야 할 중요한 목표이다.

3) 실제 사례: J.K. 롤링

J.K. 롤링은 '해리 포터' 시리즈의 초안을 여러 출판사에 제출했으나, 처음에는 거듭된 거절을 경험했다. 이러한 거절들은 대부분의 작가들에게는 큰 좌절감과 자신감 상실로 이어질 수 있었지만, 롤링은 이를 극복하는 놀라운 회복 탄력성을 보였다. 그녀는 거절을 개인적인 실패로 받아들이지 않고, 자신의 창작물과 이야기에 대한 깊은 믿음을 유지했다.

롤링의 회복 탄력성은 몇 가지 중요한 요소에서 비롯되었다. 첫째, 그녀는 자신의 창작 과정과 작품에 대한 열정을 끊임없이 유지했다. 둘째, 롤링은 자신의 이야기가 독자들에게 어떤 의미를 전달할 수 있는지에 대해 깊이 생각하며 작품에 대한 신념을 공고히 했다. 셋째, 그녀는 실패와 거절을 성공으로 가는 과정의 일부로 여기며, 각 거절에서 배운 점을 다음 기회에 적용했다.

이러한 긍정적인 마인드셋과 회복 탄력성은 J.K. 롤링이 결국 '해리 포터' 시리즈로 전 세계적인 성공을 거두는 원동력이 되었다. 그녀의 이야기는 대학생들에게 실패가 최종적인 종말이 아니라, 성공으로 가는 과정의 일부임을 상기시키며, 자신의 꿈과 열정을 포기하지 않는 중요성을 일깨워준다.

롤링의 사례는 창작과 혁신에 있어서 회복 탄력성과 긍정적인 태도가 어떻게 큰 성공으로 이어질 수 있는지를 보여주는 예이다.

〈그림 14. J.K. 롤링 헤리포터〉

4) 회복 탄력성과 긍정적 마인드셋을 기르는 방법

목표를 설정하고 이를 달성할 때마다 스스로를 격려하는 것은 자신감을 높이고, 더 큰 도전을 준비하는 데 중요하다. 이는 작은 성공을 축하함으로써 누적되는 긍정적인 경험이며, 이를 통해 더 큰 목표를 향해 나아갈 수 있는 동기를 부여한다.

긍정적인 생각을 연습하는 것도 필수적이다. 어려움에 직면했을 때 긍정적인 결과를 상상하고, 해당 결과를 달성하기 위한 구체적인 계획을 세우는 것은 문제 해결 능력을 향상시키고, 어려움을 극복하는 데 큰 도움이 된다. 이 과정에서 발생하는 어떠한 실패도 개인적인 결함으로 보지 않고, 배움의 기회로 여기는 것이 중요하다. 실패를 깊이 분석하고, 다음 번에는 어떻게 더 잘 할 수 있을지 고민하는 과정을 통해, 실패에서 교훈을 얻고 개선할 수 있다.

스트레스 관리는 정신적, 신체적 건강을 유지하고, 어려움을 더 잘 극복하는 데 필수적이다. 명상, 운동, 취미 활동 등을 통해 스트레스를 효과적으로 관리하는 것은 긴장을 완화하고, 정신적으로 균형을 맞추는 데 도움이 된다. 이러한 활동은 개인의 취향과 상황에 맞게 선택되어야 하며, 일상생활에 자연스럽게 통합되어야 한다.

회복 탄력성과 긍정적 마인드셋을 기르는 이러한 방법들은 어려움에 직면했을 때 빠르게 회복하고, 긍정적인 태도를 유지하는 데 큰 도움이 될 것이다. 이는 대학 생활에서뿐만 아니라, 졸업 후 직업 생활에서도 성공의 중요한 기반이 될 것이며, 인생의 여러 단계에서 발생할 수 있는 다양한 도전을 극복하는 데 필수적인 요소가 될 것이다.

5) 실패를 성공으로 전환하는 전략

실패는 성공으로 가는 길에서 필연적으로 마주치는 과정이다. 이 장에서는 실패를 성공으로 전환하는 구체적인 전략을 살펴본다. 대학생들에게 실패는 새로운 학습, 성장의 기회이며, 이를 통해 더 큰 성공을 이루는 방법을 탐구한다.

▶ 실패를 분석하고 이해하기

실패를 경험했을 때, 가장 중요한 것은 그 원인을 분석하고 이해하는 것이다. 예를 들어, 시험에서 낮은 점수를 받았다면, 어떤 부분이 부족했는지, 어떻게 공부 방법을 개선할 수 있는지를 고민해야 한다. 실패의 원인을 명확히 이해하는 것은 같은 실수를 반복하지 않고, 미래에 더 나은 성과를 낼 수 있는 기반을 마련한다.

▶ 목표 재설정과 계획 수립

실패 후에는 목표를 재설정하고, 새로운 계획을 수립하는 것이 중요하다. 이는 실패를 극복하고, 다시 도전할 수 있는 동기를 부여한다. 예를 들어, 창업에 실패한 경우, 사업 모델을 재검토하고, 새로운 마케팅 전략을 수립할 수 있다. 목표를 구체적이고 달성 가능한 단계로 나누어 설정하는 것이 중요하다.

▶ 긍정적인 태도 유지

실패를 경험한 후에도 긍정적인 태도를 유지하는 것은 매우 중요하다. 긍정적인 태도는 도전을 계속할 수 있는 힘을 제공하며, 어려움을 극복하는 데 도움이 된다. 스포츠 선수들은 경기에서 패배한 후에도 긍정적인 마인드셋을 유지하며, 다음 경기를 위한 훈련에 집중한다. 이러한 태도는 모든 분야에서 성공으로 가는 핵심 요소이다.

▶ 경험에서 배우고 성장하기

실패는 귀중한 학습 기회이다. 경험에서 배운 교훈을 적용하고, 성장하는 것이 중요하다. 많은 성공한 기업가들은 초기 실패를 통해 중요한 비즈니스 레슨을 배웠다. 이들은 실패를 통해 얻은 지식을 새로운 사업에 적용하여 큰 성공을 이루었다.

▶ 네트워크 활용하기

성공으로 가는 길에서 네트워크의 역할은 매우 중요하다. 가족, 친구, 멘토, 동료 등으로부터의 지원과 조언은 실패를 극복하고 다시 도전하는 데 큰 도움이 된다. 예를 들어, 대학에서 학업에 어려움을 겪는 학생은 교수님, 선배, 동료 학생들로부터 조언과 도움을 받을 수 있다. 이러한 지원 네트워크는 도전을 계속할 수 있는 힘을 제공한다.

이러한 전략들은 실패를 성공으로 전환하는 데 필요한 도구와 지침을 제공한다. 대학생활에서의 실패를 긍정적인 성장의 기회로 삼고, 이를 통해 더 큰 성공을 이룰 수 있도록 도와줄 것이다. 실패를 경험하는 것은 불가피하지만, 그것에서 배우고 성장하는 것은 선택의 문제이다. 이 장에서 제시하는 전략들은 대학생들이 실패를 성공의 발판으로 삼는 데 도움이 될 것이다.

CHAPTER 04

혁신성: 창의력과 문제 해결

CHAPTER 04

혁신성: 창의력과 문제 해결

4장은 오늘날 변화무쌍한 세계에서 필수 불가결한 능력인 혁신성에 초점을 맞춘다. 이 장에서는 창의적 사고 기법과 혁신적 접근 방식을 활용하여 문제 해결 과정을 탐구하며, 혁신적인 조직 문화를 구축하고 아이디어를 현실화하는 방법에 대해 소개한다. 다양한 국내외 사례 분석을 통해 혁신성의 중요성과 구현 방법을 심도 있게 이해할 수 있다. 독자들은 이를 통해 창의적 사고와 혁신적 접근을 통해 실제 문제를 해결하고, 아이디어를 상품화하는 과정을 배우게 된다. 혁신성은 새로운 아이디어를 창출하는 것을 넘어서, 그 아이디어를 실제로 구현하는 능력까지 포함한다. 이 장에서 다루는 전략과 기법은 독자들에게 혁신적인 생각을 실천에 옮기는 데 필요한 구체적인 도움을 제공할 것이다.

1 창의적 사고 기법과 혁신적 접근

창의적 사고는 새롭고 혁신적인 아이디어를 창출하는 데 필수적인 기술이다. 이 장에서는 다양한 창의적 사고 기법과 혁신적 접근 방식을 탐구하고, 이를 실제 사례와 함께 설명한다.

1) 브레인스토밍

브레인스토밍은 다양한 아이디어와 해결책을 탐색하는 과정이다. 이 방법은 참여자들이 특정 주제에 대해 자유롭게 생각을 공유하면서, 서로의 아이디어에서 영감을 얻어 창의적인 해결책을 도출하는 것을 목적으로 한다. 브레인스토밍의 가장 핵심적인 원칙은 비판 없이 모든 아이디어를 환영하고, 참여자 각자의 창의적인 사고를 최대한 촉진하는 것이다. 이 과정은 다양한 관점을 통합하여, 문제를 해결하기 위한 다양하고 폭넓은 방안을 모색하게 만든다.

브레인스토밍은 그룹의 협업과 팀워크를 강화하는 데에도 크게 기여한다. 참여자들이 서로의 아이디어를 듣고, 이에 기반해 새로운 아이디어를 생성하며, 집단적인 창의력을 발휘하는 과정에서 팀워크는 자연스럽게 강화된다. 이러한 협업 과정은 문제 해결에 다양한 시각을 도입하고, 팀 구성원 각자의 잠재력을 최대한 발휘할 수 있는 환경을 조성한다.

브레인스토밍 세션을 성공적으로 진행하기 위해서는 몇 가지 주의사항이 있다. 우선, 모든 참여자가 자유롭게 아이디어를 공유할 수 있는 개방적인 분위기를 조성하는 것이 중요하다. 아이디어를 비판하거나 평가하는 대신, 모든 제안을 수용하고, 이를 바탕으로 추가적인 아이디어를 도출하는 것에 집중해야 한다. 또한, 세션을 진행하는 동안 참여자들이 서로의 아이디어를 존중하고, 긍정적인 피드백을 제공하는 것도 중요하다.

브레인스토밍 과정은 창의적인 사고를 촉진할 뿐만 아니라, 문제 해결 과정에서 새로운 관점을 발견하고, 이전에 고려되지 않았던 가능성을 탐색하는 데 도움이 된다. 이 과정을 통해, 팀은 전통적인 사고의 틀을 벗어나, 혁신적이고 창의적인 해결책을 도출할 수 있다. 브레인스토밍은 단순한 아이디어 생성 기법을 넘어서, 혁신적인 문제 해결과 창의적인 사고를 촉진하는 핵심적인 과정이다.

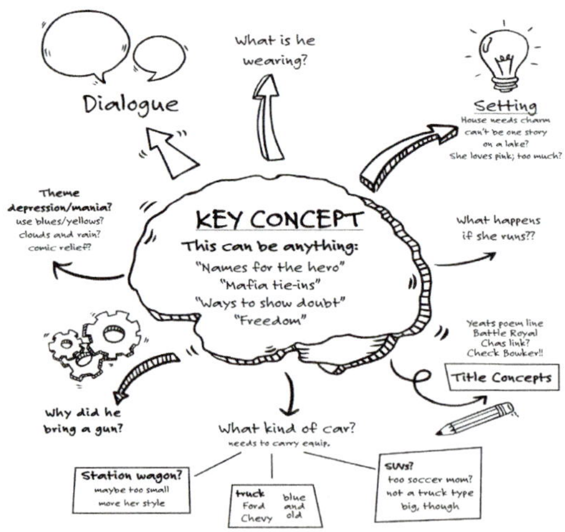

〈그림 15. 브레인스토밍〉

2) 마인드 맵핑

마인드 맵핑은 복잡한 아이디어와 정보를 시각적으로 조직화하고 연결하는 효과적인 방법이다. 중심 아이디어로부터 출발하여 관련된 생각, 개념, 혹은 정보를 연결하는 과정을 통해, 사용자는 아이디어 간의 관계를 명확하게 파악하고, 새로운 통찰을 얻을 수 있다. 이 방법은 정보의 복잡성을 단순화하고, 핵심적인 아이디어와 그 주변을 둘러싼 여러 요소들 사이의 상호작용을 이해하는 데 도움이 된다.

대학생들에게 마인드 맵핑은 특히 유용하다. 수업 내용을 정리하거나, 에세이나 연구 과제의 구조를 계획할 때 마인드 맵을 사용함으로써, 학생들은 중요한 아이디어를 빠르게 파악하고, 생각을 체계적으로 조직할 수 있다. 예를 들어, 에세이를 작성하기 전에 마인드 맵을 그리는 과정에서, 핵심 주제, 부주제, 그리고 각 부주제를 지원하는 근거나 예시들을 시각적으로 배열함으로써, 글의 전체적인 흐름과 구조를 더욱 명확하게 이해할 수 있다.

마인드 맵핑은 또한 브레인스토밍 과정에서도 유용하게 사용될 수 있다. 팀 프로젝트나 그룹 과제에서 참여자들은 마인드 맵을 공동으로 작성하면서 아이디어를 자유롭게 탐색하고, 서로의 생각을 통합할 수 있다. 이 과정은 창의적인 해결책을 도출하고, 프로젝트의 방향성을 결정하는 데 중요한 역할을 한다.

마인드 맵을 작성하는 방법은 간단하다. 우선, 종이나 마인드 맵핑 소프트웨어의 중앙에 중심 아이디어를 기록한다. 그 다음, 이 중심 아이디어에서 여러 가지 방향으로 선을 그어가며 연관된 아이디어나 개념을 추가한다. 각 연결된 아이디어에서 다시 세부 아이디어로 뻗어 나가며, 이러한 과정을 통해 복잡한 정보의 구조를 시각적으로 표현한다. 마인드 맵은 색상, 기호, 이미지 등을 활용하여 정보를 더욱 명확하고 직관적으로 전달할 수 있다.

결론적으로, 마인드 맵핑은 학습과 문제 해결 과정에서 창의력을 발휘하고, 정보를 체계적으로 조직하는 데 매우 유용한 도구이다. 이 방법은 아이디어를 시각적으로 표현하고, 복잡한 정보를 쉽게 이해할 수 있게 하며, 창의적인 사고를 촉진한다. 따라서, 대학생활에서 다양한 과제와 프로젝트를 수행하는 데 있어 마인드 맵핑은 중요한 기술 중 하나이다.

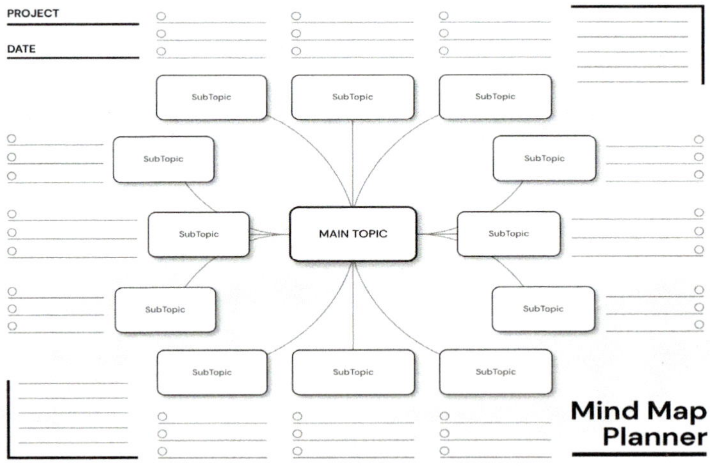

〈그림 16. 마인드 맵핑〉

3) SCAMPER 기법

SCAMPER 기법은 창의적 사고를 촉진하고, 기존 아이디어나 제품을 새로운 방식으로 변형하여 새로운 아이디어를 창출하는 데 사용되는 전략이다. 이 기법은 일곱 가지 다른 접근 방식을 사용하여 아이디어를 탐색하고 확장하는 과정을 포함한다: 대체(Substitute), 결합(Combine), 적용(Apply), 수정(Modify), 목적 변경(Put to another use), 제거(Eliminate), 그리고 역순(Rearrange)이다. 각각의 접근 방식은 아이디어를 다각도에서 재검토하고, 가능성을 확장하는 데 도움을 준다.

대체(Substitute) 과정에서는 기존 요소를 다른 것으로 대체하는 방법을 모색한다. 예를 들어, 제품의 재료나 기능을 대체하여 더 친환경적이거나 사용자 친화적인 제품을 만들 수 있다.

결합(Combine) 과정에서는 서로 다른 아이디어나 기능을 결합하여 새로운 가치를 창출하는 방법을 탐색한다. 이는 제품의 다기능성을 증가시키거나 새로운 사용자 경험을 제공할 수 있다.

적용(Apply) 단계에서는 기존 아이디어나 기술을 새로운 상황이나 문제에 적용하는 방법을 고려한다. 이는 기존의 제품이나 서비스를 새로운 시장이나 사용자 그룹에 맞게 조정하는 데 유용하다.

수정(Modify) 과정에서는 아이디어나 제품의 특정 측면을 변경하여 개선하는 방법을 찾는다. 이는 제품의 디자인, 기능, 성능 등을 개선하여 사용자의 만족도를 높일 수 있다.

목적 변경(Put to another use) 단계에서는 기존 제품이나 아이디어를 전혀 다른 용도로 활용하는 새로운 방법을 모색한다. 이는 창의적인 사고를 통해 숨겨진 기회를 발견하는 데 도움이 된다.

제거(Eliminate) 과정에서는 불필요한 요소를 제거하여 제품이나 서비스를 간소화하는 방법을 찾는다. 이는 사용자에게 더 명확하고 직관적인 경험을 제공할 수 있다.

마지막으로, 역순(Rearrange) 단계에서는 기존 요소의 순서나 구성을 변경하여 새로운 관점이나 기능을 제공하는 방법을 탐색한다.

SCAMPER 기법은 대학생들이 과제나 프로젝트에 접근할 때, 기업가들이 새로운 사업 아이디어를 개발할 때, 혹은 제품 개발 팀이 기존 제품을 개선할 때 유용하게 활용될 수 있다. 이 기법을 통해 참여자들은 창의적인 사고를 발휘하여 다양한 가능성을 탐색하고, 실제 문제에 적용 가능한 혁신적인 해결책을 도출할 수 있다. 따라서, SCAMPER 기법은 창의력과 혁신성을 발휘하고자 하는 모든 이에게 강력한 도구로 작용한다.

〈표 3. SCAMPER 기법〉

대체 (Substitute)	기존 요소를 다른 것으로 대체.	일회용 컵 대신 개인 컵 사용을 장려하는 캠페인 실행
결합 (Combine)	두 가지 이상의 요소를 결합.	쓰레기 분리 수거와 포인트 리워드 시스템 결합하여 학생들의 참여 유도

적용 (Apply)	기존 제품이나 아이디어를 새로운 상황에 맞게 적용.	공공장소에서 사용되는 스마트 쓰레기통 기술을 캠퍼스에 적용
수정 (Modify)	제품이나 서비스를 수정하거나 확장.	캠퍼스 내 쓰레기 수거 시스템의 효율성 개선
목적 변경 (Put to another use)	제품이나 아이디어를 전혀 다른 방식으로 사용.	재활용할 수 있는 쓰레기를 예술 작품 제작 등의 창의적 활동에 사용
제거 (Eliminate)	불필요한 요소를 제거	쓰레기 발생을 줄이기 위해 일회용 제품 사용 금지 정책 도입
역순 (Rearrange)	요소들의 순서나 구성을 바꾼다.	쓰레기통 배치를 최적화하여 접근성과 가시성 향상

4) 역발상

역발상은 문제 해결과 창의적 사고에 있어서 매우 강력한 도구이다. 이 방법은 기존의 생각이나 가정을 전면적으로 뒤집어, 문제를 전혀 다른 관점에서 바라보는 것을 목표로 한다. 기존의 방식대로라면 도달하기 어려운 새로운 해결책을 발견하는 데 특히 유용하다. 예를 들어, 전통적인 질문인 '어떻게 하면 사용자가 우리 앱에서 더 많은 시간을 보낼까?'를 역발상을 통해 '어떻게 하면 사용자가 우리 앱에서 더 적은 시간을 보내게 할까?'로 바꾸어 생각해볼 수 있다. 이러한 접근은 사용자 경험을 극대화하기 위한 전혀 다른 해법을 제시할 수 있다.

역발상의 과정은 단순히 반대되는 질문을 던지는 것에 그치지 않는다. 이는 문제에 대한 근본적인 가정을 재검토하고, 상황을 새로운 빛에서 바라볼 수 있는 기회를 제공한다. 예를 들어, 제품의 판매량을 늘리고자 할 때 '왜 사람들이 이 제품을 구매하지 않는가?'라는 질문 대신 '사람들이 이 제품을 구매하려면 어떤 장애물을 제거해야 하는가?'라고 생각해볼 수 있다. 이러한 접근은 제품의 잠재적인 단점을 해결하고, 판매 촉진에 기여할 수 있는 전략을 마련하는 데 도움이 된다.

역발상은 또한 기존의 해결책이 더 이상 효과적이지 않거나, 전혀 새로운 아이디어가 필요한 상황에서 특히 유용하다. 즉, 창의적인 해결책을 요구하는 어려운 문제에 직면했을 때, 전통적인 사고방식을 벗어나 새로운 가능성을 탐색할 수 있다. 이 과정에서는 모든 가정을 재검토하고, 문제의 본질에 대해 깊이 고민하며, 다양한 관점에서 문제를 바라보는 것이 중요하다.

〈그림 17. 역발상 아이디어 제품〉

이러한 창의적 사고 기법과 혁신적 접근 방식은 문제를 해결하고 새로운 아이디어를 창출하는 데 도움이 될 것이다. 이 장에서 제시하는 다양한 기법들은 학업, 프로젝트, 심지어 일상생활에서도 창의적이고 혁신적인 접근을 취하는 데 유용하게 활용될 수 있다.

2 문제 해결을 위한 혁신 전략

문제 해결을 위한 혁신 전략은 복잡한 문제에 대해 효과적으로 접근하고 해결하는 데 필수적이다. 이러한 전략은 창의력과 혁신적 사고를 바탕으로 하며, 문제를 명확히 정의하고, 다양한 해결책을 탐색하며, 최적의 해결책을 선택하고 실행하는 과정을 포함한다.

1) 문제 정의와 분석

문제 해결의 첫 단계는 문제를 명확하게 정의하고 분석하는 것이다. 이 과정은 문제의 본질을 근본적으로 이해하고, 문제 발생의 원인과 관련된 모든 요인을 심층적으로 파악하는 것을 목표로 한다. 예컨대, 팀 프로젝트 진행이 지체되는 상황에 직면했다고 가정해보자. 이때, 단순히 '프로젝트가 지연되고 있다'고 판단하는 것을 넘어, '왜 지연되고 있는가?'에 대한 근본적인 원인을 분석하는 것이 필요하다. 팀원 간의 의사소통 부족, 업무 분배의 불명확성, 리소스의 부족, 기술적인 문제 등 다양한 요인이 원인일 수 있다.

이러한 문제의 정의와 분석 과정에서는, 구체적인 사례를 들어 실제 상황을 모사하고, 문제 발생의 맥락을 정확히 이해하는 것이 중요하다. 예를 들어, 팀원 간의 의사소통 문제가 있다면, 의사소통의 어떤 측면에서 문제가 발생하는지, 어떤 방법으로 의사소통이 이루어지고 있는지 등을 구체적으로 분석해야 한다. 또한, 업무 분배가 명확하지 않다면, 각 팀원의 역할과 책임이 어떻게 정의되고 있는지, 업무 분배 과정에서 어떤 문제점이 발생하는지에 대한 분석이 필요하다.

문제의 정의와 분석 단계에서는 다양한 분석 도구와 기법을 활용할 수 있다. 예를 들어, SWOT 분석(강점, 약점, 기회, 위협), PEST 분석(정치, 경제, 사회, 기술적 요인), 5W1H(누가, 무엇을, 언제, 어디서, 왜, 어떻게) 등의 기법을 통해 문제를 다각도에서 조명하고, 문제의 근본 원인을 파악하는 것이 가능하다. 이러한 분석을 통해, 문제의 본질을 정확히 파악하고, 문제 해결을 위한 효과적인 전략을 수립하는 기반을 마련할 수 있다.

결론적으로, 문제 정의와 분석 단계는 문제 해결 과정에서 매우 중요하다. 문제의 본질을 정확히 이해하고, 문제 발생의 원인을 체계적으로 분석함으로써, 문제 해결을 위한 효과적인 전략을 수립할 수 있는 기반이 될 것이다. 이 과정은 창의적 사고와 혁신적 접근을 통해 문제를 해결하는 데 필수적인 첫 걸음이다.

2) 대안 생성

문제 해결의 다음 단계는 다양한 대안을 창출하는 것이다. 이 과정에서 창의적인 사고를 활용하여 가능한 모든 해결책을 탐색하고, 그 중 최적의 방안을 선정하는 것이 목표이다. 예컨대, 브레인스토밍이나 SCAMPER 기법을 통해 팀원들과 함께 다양한 아이디어를 모으는 것이다. 이 과정은 문제에 대한 다양한 관점을 제공하며, 이를 바탕으로 다양한 해결 방안을 고려할 수 있게 한다.

이러한 창의적 사고 기법을 활용함으로써, 팀은 문제 해결을 위한 폭넓은 대안을 모색할 수 있다. 각 대안은 문제 해결의 가능성을 탐색하는 데 중요한 역할을 하며, 최종적으로는 이 중 가장 효과적이고 실행 가능한 해결책을 선택하게 된다.

대안 생성 과정은 문제 해결 과정에서 매우 중요한 단계이다. 이를 통해 다양한 가능성을 탐색하고, 문제를 해결하기 위한 최적의 방법을 찾아낼 수 있다. 따라서 창의적인 사고와 개방적인 태도를 유지하며, 모든 가능성을 탐구하는 것이 중요하다.

3) 해결책 평가 및 선택

대안들을 평가하고 선택하는 과정은 문제 해결 과정에서 중요한 역할을 한다. 이 단계에서는 제시된 해결책의 장단점을 면밀히 분석하고, 각 대안이 실제 문제 상황에 얼마나 효과적일지를 고려하여 최적의 해결책을 결정한다. 예를 들어, 프로젝트의 진행에 장애가 발생한 경우, 제안된 여러 해결책 중에서 팀의 현재 상황, 사용 가능한 자원, 시간적 제약 등을 고려하여 가장 실현 가능하고 효율적인 방안을 선택하는 것이다.

해결책을 평가할 때 고려해야 할 요소는 다음과 같다

- 실현 가능성: 제안된 해결책이 현재의 자원, 기술, 시간 안에 실행 가능한지를 평가한다.
- 비용 효과성: 해결책을 실행하는 데 필요한 비용 대비 예상되는 이득을 분석한다.
- 영향력: 해결책이 문제를 해결하는 데 얼마나 효과적일지, 그리고 다른 영역에 미칠 영향은 무엇인지를 고려한다.
- 지속 가능성: 해결책이 장기적으로 유지 가능한 결과를 제공하는지를 평가한다.
- 위험도: 해결책을 실행함으로써 발생할 수 있는 위험을 식별하고, 그 위험을 관리할 수 있는 방안을 고려한다.

해결책의 평가와 선택 과정에서는 다음과 같은 절차를 따를 수 있다

- 대안 비교: 각 대안의 장단점을 명확히 비교하고, 각각의 해결책이 문제를 어떻게 해결할 수 있는지를 분석한다.
- 결정 기준 설정: 문제 해결을 위한 결정 기준을 명확히 하고, 이 기준에 따라 각 대안을 평가한다.
- 최종 선택: 평가 과정을 통해 가장 적합한 해결책을 선택한다. 이 과정에서는 팀 내 또는 관련된 모든 이해관계자와의 의사소통과 협의가 중요하다.

선택된 해결책은 실제로 문제를 해결할 수 있는 최적의 방안이어야 한다. 이를 위해, 평가 과정에서는 객관적이고 체계적인 접근 방식을 취하는 것이 중요하다. 또한, 선택 과정에서는 모든 이해관계자의 의견을 고려하여, 결정이 팀 또는 조직의 목표와 일치하도록 해야 한다. 이러한 접근 방식은 문제 해결 과정에서 효과적이고 지속 가능한 결과를 도출하는 데 도움이 될 것이다.

4) 실행 계획 수립

선택된 해결책을 실제로 적용하기 위해서는 체계적인 실행 계획이 필수적이다. 실행 계획은 해결책을 구체적이고 조직적으로 실현하는 데 필요한 로드맵을 제공한다. 이 계획은 해결책의 성공적인 실행을 위해 필요한 모든 단계를 명확하게 구분하고, 각 단계별로 필요한 자원, 예상되는 소요 시간, 그리고 각 단계의 책임자를 지정해야 한다.

실행 계획 수립 과정에서 중요한 것은 각 단계가 구체적이고, 실현 가능해야 한다는 것이다. 또한, 계획의 모든 요소가 현실적인 시간 안에 완료될 수 있도록 합리적인 일정을 설정하는 것이 중요하다. 각 단계별로 책임자를 지정함으로써, 계획의 진행 상황을 모니터링하고 필요한 조치를 취할 수 있는 체계를 마련한다.

실행 계획을 성공적으로 수행하기 위해서는 계획의 유연성도 고려해야 한다. 실행 과정에서 예상치 못한 문제가 발생할 수 있으므로, 계획에 유연성을 두어 필요한 경우 적절하게 조정할 수 있어야 한다. 이는 해결책을 효과적으로 실현하고, 최종 목표를 달성하는 데 결정적인 역할을 한다.

5) 피드백과 반복

실행 계획의 실천 이후, 그 성과에 대한 피드백을 수집하고, 이를 통해 계획에 필요한 조정을 하는 과정은 문제 해결 과정을 지속적으로 발전시키며, 보다 우수한 결과를 도출하는 데 필수적이다. 예컨대, 프로젝트 완료 후에 팀원들과의 회의를 통해 전체 과정을 되돌아보고, 성공적인 점과 개선이 필요한 부분을 명확히 하는 것은 다가오는 프로젝트에 더 효과적인 전략을 적용할 기반이 된다.

이 과정에서 중요한 것은 모든 팀원들로부터 솔직하고 구체적인 피드백을 얻는 것이다. 이를 위해 개방적이고 비판을 두려워하지 않는 분위기를 조성하는 것이 중요하다. 피드백을 통해 드러난 문제점에 대해서는 구체적인 개선 방안을 모색하고, 이를 다음 계획에 반영하여 실행함으로써, 동일한 문제의 반복을 방지하고 전반적인 효율성을 향상시킬 수 있다.

또한, 피드백과 반복 과정은 단순히 문제점을 수정하는 것을 넘어서, 프로젝트의 성공 요소를 강화하고, 팀의 작업 방식을 지속적으로 개선하는 기회로 활용될 수 있다. 예를 들어, 팀워크가 잘 이루어진 부분에 대한 긍정적인 피드백은 팀원들의 동기 부여를 증진시키고, 앞으로의 프로젝트에서도 유사한 협업의 성공을 재현할 수 있게 한다.

피드백을 통한 반복적인 개선 과정은 문제 해결 능력을 높이는 데 중요한 역할을 한다. 이 과정은 팀원들이 자신의 업무 방식을 비판적으로 평가하고, 지속적으로 학습하며, 전문성을 발전시키는 데 도움이 된다. 따라서, 피드백과 반복은 단순한 평가 절차를 넘어서, 팀과 개인의 성장을 촉진하는 중요한 과정이다.

3 혁신을 촉진하는 조직 문화 구축

혁신적인 조직 문화는 창의적인 아이디어가 자유롭게 표현되고, 실험과 혁신이 장려되는 환경을 말한다. 이 장에서는 혁신을 촉진하는 조직 문화를 구축하는 방법에 대해 탐구하며, 대학생들이 이를 학교 프로젝트나 동아리 활동에 어떻게 적용할 수 있는지를 설명한다.

1) 개방적이고 지지적인 환경 조성

혁신적인 조직 문화의 핵심은 개방성과 지지적인 분위기이다. 이런 환경은 모든 구성원이 자신의 아이디어를 자유롭게 표현하고, 창의적인 시도를 격려받는 것을 의미한다. 예를 들어, 대학 프로젝트 팀이라면, 팀원 각자가 아이디어를 자유롭게 제시할 수 있도록 주기적인 브레인스토밍 세션을 마련하는 것이 좋다. 이러한 활동은 팀원들이 자신의 생각을 편안하게 공유하고, 서로의 아이디어에 대해 피드백을 주고받는 문화를 조성한다. 이는 창의적인 해결책을 찾는 데 큰 도움이 된다.

2) 다양성과 포용성 강화

다양한 배경과 관점이 혁신의 원천이다. 다양성과 포용성을 강화하는 조직 문화는 새롭고 창의적인 아이디어를 촉진한다. 예를 들어, 학생들이 속한 대학 동아리나 프로젝트 팀에서는 서로 다른 전공, 문화적 배경을 가진 학생들의 참여를 장려한다. 이렇게 하면 다양한 관점에서 문제를 바라볼 수 있고, 보다 혁신적인 해결책을 찾을 수 있다. 모든 구성원의 의견을 존중하는 태도는 팀의 창의력을 높이는 데 기여한다.

3) 실패 허용과 학습 촉진

혁신적인 조직 문화에서는 실패를 허용하고, 이를 학습의 기회로 활용한다. 실패를 통해 팀은 무엇이 잘못되었는지, 어떻게 개선할 수 있는지를 배운다. 대학 프로젝트에서 실패한 부분에 대해 팀원들과 피드백을 주고받고, 이를 통해 다음 프로젝트에서 어떻게 개선할 수 있을지 논의하는 것은 혁신적인 문화를 조성하는 데 중요하다. 이 과정에서 중요한 것은 실패를 부정적으로 보지 않고, 성장과 발전의 기회로 취급하는 것이다.

4) 자율성과 책임감 강조

구성원들에게 자율성을 부여하고, 그들의 결정과 아이디어에 책임을 지도록 하는 것은 혁신적인 문화에서 매우 중요하다. 대학 프로젝트나 연구에서 학생들이 자신의 일에 대해 자율적으로 결정할 수 있도록 하고, 그 결과에 대해 책임을 지게 하는 것은 창의력과 혁신을 촉진한다. 예를 들어, 학생들이 자신의 연구 프로젝트에 대한 아이디어를 독립적으로 개발하고, 이를 실행해 볼 수 있는 기회를 제공하는 것이 중요하다.

5) 지속적인 피드백과 소통

혁신적인 조직 문화는 지속적인 피드백과 소통을 통해 유지되어야 한다. 정기적인 회의나 상호 피드백 세션을 통해 프로젝트의 진행 상황을 점검하고, 개선점을 찾는 것이 중요하다. 이를 통해 팀원들은 서로의 아이디어를 이해하고 발전시킬 수 있다. 예를 들어, 학생들이 속한 프로젝트 팀에서는 정기적으로 진행 상황을 점검하고, 팀원들 간의 개방적인 소통을 장려하는 것이 중요하다.

6) 지속적인 교육과 개발

지속적인 교육과 개발은 혁신적인 문화를 유지하는 데 필수적이다. 최신 기술, 트렌드에 대한 교육과 워크숍을 통해 팀원들의 지식과 기술을 갱신하는 것이 중요하다. 예를 들어, 학생들이 참여하는 동아리나 팀에서는 최신 기술 트렌드에 대한 워크숍이나 세미나를 정기적으로 개최하여 학생들이 새로운 지식을 습득하고, 이를 자신의 프로젝트에 적용할 수 있도록 하는 것이 좋다.

이러한 전략들은 혁신을 촉진하는 조직 문화를 구축하고 유지하는 데 도움이 될 것이다. 혁신적인 문화는 단순히 아이디어를 생성하는 것을 넘어, 이를 실질적인 결과로 이끌어내는 환경을 조성하는 것이다. 이 장에서 소개하는 방법들은 학업, 동아리 활동, 개인 프로젝트 등 다양한 분야에서 창의적이고 혁신적인 접근을 취하는 데 유용하게 활용될 수 있다.

4 국내의 혁신성 예시

1) 쿠팡

쿠팡의 '로켓배송'은 혁신이라고 불린다.

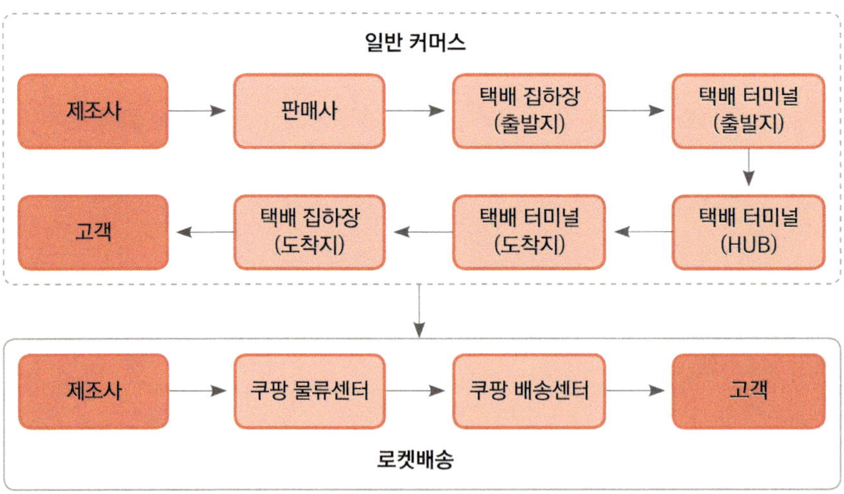

〈그림 18. 쿠팡의 로켓배송 시스템〉

쿠팡의 혁신은 '유통 구조의 혁신'이다. E-커머스로 2010년 8월에 시작한 쿠팡은 2014년 3월 로켓배송의 시작으로 성장의 변곡점을 맞게 되었다.

로켓배송의 전후 매출액을 비교해보면 〈표 4-2〉와 같다. 실적 기준으로 보면, 2013년에는 큰 차이점이 보이지 않았으나, 2014년 로켓배송의 도입과 함께 '1강 2약' 체제로 구축되었다.

〈표 4. 쿠팡, 위메프, 티몬 2013~2015년 실적 비교〉

매출	쿠팡	위메프	티몬
2013년	1,464억 원	746억 원	1,148억 원
2014년	3,485억 원	1,258억 원	1,575억 원
2015년	1조 1,337억 원	2,165억 원	1,958억 원

※ 참조: 2013~2015년 전자공시 감사보고서 손익계산서

쿠팡에는 또 다른 혁신이 있다.

쿠팡의 로켓배송으로 소비자의 충성도를 굳건히 구축한 뒤, 해당 고객의 니즈를 활용한 비즈니스 모델의 지속적인 확대이다. 쿠팡은 2019년 음식배달 서비스 '쿠팡이츠'를, 2020년에는 OTT 서비스 '쿠팡 플레이'를 연달아 출시했다. '쿠팡이츠'와 '쿠팡 플레이'는 코로나19 사태로 경쟁이 치열해진 배달, OTT 시장에서 후발주자임에도 불구하고 폭발적인 성장세를 보이며 쿠팡 전성시대를 열어가고 있다.

쿠팡 로켓배송의 혁신은 고객의 생활방식을 바꾸는 혁신이었다면, 쿠팡이츠와 쿠팡 플레이는 사회적 트렌드에 맞는 수익모델의 다각화 혁신이라 불린다.

2021년 12월 중앙일보 기사에 의하면, 우리나라 안드로이드 스마트폰 사용자 3명 중 2명은 '쿠팡' 앱을, 10명 중 4명은 '쿠팡이츠' 앱을, 10명 중 1명은 '쿠팡 플레이' 앱을 설치한 것으로 조사됐다. 가장 눈에 띄는 앱은 많은 고객을 확보한 맏형 '쿠팡'이다. 쿠팡의 실적 발표에 따르면 2021년 3분기 '쿠팡'을 통해 적극적으로 온라인 쇼핑을 한 고객은 1,682만 명, 분기당 매출은 작년 동기 대비 48% 증가한 46억 4,470만 달러(약 5조 4,780억 원)를 기록했으며, 이는 국내 전자상거래 시장의 3분기 성장률인 20%보다 2배 이상 높은 비율이라고 밝혔다. 한편, 2019년 서비스를 개시한 배달 앱 '쿠팡이츠'는 적극적인 마케팅을 통해 단기간에 시장 점유율 3위를 차지하며 업계 2위 '요기요'를 바짝 추격 중이다.

2021년 3월 미국 뉴욕 증시 입성과 함께 쿠팡 기업가치가 72조 원까지 치솟았다. 이는 미국 증시에 상장한 아시아 기업 중 네 번째로 큰 규모이자 알리바바 이후 최대 규모 공모로 글로벌 유니콘 기업으로 자리 잡게 되었다.

2) 카카오톡

카카오톡은 2010년 3월에 출시된 서비스이다. 카카오톡이 서비스하기 전에는 문자당 20원 안팎의 유료 문자 메시지를 사용했었다.

2011년 기준, 카카오톡의 하루평균 메시지 수는 110억 건이다. 연간 기준으로는 4조150억 건이다. 카카오톡이 등장하던 2010년 연간 문자 메시지(750억 건)보다 53배 이상 많았다. 경제적 관점에서도 카카오톡은 상당한 비용 절감 효과를 가져왔다. 하루평균 110억 건에 달하는 카카오톡 메시지를 모두 문자 서비스로 환산, 건당 최소 문자 비용이 20원 기준으로 연간 비용은 총 80조3,000원이다. 카카오톡을 쓰면서 우리는 해마다 최소 80조 원이 넘는 문자 발송 비용을 줄이고 있는 셈이다. 카카오톡은 탄생하자마자 폭발적인 호응을 얻었다. 출시 6개월 만에 가입자 100만 명, 1년 만에 1,000만 명을 돌파하며 무서운 기세로 성장했으며, 현재는 국내 기준 4,566만 명에 달하는 국민 앱이 되었다.

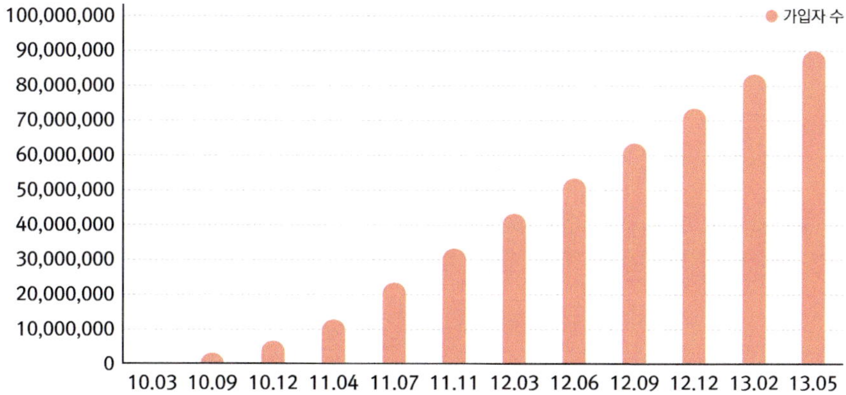

〈그림 19. 카카오톡 사용자 증가 추이〉

카카오톡이 국민 앱이라는 입증은, 2022년 10월 15일 판교 데이터센터 화재로 인해 카카오톡의 서비스가 중단되었다. 사기업의 서비스가 중단되었지만, 국가적 마비 상태가 오게 된 것이다.

3) 토스

토스는 2015년 2월 사업을 시작해 공인인증서 없이 빠르고 간편하게 송금할 수 있는 간편 송금 서비스 출시 이후 해당 시장의 폭발적인 성장과 함께 해왔다. 토스의 혁신 요소는 기존 온라인 결제 및 송금의 불편함이 매우 컸던 배경이 있다. 보안 및 개인정보, 안전사고 방지 등의 사유로 인해 은행 업무는 매우 보수적인 분야 중 하나이다.

토스는 현재 간편 송금 서비스뿐만 아니라 계좌 · 카드 등의 조회 서비스, 예금 · 적금 · 대출 등의 뱅킹 서비스, P2P · 펀드 · 해외주식 등의 투자 서비스에 이르기까지 금융 소비자가 필요로 하는 40종 이상의 금융서비스를 선보이며 국내 최대 모바일 금융 플랫폼으로 자리 잡았다.

5 글로벌 혁신성 예시

1) 애플

포노사피엔스, 포노포비아등의 단어를 생성하고, 인터넷의 모바일화와 플레이어 및 재생기기의 휴대용 기기와, 내비게이션, 사진 등의 다양한 기능을 하나로 만든 스마트폰, 이 스마트폰 시대를 연 최초의 휴대전화이며 현재까지도 최고의 인기를 구가하고 있는 아이폰이다.

아이폰은 2007년 출시 후 지금까지 누적 판매량 약 12억 대 기록했으며 매년 평균 30% 성장하였다. 2017년 기준 글로벌 스마트폰 시장 점유율 17% 차지했고 2018년 상반기 매출액 지난해 같은 기간보다 16% 증가한 814억 달러 달성함. 2019년 6월 기준 시가총액 한화 약 940조 원 돌파하는 혁신에 대표적인 기업이다.

애플의 혁신적인 성공 신화와 함께 바라보아야 할 것이 노키아의 몰락이다.

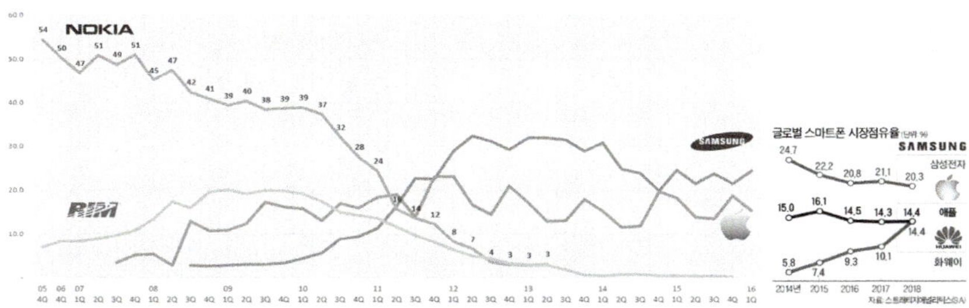

NOKIA 전성시대	NOKIA 몰락	삼성 + 애플 + 화웨이
• Cell Phone + 기지국 사업 = 통화품질 • Connecting People • GSM(Global System for Mobile Communications) • 1996년 NOKIA9000 최초의 스마트폰	• 트랜드(고객 니즈)의 낙오 • 저가전략(Cost 저가 실현) 〉 수익성 악화 • 아이폰 및 프리미엄 시장에서의 외면 • 자사 운영체제 심비안(Symbian) 고수	• Android Vs IOS • 프리미엄 ~ 보급폰 간 치열한 경쟁 • 글로벌 Vs 브랜드 Vs 저가 전략

〈그림 20. 노키아의 몰락 - 자료정리〉

노키아는 애플의 아이폰이 나오기 전인 1996년 'NOKIA-9000' 모델의 세계 최초의 스마트폰을 출시했었다.

〈그림 21. NOKIA 9000 세계 최초 스마트폰〉

노키아는 2000년대 초반에는 전 세계 핸드폰 시장의 50% 이상을 점유하는 세계 No. 1 핸드폰 제조사였다. 당시, 핸드폰 제조와 기지국 사업을 병행하면서 최고의 통화품질을 서비스했었고, 이동통신 서비스 CDMA 통신 규약 표준인 GSM을 만든 기업이기도 하다. 하지만, 한순간에 삼성과 애플에 밀리게 되었다. 휴대전화에서 세계 최고의 기업이 한순간 몰락하게 된 이유는 첫째, 사회적 인프라와 트렌드가 조성되지 않은 너무 이른 시기의 제품 개발, 둘째, 삼성과 애플의 경쟁사를 인식하여 지나친 저가 전략으로의 전환이 수익성을 악화하게 되었다. 셋째, 자사 운영 체제인 심비안을 고수하였다.

위의 주요 3가지 실수가 고객의 선택에서 외면받게 된 것이다. 기업가정신의 부재는 이런 큰 문제를 발생시키게 됨을 우리는 노키아에서 살펴볼 수 있다.

2) 아마존

1994년 인터넷 서점으로 출발하였고, 현재는 전자상거래 및 클라우드 서비스 제공 업체이며, 1995년 나스닥 상장 이래 주가 지속 상승하였으며 2014년 월마트 제치고 유통업계 시총 1위 등극한 아마존닷컴.

시간의 흐름에 따른 기술의 발전, 그중 세계 물류 업체 중 독보적 일인자의 위치에 자리하고 있는 아마존은 '세상에 모든 것을 판매한다'라는 신념 아래 수많은 물류 비즈니스를 하나로 엮어내고, 4차 산업의 기술을 접목하여 더욱 고도화하고 지능화하였다. 이처럼 세계적인 물류 혁신을 이루어낸 아마존에는 5대 물류 기술이 존재한다.

- 결제예측 배송시스템: 인공 지능과 빅데이터의 발전으로 인해 소비자의 결제 성향과 가능성을 예측하여, 아마존은 소비자가 물건을 주문하기까지 가만히 기다리는 것이 아니라, 사전에 결제를 예측하여 생산과 배송을 최적화한다.
- 아마존 대시: 물류 기술을 IoT(사물인터넷) 기술 접목하여 만일 섬유 유연제가 부족할 때는 세탁실에 붙여 놓은, 섬유 유연제 브랜드가 그려져 있는 대시 버튼을 누르면 아마존에서 배송이 시작된다. 대시 기술로 고객들에게 경험을 제공하고, 제품의 재구매율을 높이게 되었다. 대시 버튼은 IoT 기술의 대표 격으로 소개되기도 하며, 물류 시스템 혁신에 한 획을 그은 제품이다. (2019년 해당 서비스는 중단됨)

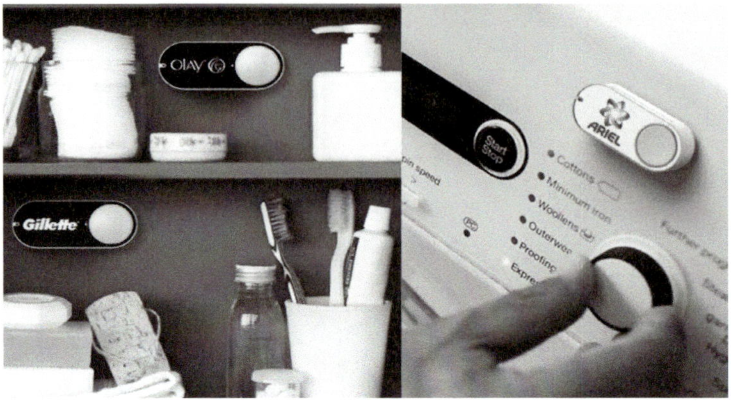

〈그림 22. 아마존 대시〉

▶ 아마존 에코: 아마존은 물류를 넘어 AI 스피커의 영역까지 사업을 확장했다. 아마존 에코는 내장마이크를 지니고 있으며 음성 인식 기능이 있는 블루투스 스피커이다. '알렉사(Alexa)'라는 음성안내 소프트웨어가 음성 메시지를 분석해내고 이용자의 생활을 돕는 비서 구실을 한다. 이는 사물인터넷과 연결되어 불을 끄거나, 커튼을 걷는 등 '스마트 홈'의 허브가 된다. 그 외에도 음악 재생, 알람 설정, 날씨 정보 제공 등의 기능을 수행할 수 있다. 앞서 소개한 아마존 대시의 단종 요인이 바로 이 아마존 에코 기술이다. 기술이 점차 발전하면서 대시 버튼의 기능을 알렉사가 대체할 수 있게 되었기 때문이다. 아마존 관계자는 "소비자들이 손쉽게 쇼핑할 수 있는 경험을 알렉사가 제공하고 있고, 매달 자신이 원하는 품목을 자동으로 받을 수 있는 구독&저장과 같은 프로그램을 사용하는 사례가 늘고 있다"라고 말했다. 그뿐만 아니라, 아마존은 에코를 통해 자사의 물류, 마케팅 시스템에도 연동하려는 계획을 내비쳤기에, 이는 보다 거대한 차원에서의 마케팅 전략을 보여준 셈이 된 것이다.

〈그림 23. 아마존 에코〉

▶ 키파 로봇: 2012년 자동화된 로봇을 물류 시스템에 투입하기로 한 것이다. 사람 300명이 모여야 해낼 수 있는 업무량을 키바 로봇 25대로 해결할 수 있었고, 이로 인해 자동화된 물류 혁신을 일찍이 이루어낼 수 있게 되었다. 이 키바 로봇은 물류 창고를 거대한 바둑판 좌표로 삼아 움직이며 수많은 로봇이 창고 내에 제품들을 실시간으로 운송하는 업무를 수행한다. 약 1,360kg의 무게를 지닌 물품에 대해 감당이 가능하며 시간당 3마일의 속도로 움직일 수 있다. 본체 앞에 탑재된 적외선 센서를 통해 장애물과의 충돌을 막고, 위쪽과 아래쪽에는 두 개의 카메라를 지니고 있어, 바닥 격자무늬에 저장된 스티커를 읽으며 자신의 위치를 파악하게 된다. 이를 통해 시간의 단축과 재고의 정확성, 업무의 유연성을 극대화할 수 있게 되었다. 해당 기술을 보며 '물류의 자동화'라고 칭하게 되었다.

〈그림 24. 아마존 카파 로봇〉

▶ 아마존 프라임에어: 드론을 이용한 기술이다. 최근에서야 드론의 중요성이 증대하며 취미 및 직업으로 이용하는 사람들이 많아졌지만, 기술 공개 당시까지만 해도 드론은 군사용으로 감시나 정찰을 맡는 무언가를 통칭하는 기술이었다. 그렇기에, 그 당시 아마존의 발상은 가히 충격적이었다. 아마존은 프라임 회원들에게만 드론을 이용한 배송시스템을 시행했고, 배송 시간의 단축에 성공하였다. 이에 더하여, 아마존은 각 물류센터에서 5파운드(2.26kg) 이하의 화물의 경우 30분 이내에 문 앞으로 가져다주겠다는 약속까지 내걸었다. 각국의 규제로 인해 멈칫했던 드론 배송 기술이지만, 최근에서야 미국 FAA의 승인을 얻어내어 기술 개발에 더욱 박차를 가하고 있다. 이에 전문가들은 "테스트를 끝마치고 상용화에 나서면 '30분 배송의 시대'가 도래할 것이다."라고 평을 남기기도 했다. 이에 아마존은 투자를 아끼지 않고 있으며, 상용화 끝에 드론을 통해 물건을 배송하게 된다면 물류업계에 또 다른 혁신을 이루어낸 셈이 될 것이다. 아마존은 아마존의 새로운 물류혁신에 대하여 기대감을 지니고 기다려보아야 할 것이다.

〈그림 25. 아마존 프라임에어〉

2019년 아마존닷컴은 2,805억 달러의 매출을 올려 3년 만에 두 배 성장했다. 2020년에는 3분기까지 약 2,604억 달러의 매출을 기록했다. CNBC와 마켓워치는 4분기에 1,123억 달러를 벌어들여 2020년 매출총액은 3,727억 달러가 될 것으로 전망했다. 1995년 온라인 서점으로 출범한 아마존닷컴은 북미에서 국제 전자상거래 기업으로 성장했다. 지금은 유럽을 비롯한 호주, 브라질, 일본, 중국, 인도, 멕시코에 전자상거래 플랫폼을 두고 있다. 아마존닷컴은 모든 종류의 디지털 기기에서 24억 회 이상의 웹 사이트 방문 수를 기록하고 있다.

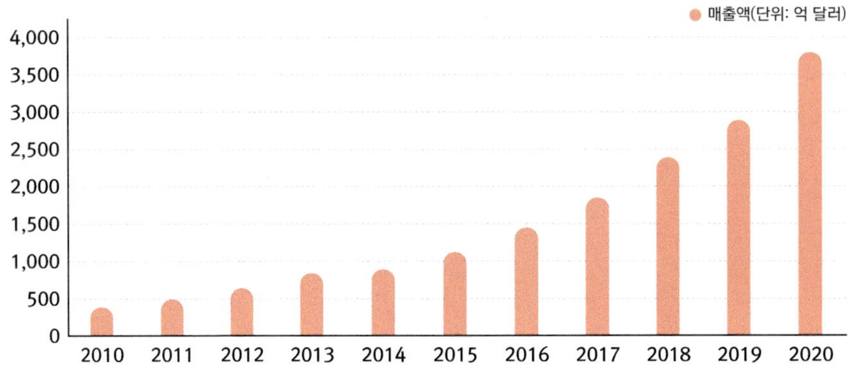

〈그림 26. 아마존닷컴의 매출액 (단위: 억 달러)〉

3) 넷플릭스(Netflix)

1998년 온라인 DVD 대여업체로 출발한 넷플릭스

당시, 넷플릭스는 구독자들에게 택배로 무제한 DVD 대여를 제공했다. 넷플릭스는 영화, 게임, TV 등을 대여해주던 블록버스터(Blockbuster)의 경쟁자이었다. 2002년 70만 명의 가입자에서 2005년 360만 명의 가입자에 이르기까지 DVD 대여 사업은 분명 성공적이었다. 하지만 넷플릭스는 2년 후인 2007년, 전통적인 DVD 대여 사업에서 탈피해 지금의 넷플릭스를 만든 스트리밍 기능을 출시했다. 넷플릭스 설립자들은 스트리밍 서비스를 고려했지만 느린 인터넷 속도 때문에 출시를 계속해서 미뤄왔던 차였다. 넷플릭스가 스트리밍 서비스를 출시하고 3년간 TV를 비롯한 게임기, 휴대폰 등에서 스트리밍이 지원되기 시작했다.

2010년, 넷플릭스는 캐나다에서 서비스를 출시하고 이듬해에는 중남미와 카리브해 지역으로 서비스를 확대했다. 2013년에는 '하우스 오브 카드(House of Cards)'를 비롯해 자체적으로 제작 지원하는 콘텐츠를 스트리밍하기 시작했다. 넷플릭스는 하우스 오브 카드 이후, '기묘한 이야기(Stranger Things)', '글로우(Glow)', '오렌지 이즈 더 뉴 블랙(Orange Is The New Black)', '더 크라운(The Crown)' 등을 연달아 선보이며 제작사로서의 입지도 구축해 나갔다. 자체 제작 콘텐츠는 국내 K-컬쳐의 세계화 교두보로써의 역할도 하고 있다. 오징어게임, 킹덤, 지금 우리 학교는, 지옥 등 다양한 콘텐츠 확보를 무기로 OTT 서비스에서 그 경쟁력을 확보하고 있다.

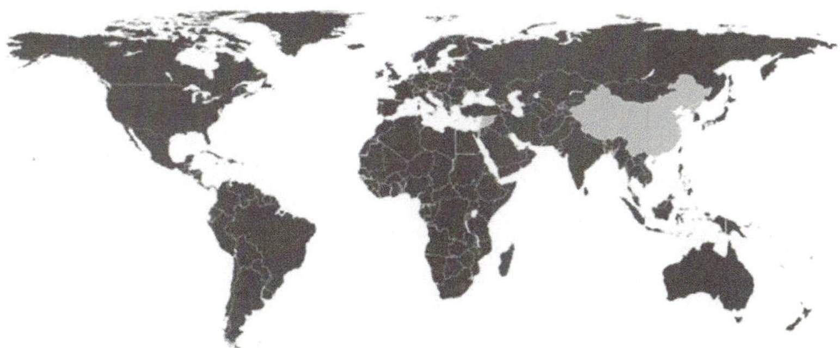

〈그림 27. 넷플릭스 서비스 이용 가능 지역 - 넷플릭스〉

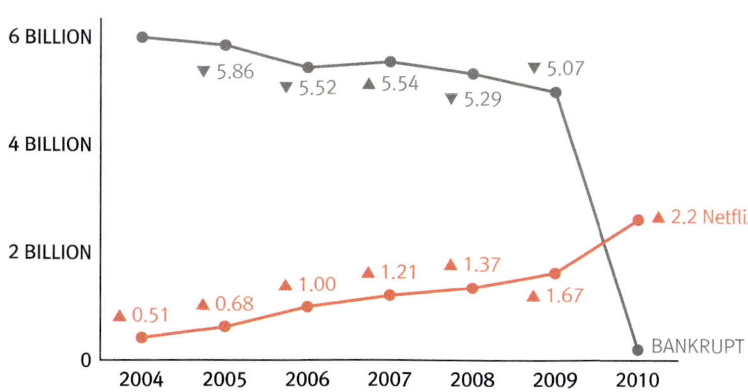

〈그림 28. 넷플릭스 Vs 블록버스터 매출액〉

CHAPTER 05

위험감수성: 위험과 기회

CHAPTER 05

위험감수성: 위험과 기회

위험감수성이란 불확실한 상황 또는 환경 변화에 대한 두려움 없이 적극적으로 행동하려는 태도를 말한다. 쉽게 말해 실패를 두려워하지 않는 도전의식이며 위기 대처 능력이라고 풀어서 말할 수 있다. 이 '위험감수성'이 없다면, 결코 좋은 성과를 낼 수 없을 것이다.

물론 무모한 도전은 금물이다. 자칫하면 전체가 망할 수도 있기 때문이다. 따라서 적절한 수준 내에서 과감하게 행동해야 한다. 그래야만 예상치 못한 위기 상황에서 벗어날 수 있으며 성장 동력을 확보할 수 있다. 반대로 지나치게 보수적이고 안정 지향적이면 변화무쌍한 환경에 적응하기 어렵다. 시대 흐름에 뒤처질뿐더러 도태될 확률이 높다. 그러므로 항상 열린 마음으로 다양한 경험을 쌓으며 끊임없이 학습해야 한다. 아울러 미래지향적인 정신을 갖고 늘 깨어있어야 한다는 정신이다.

이 장에서는 위험을 인식하고, 관리하며, 기회로 전환하는 방법에 대해 탐구한다. 또한, 위험과 실패를 관리하는 전략을 통해 어떻게 기업가적 성공을 이룰 수 있는지에 대한 실질적인 조언을 제공한다.

1 위험 감수성과 기업가정신

위험 감수는 기업가정신에서 중요한 역할을 하며, 이는 대학생들이 학업과 미래 경력에서 중요하게 활용할 수 있는 개념이다. 이 장에서는 위험 감수의 중요성을 이해하고, 이를 기업가정신에 어떻게 적용할 수 있는지에 대한 심도 있는 통찰을 제공한다.

1) 위험 감수성의 정의와 중요성

위험 감수성의 정의와 중요성은 불확실한 상황 속에서도 과감한 결정을 내리고, 잠재적 손실에 눈을 감으면서 새로운 기회를 찾아가는 능력을 의미한다. 혁신과 발전의 길을 열고 싶다면, 이러한 위험 감수성은 필수 불가결하다. 특히, 기업가정신을 발휘하여 새로운 비즈니스를 시작하는 사람들에게 중요하다. 예를 들어보자. 스타트업을 시작하는 창업자들은 막대한 시간과 돈을 투자해야 하고, 그 과정에서 수많은 실패와 난관에 부딪히게 된다. 그럼에도 불구하고, 이 위험을 감수하는 것은 시장에서 성공하기 위해 반드시 넘어야 할 문턱이다. 창업 과정에서 마주치는 이러한 위험들을 헤쳐 나가면서 창업자들은 소중한 경험을 쌓고, 그 경험은 앞으로 더 나은 결정을 내리는 데 크게 도움이 된다.

일상 생활에서도 위험 감수성은 중요한 역할을 한다. 예를 들어, 새로운 도전을 해보고 싶은데 실패할까 두려워 망설이는 순간이 있다. 이때, 위험을 감수하고 도전하는 태도가 있으면, 예상치 못한 새로운 기회와 경험을 얻을 수 있다. 새로운 언어를 배우려고 시작했을 때, 처음에는 발음이 어렵고 문법도 헷갈리지만, 그 과정에서 새로운 문화와 사람들을 만나는 기회를 가질 수 있다. 이처럼, 불확실한 결과에도 불구하고 도전하는 것이야말로 자신의 성장과 발전을 위한 중요한 걸음이 된다.

위험 감수성은 삶의 많은 영역에서 우리를 앞으로 나아가게 하는 원동력이 된다. 물론, 무모하게 모든 위험을 추구하는 것은 지양해야 하지만, 계산된 위험을 감수하는 것은 우리의 삶과 경력에 긍정적인 영향을 미칠 수 있다. 위험을 감수하면서 얻은 경험은 우리를 더 강하고 지혜롭게 만들며, 이는 더 나은 미래를 위한 소중한 밑거름이 된다.

2) 위험 감수성과 창의성

위험 감수성과 창의성은 서로 밀접한 관계에 있다. 새로운 아이디어나 프로젝트를 추구할 때, 우리는 종종 안정적인 길을 벗어나 위험을 감수해야만 한다. 이는 우리가 새롭고 혁신적인 것을 창출하려 할 때 필수적인 과정이다. 예를 들어, 대학생이라면 졸업 작품이나 연구 프로젝트를 진행하며 이러한 상황을 마주하게 된다. 실패할 수도 있는 새로운 실험 방법을 시도하거나, 전혀 다른 접근 방식을 적용해 보는 것, 이 모든 것이 위험 감수성과 창의성의 결합을 요구한다.

이러한 위험 감수성은 우리의 일상 생활에서도 찾아볼 수 있다. 예를 들어, 평소와 다른 취미에 도전해보거나, 새로운 사람들과 교류를 시도하는 것 등이 있다. 처음 보는 요리 레시피를 시도해보는 것도 일종의 위험 감수라 할 수 있다. 결과가 완벽하지 않을 수 있지만, 그 과정에서 새로운 맛을 발견하거나 요리 실력을 키울 수 있다. 이처럼 일상 속 작은 도전들은 우리로 하여금 창의적인 사고를 확장하고, 새로운 가능성을 탐색하게 만든다.

창의성을 발휘하기 위해서는 기존의 틀을 깨는 용기가 필요하다. 때로는 실패를 두려워하지 않고 기존에 없던 방식을 시도해보는 것이 중요하다. 이러한 과정에서 우리는 문제 해결의 새로운 방법을 찾아낼 수 있으며, 이는 곧 혁신으로 이어진다. 예를 들어, 스타트업이 시장에 새로운 제품을 출시할 때, 초기 반응이 부정적일 수도 있다. 그러나 지속적인 개선과 사용자 피드백을 통해 최종적으로 시장에서 성공을 거두는 경우가 많다. 이러한 과정 모두가 위험을 감수하면서 창의성을 발휘한 결과이다.

결론적으로, 위험 감수성은 창의적인 사고와 혁신을 이끌어내는 중요한 요소이다. 우리가 새로운 시도를 두려워하지 않고, 실패를 하더라도 그 과정에서 배우는 태도를 갖춘다면, 그것은 결국 우리를 성장시키고, 더 큰 성공으로 이끄는 원동력이 된다. 일상 속에서도 작은 도전을 통해 창의성을 길러보자. 그리고 그 과정에서 만나는 실패조차도 새로운 기회로 바라볼 수 있는 열린 마음을 가지는 것이 중요하다.

3) 창업과 위험감수성

창업과 위험감수성은 불가분의 관계에 있다. 기술 스타트업의 세계에서는 특히 이러한 관계가 더욱 명확하다. 많은 스타트업 창업자들이 불확실한 시장에서 새로운 기술이나 서비스를 선보이며 큰 위험을 감수하는 것을 선택한다. 이러한 위험은 때때로 실패로 이어지기도 하지만, 성공할 경우 엄청난 수익과 시장에서의 독보적 위치 확보로 이어질 수 있다. 테슬라와 스페이스X 같은 회사들은 이를 잘 보여주는 예이다. 이들 회사는 대규모의 투자와 혁신적인 기술 개발을 통해 자동차 산업과 우주 산업에 혁명을 일으켰다.

이러한 혁신적 도전은 단지 대기업에만 국한된 것이 아니다. 우리 일상생활에서도 작은 규모로 위험 감수성을 발휘하는 경우를 종종 볼 수 있다. 예를 들어, 대학생이라면 졸업 후 진로를 결정하며 다양한 경로 중에서 어떤 것이 자신에게 가장 적합한지를 고민하게 된다. 이때, 전통적인 직업 경로를 선택하기보다는 스타트업에 합류하거나 자신만의 사업을 시작하는 결정은 큰 위험을 수반한다. 그러나 이러한 결정을 통해 자신만의 길을 개척하고, 새로운 기회를 창출할 수 있다.

위험 감수성은 또한 새로운 취미나 활동에 참여할 때도 중요하다. 처음으로 해보는 스포츠나, 낯선 언어 학습, 심지어는 새로운 사람들과의 네트워킹에서도 이러한 태도는 중요하다. 이 모든 활동은 실패의 가능성을 내포하고 있지만, 그 과정에서 얻는 경험과 지식은 더 큰 성공으로 이어질 수 있다.

결국, 위험 감수성은 성공적인 창업뿐만 아니라 일상생활에서도 우리가 더 큰 성장과 발전을 이루는 데 중요한 역할을 한다. 불확실성을 두려워하지 않고 도전하는 태도는 새로운 기회를 창출하고, 더 넓은 세계로 나아갈 수 있는 문을 열어준다. 따라서 우리는 위험을 감수하면서도 현명하게 결정을 내리고, 그 과정에서 배운 교훈을 바탕으로 끊임없이 전진해야 한다. 이러한 태도가 바로 창업뿐만 아니라 인생의 모든 영역에서 성공으로 이끄는 열쇠이다.

4) 위험 감수성과 학습

위험 감수성과 학습의 관계는 매우 밀접하다. 실패를 경험하는 것은 누구에게나 어려운 일이지만, 이러한 실패 경험은 우리에게 중요한 교훈을 제공한다. 특히 대학생활에서 학생들이 맞닥뜨리는 다양한 프로젝트나 연구 활동은 새로운 아이디어를 시도해보고, 그 과정에서의 성공과 실패를 통해 배우는 귀중한 기회를 제공한다. 이는 학생들이 자신의 한계를 시험해보고, 미래의 경력 발전에 필수적인 위험 감수 능력과 의사결정 능력을 발달시키는 데 중요한 역할을 한다.

예를 들어, 대학에서 마케팅 수업의 일환으로 실시하는 시장 조사 프로젝트는 학생들에게 실제 시장 상황을 분석하고, 새로운 마케팅 전략을 제안해 볼 기회를 제공한다. 이 과정에서 학생들은 그들의 아이디어가 실제로 효과가 있는지, 시장에서 어떻게 받아들여질지를 실험해볼 수 있다. 실패할 가능성이 있다는 것을 알면서도 이러한 도전을 수행함으로써, 학생들은 실제 비즈니스 상황에서 중요한 결정을 내리고, 위험을 관리하는 방법을 배울 수 있다.

일상생활에서도 위험 감수성과 학습의 원칙은 적용된다. 예를 들어, 새로운 취미나 활동에 도전할 때, 우리는 실패할 수 있다는 두려움을 극복하고 새로운 경험을 시도해보는 과정에서 많은 것을 배운다. 이러한 경험은 우리가 새로운 기술을 습득하고, 자기 자신에 대해 더 잘 이해하며, 인생에서 더 많은 기회를 포착할 수 있도록 도와준다.

결론적으로, 위험 감수성은 학습과 발전의 중요한 동력이다. 실패를 두려워하지 않고 새로운 도전을 수행하는 것은 우리가 새로운 지식을 습득하고, 문제 해결 능력을 개발하며, 더 큰 성공을 위한 기반을 마련하는 데 필수적이다. 따라서 우리는 실패를 성장과 발전의 기회로 받아들이고, 위험을 감수하면서도 항상 배워나가는 자세를 유지해야 한다.

5) 위험 감수성과 기회 포착

위험 감수성과 기회 포착의 관계는 대단히 중요하다. 위험을 감수하는 것은 때로는 불확실성과 실패의 가능성을 내포하지만, 동시에 새로운 경험과 성공으로 이어질 수 있는 문을 열어준다. 특히, 새로운 시장에 진입하거나, 아직 탐험되지 않은 연구 분야에 발을 디디는 것과 같은 도전은 큰 위험을 수반한다. 하지만 이러한 도전을 통해 기업가들과 연구자들은 자신의 분야에서 혁신을 이루고, 시장에서 성공적인 위치를 확보할 수 있는 기회를 얻게 된다.

대학생들에게도 이 원칙은 그대로 적용된다. 예를 들어, 해외 인턴십 프로그램에 참여하거나 독립적인 연구 프로젝트를 시작하는 것은 큰 불확실성과 위험을 수반한다. 하지만 이러한 경험은 학생들에게 새로운 문화와 업무 환경에 대한 이해를 제공하며, 전문적인 지식과 기술을 발전시키는 귀중한 기회가 된다. 또한, 이러한 경험은 학생들이 자신의 역량을 시험해보고, 자신감을 키우며, 미래의 경력 발전에 필요한 중요한 관계를 구축하는 데 도움을 준다.

예를 들어, 컴퓨터 공학을 전공하는 한 학생이 새로운 소프트웨어 개발 프로젝트에 도전하는 경우를 생각해보자. 이 프로젝트는 실패할 위험이 있지만, 성공한다면 학생은 자신의 포트폴리오를 강화하고, 이 분야에서의 전문성을 입증할 수 있는 기회를 얻게 된다. 실패하더라도, 학생은 프로젝트를 통해 중요한 기술적 문제를 해결하는 방법, 팀워크, 시간 관리 같은 중요한 기술을 배우게 된다.

이처럼 위험 감수성은 새로운 기회를 포착하고, 개인적 및 전문적 성장을 촉진하는 데 필수적인 역할을 한다. 대학생들은 이러한 도전을 통해 자신의 한계를 뛰어넘고, 미래의 성공을 위한 중요한 발판을 마련할 수 있다. 따라서, 위험을 두려워하기보다는 적극적으로 도전하는 태도를 갖는 것이 중요하며, 이는 학생들이 졸업 후 직면하게 될 다양한 상황에서도 긍정적인 결과를 가져올 수 있도록 도와줄 것이다.

2 위험 분석과 관리 전략

위험 분석과 관리는 모든 결정 과정에서 중요한 부분을 차지한다. 특히 기업가정신에서는 위험을 정확히 파악하고, 이를 관리하는 능력이 성공의 핵심이다. 이 장에서는 위험 분석과 관리 전략을 소개하고, 이를 대학 생활 및 미래의 경력 계획에 적용하는 방법을 탐구한다.

1) 위험 분석의 기본

위험 분석은 미래에 일어날 수 있는 문제들을 미리 파악하고, 그 영향을 살펴보는 과정이다. 쉽게 말해, 무슨 일이 벌어질지, 그리고 그 일이 우리에게 어떤 영향을 미칠지를 미리 생각해보는 것이다. 예를 들어, 대학생이 창업을 꿈꾼다고 가정해보자. 이때, 시장의 변동성, 돈 문제, 기술적인 어려움 같은 여러 가지 위험 요소들을 꼼꼼히 살펴보고 준비하는 것이 바로 위험 분석이다.

위험 분석을 하는 이유는 간단하다. 미리 위험을 알고 있으면, 그 위험에 대비할 수 있기 때문이다. 예를 들어, 시장 조사를 통해 소비자의 니즈가 무엇인지 알아보고, 자금 계획을 세워 경제적인 위험을 줄이며, 기술적인 문제에 대비해 전문가의 조언을 구하는 식이다. 이 모든 과정이 위험 분석에 속한다.

위험 분석은 크게 두 가지 단계로 나눌 수 있다. 첫 번째는 위험의 식별이다. 이 단계에서는 어떤 위험이 있는지, 그 위험들이 우리에게 어떤 영향을 미칠 수 있는지를 살펴본다. 두 번째 단계는 위험의 평가다. 이 단계에서는 각 위험이 실제로 일어날 확률과, 그로 인해 발생할 수 있는 손실의 크기를 평가한다.

예를 들어, 카페를 창업하고자 하는 대학생이 있다고 해보자. 이 학생이 위험 분석을 한다면, 먼저 경쟁 카페의 수, 소비자의 카페 이용 경향, 임대료나 원재료 가격의 변동성 같은 것들을 살펴볼 것이다. 그 다음에는 이러한 요소들이 자신의 카페 사업에 어떤 영향을 미칠 수 있는지, 그리고 그 영향을 어떻게 최소화할 수 있는지를 고민할 것이다.

이처럼 위험 분석은 사업을 시작하기 전에 반드시 필요한 과정이다. 이를 통해 미리 위험을 알고 대비할 수 있기 때문에, 사업을 하는 동안 발생할 수 있는 여러 문제들을 미리 방지하거나 해결할 수 있다. 그 결과, 사업의 성공 가능성을 높이고, 실패의 리스크를 줄일 수 있다.

2) 위험 관리 전략

위험 관리 전략은 우리가 마주칠 수 있는 위험에 대비하는 계획을 세우는 과정이다. 간단히 말해, 무슨 일이 생길지 모를 때 미리 준비하는 것이다. 이런 전략은 위험을 피하는 방법, 줄이는 방법, 다른 곳으로 옮기는 방법, 그냥 받아들이는 방법 등 다양한 형태로 나타날 수 있다. 예를 들어, 자기만의 사업을 시작할 때 돈 문제를 해결하기 위해 여러 가지 방법을 생각해 볼 수 있다.

먼저, 위험을 피하는 전략을 생각해보자. 이는 위험한 상황을 완전히 피하려는 것이다. 예를 들어, 너무 경쟁이 치열한 시장에 진입하지 않는 것이다. 하지만 이 방법은 새로운 기회를 찾는 데 있어서 제약이 될 수 있다.

다음은 위험을 줄이는 전략이다. 이는 위험을 완전히 피할 수는 없지만, 그 영향을 최소화할 수 있는 방법을 찾는 것이다. 예를 들어, 창업을 할 때 여러 투자원을 확보하여 재정적 위험을 분산시키거나, 철저한 시장 조사를 통해 실패 확률을 줄이는 것이다.

위험을 전가하는 전략도 있다. 이는 위험을 다른 곳으로 옮겨 그 영향을 줄이려는 것이다. 예를 들어, 보험에 가입하여 재산상의 손실을 보험사가 부담하도록 하는 것이다. 이 방법은 특히 재정적 위험에 대응할 때 유용하다.

마지막으로, 위험을 수용하는 전략이 있다. 이는 위험을 피하거나 줄이거나 전가할 수 없을 때, 그냥 받아들이고 대응하는 것이다. 이 경우, 문제가 발생했을 때 대처할 수 있는 계획을 미리 세워두는 것이 중요하다.

예를 들어, 해외여행을 계획한다고 생각해보자. 이 여행에서도 다양한 위험 관리 전략을 적용할 수 있다.

첫째, 위험을 피하는 전략으로는 여행지에서의 위험한 활동을 피하는 것을 들 수 있다. 예를 들어, 날씨가 좋지 않을 때는 등산이나 수상 스포츠와 같은 활동을 하지 않기로 하는 것이다. 이렇게 하면 안전에 관련된 위험을 크게 줄일 수 있다.

둘째, 위험을 줄이는 전략으로는 여행 전에 충분한 정보를 수집하고 준비하는 것이다. 예를 들어, 목적지의 날씨, 문화, 안전 수칙 등에 대해 미리 알아보고, 필요한 예방 접종을 받거나 여행 보험에 가입하는 것이다. 이렇게 하면 여행 중에 발생할 수 있는 위험을 줄일 수 있다.

셋째, 위험을 전가하는 전략으로는 여행 보험에 가입하는 것이다. 여행 중에 발생할 수 있는 도난, 질병, 사고 등에 대비하여 보험에 가입함으로써 재정적 손실을 보험사가 대신 부담하게 할 수 있다.

마지막으로, 위험을 수용하는 전략은 모든 위험을 완벽하게 피하거나 줄일 수 없음을 인정하고, 발생할 수 있는 작은 문제들에 대해 유연하게 대처하는 태도를 보이는 것이다. 예를 들어, 여행 중 예상치 못한 비가 내리면, 계획을 바꾸어 실내 활동을 즐기는 것이다.

위험 관리 전략은 일상 생활에서도 유용하게 활용될 수 있다. 여행 계획을 세울 때 이러한 전략을 적용함으로써, 더 안전하고 즐거운 여행을 할 수 있다. 이처럼, 다양한 상황에서 위험을 인식하고 적절히 대응하는 능력은 일상생활에서도 중요한 역량이 된다.

3) 위험 관리 도구와 기술

위험 관리에 사용되는 도구와 기술은 우리가 마주하는 다양한 상황에서 발생할 수 있는 위험을 분석하고 대응하는 데 큰 도움이 된다. 대학생들도 이러한 도구를 활용하여 학업, 창업 프로젝트, 심지어 일상 생활에서의 결정을 내릴 때 발생할 수 있는 위험을 분석하고 관리할 수 있다.

예를 들어, 대학 프로젝트 팀이 새로운 사업 아이디어를 개발하고 있다고 가정해 보자. 이때 SWOT 분석을 활용하면 팀의 강점(Strengths), 약점(Weaknesses), 기회(Opportunities), 위협(Threats)을 체계적으로 파악할 수 있다. 팀원들은 자신들의 아이디어가 가진 강점을 극대화하고, 약점을 보완하는 전략을 세울 수 있으며, 외부 환경에서 기회를 포착하고 잠재적 위협에 대비할 수 있다.

또한, PEST 분석은 정치적(Political), 경제적(Economical), 사회적(Social), 기술적(Technological) 요인을 고려하여 외부 환경을 분석하는 도구다. 예를 들어, 창업을 고려할 때, PEST 분석을 통해 시장의 정치적 안정성, 경제 상황, 대상 고객의 사회적 특성, 관련 기술의 발전 상태 등을 평가할 수 있다. 이러한 분석을 통해 창업 아이디어의 실행 가능성을 보다 정확히 판단할 수 있으며, 잠재적인 위험을 사전에 파악하여 대비할 수 있다.

이와 같은 도구와 기술을 활용하면, 자신의 프로젝트나 창업 계획에 대한 종합적이고 객관적인 시각을 가질 수 있다. 더 나아가, 이를 통해 발생할 수 있는 다양한 위험을 체계적으로 관리하고, 효과적인 대응 전략을 수립할 수 있다. 따라서, 대학생들은 이러한 위험 관리 도구와 기술을 익혀, 미래의 어떤 도전에도 당당히 맞설 수 있는 준비를 할 수 있다.

3 기회 포착을 위한 위험 감수성

기회 포착을 위한 위험 감수성은 성공적인 기업가정신의 중요한 부분이다. 이 장에서는 기회를 식별하고 포착하는 데 필요한 위험 감수의 개념을 설명하고, 이를 실제 상황에 어떻게 적용할 수 있는지를 탐구한다. 특히, 대학생 1학년을 대상으로 이들이 학업, 창업, 개인적인 목표 달성에 있어 위험을 어떻게 감수하고 기회를 잡을 수 있는지에 대해 설명한다.

1) 기회 식별과 위험 감수의 중요성

기회 식별과 위험 감수의 중요성은 혁신과 성공의 길에서 매우 중요하다. 모든 창의적인 과정의 시작은 새로운 기회를 발견하고, 그 기회를 잡기 위해 필요한 위험을 감수할 준비가 되어 있는지 스스로에게 질문하는 것에서 시작된다. 예를 들어, 새로운 기술에 투자하는 것이 단기적으로는 위험해 보일 수 있지만, 장기적으로는 상당한 수익을 가져올 수 있는 기회가 될 수 있다는 것을 인지하는 것이 중요하다.

새로운 기술, 아이디어, 사업 모델에 참여함으로써 우리는 미래에 대한 준비를 할 수 있다. 작은 프로젝트가 시간이 지남에 따라 큰 사업으로 발전할 가능성을 가지고 있을 수 있다는 것을 알아차리는 것이 중요하다. 이를 위해서는 시장의 변화, 기술의 발전, 소비자의 요구 등을 면밀히 분석해야 하며, 그에 따라 위험을 감수할 준비가 되어 있어야 한다.

예를 들어보면, 창업을 시작하는 것은 큰 도전이 될 수 있다. 초기에는 시간 관리, 재정적 부담, 아이디어의 실행 가능성 등 여러 위험 요소들을 고려해야 한다. 하지만 이러한 도전을 통해 얻을 수 있는 것은 단순히 수익 창출뿐만 아니라, 실제 비즈니스 경험, 네트워킹, 시장 이해도 등 가치 있는 학습 기회이다.

이 과정에서 중요한 것은 위험을 식별하고 그 위험을 관리할 수 있는 방법을 찾는 것이다. 위험을 무조건 피하는 것이 아니라, 어떻게 하면 그 위험을 최소화하고 기회를 최대화할 수 있는지를 고민해야 한다. 다양한 학습 기회와 자원을 활용하여 위험 관리 능력을 키우고, 동시에 기회를 포착할 준비를 할 수 있다.

결론적으로, 위험을 감수하고 기회를 포착하는 것은 미래의 성공을 위한 준비 과정이다. 이를 통해 얻는 경험과 지식은 미래에 더 큰 도전에 직면했을 때, 그것을 극복하고 성공으로 이끌 수 있는 튼튼한 기반이 될 것이다.

2) 위험과 기회의 균형

성공을 위한 핵심은 위험과 기회 사이의 균형을 찾는 것이다. 지나치게 조심하는 태도는 발전의 기회를 잃게 할 수 있지만, 반대로 너무 많은 위험을 감수하는 것도 결국 실패로 이어질 수 있다. 일상에서 새로운 도전이나 프로젝트에 참여할 때, 우리는 잠재적인 기회와 위험을 자세히 평가해야 하며, 이를 통해 균형 잡힌 결정을 내리는 지혜가 필요하다.

예를 들어, 새로운 취미나 학습 분야에 도전하는 것도 위험과 기회의 균형을 고려해야 하는 상황이 될 수 있다. 새로운 기술을 배우려는 시도는 시간과 노력, 때로는 재정적인 투자가 있어야 하며, 이는 초기에는 부담으로 작용할 수 있다. 하지만, 이러한 투자가 장기적으로는 새로운 기회를 열어줄 수 있으며, 개인의 성장과 발전에 크게 기여할 수 있다는 점을 인식하는 것이 중요하다.

이 과정에서 중요한 것은 자신의 한계와 현재 상황을 정확히 파악하고, 가능한 위험을 사전에 예측하여 대비하는 것이다. 예를 들어, 새로운 사업을 시작하기 전에 시장 조사를 실시하고, 재정 계획을 세우며, 실패 가능성에 대비한 계획 B를 마련하는 것과 같은 준비 작업이 필요하다.

또한, 실패에 대한 두려움을 극복하고, 실패를 경험과 학습의 기회로 받아들이는 태도가 중요하다. 실패는 성공으로 가는 길에서 필수적인 과정일 수 있으며, 실패를 통해 얻은 교훈과 경험은 더 나은 미래를 위한 소중한 자산이 된다.

위험과 기회의 균형을 잘 파악하는 것은 단순히 비즈니스 세계에만 국한된 문제가 아니다. 학업, 직업, 인간 관계 등 우리 삶의 모든 영역에서 위험을 관리하고 기회를 포착하는 능력은 더 나은 미래를 만드는 데 중요한 역할을 한다. 따라서, 위험을 두려워하지 않고 항상 열린 마음으로 새로운 기회를 모색하는 태도를 유지하는 것이 중요하다.

3) 위험 감수성과 개인적 성장

위험을 감수하는 것은 개인적 성장과 발전의 중요한 도구이다. 새로운 도전에 나서거나, 익숙하지 않은 분야에 발을 들여놓는 것은 분명 위험이 따르지만, 바로 이러한 과정을 통해 우리는 새로운 기술을 습득하고, 자신감을 키울 수 있다. 예를 들어, 해외로 교환 학생 프로그램에 참여하는 것은 처음엔 두려움을 동반할 수 있지만, 그 과정에서 다양한 문화를 접하고, 세계적인 관점을 얻는 데 큰 도움이 된다.

이와 같은 도전은 단지 새로운 환경에 적응하는 것을 넘어, 문제 해결 능력, 대인 관계 능력, 자기 주도적 학습 능력 등 여러 면에서 개인의 역량을 강화한다. 새로운 문화와 언어에 노출되는 경험은 통찰력을 넓히고, 다양한 사람들과의 교류를 통해 사회적 기술을 발전시킬 수 있다.

또한, 새로운 취미나 스포츠, 예술 활동에 참여하는 것도 위험 감수성과 연결될 수 있다. 처음으로 마라톤에 참가하거나, 그림 수업에 등록하는 것은 실패의 두려움을 극복하고 새로운 도전을 시작하는 좋은 예시이다. 이러한 활동은 처음엔 어렵고 힘들 수 있지만, 꾸준히 도전하고 노력함으로써 새로운 성취를 이루고 자신감을 얻을 수 있다.

위험을 감수하는 과정에서 겪는 실패나 어려움도 중요한 학습 기회이다. 실패를 통해 우리는 무엇이 잘못되었는지, 어떻게 개선할 수 있는지를 배우며, 이를 통해 더 나은 결정을 내릴 수 있게 된다. 실패는 성공으로 가는 길에서 중요한 단계일 뿐만 아니라, 개인의 회복력과 탄력성을 키우는 데도 큰 역할을 한다.

결국, 위험 감수성은 개인적인 성장을 위한 필수적인 요소이다. 새로운 도전과 경험은 우리의 한계를 넓히고, 다양한 기술과 지식을 습득하는 데 도움을 준다. 또한, 이러한 과정은 자신감과 회복력을 키우며, 미래에 다가올 어떤 도전에도 대비할 수 있는 능력을 갖추게 한다. 따라서, 새로운 기회를 포착하고, 개인적인 성장을 이루기 위해서는 위험을 두려워하지 않고, 과감히 도전하는 마음가짐이 필요하다.

4) 위험 관리와 기회 포착 전략

위험 관리와 기회 포착 전략은 적극적으로 기회를 탐색하면서도 잠재적 위험을 효과적으로 관리하려는 노력을 포함한다. 이 과정에서 위험의 정도와 영향을 신중하게 평가하고, 이에 대응하기 위한 계획을 세우는 것이 핵심이다. 예컨대, 창업 초기 단계에서는 시장 반응을 세밀하게 분석하며, 실패 가능성을 줄이기 위한 다양한 전략을 고려할 필요가 있다.

체계적인 위험 관리 전략을 통해, 창업자는 사업을 진행하면서 발생할 수 있는 다양한 위험 요소를 사전에 파악하고 준비할 수 있다. 이를 위해서는 시장 조사, 경쟁 분석, 재정 계획 등에 근거한 명확한 사업 계획이 필요하다. 또한, 초기 단계에서 소규모로 프로토타입을 출시하여 사용자 피드백을 수집하고, 이를 바탕으로 제품이나 서비스를 지속적으로 개선해 나가는 과정이 중요하다.

위험 관리 전략의 일환으로, 창업자는 잠재적 위험에 대비해 비상 자금을 준비하거나, 다양한 보험 상품에 가입하여 재정적 손실을 최소화할 수 있는 방법을 고려해야 한다. 또한, 파트너십이나 협력 관계를 통해 위험을 분산시키고, 자원과 역량을 확장하는 방법도 고려해볼 수 있다.

기회를 효과적으로 포착하기 위해서는 지속적인 시장 모니터링과 트렌드 분석이 필요하다. 변화하는 시장의 요구와 기술 발전을 빠르게 파악하고, 이를 사업 전략에 반영하는 것이 중요하다. 이 과정에서 창업자는 새로운 시장 기회를 식별하고, 기존 사업 모델을 혁신하거나 새로운 비즈니스 기회를 창출할 수 있다.

결론적으로, 위험 관리와 기회 포착 전략은 사업의 성공을 위해 균형 잡힌 접근 방식이 필요함을 의미한다. 위험을 신중하게 관리하면서도 기회에 대해 개방적이고 능동적인 태도를 유지하는 것이 핵심이다. 이러한 전략을 통해 창업자는 불확실한 시장 환경 속에서도 성공적인 사업을 이끌어 갈 수 있다.

4 위험과 실패 관리

위험과 실패 관리는 기업가정신의 중요한 측면 중 하나로, 적절한 위험 감수성과 실패로부터의 회복이 성공의 핵심 요소가 될 수 있다. 이 장에서는 위험을 관리하고 실패로부터 배우며 전진하는 방법을 살펴본다.

1) 위험 인식과 평가의 중요성

위험 인식과 평가의 과정은 모든 프로젝트나 창업 계획의 기초를 이룬다.

이 단계에서는 프로젝트나 사업이 직면할 수 있는 모든 잠재적 위험 요소들을 명확히 식별하고, 그들이 사업에 미칠 수 있는 영향을 신중하게 분석한다. 예를 들어, 사업을 시작하기 전에 시장에서의 수요 예측, 경쟁사 분석, 자금 조달의 가능성 등을 면밀히 검토하는 것이 포함된다. 이러한 분석을 통해 사업가는 재정적 리스크, 시간 관리 문제, 기술적 도전 등을 사전에 인식하고, 이에 대한 대비책을 마련할 수 있다.

위험 인식과 평가는 단순히 위험 요소들을 나열하는 것을 넘어서, 그들의 발생 가능성과 사업에 미칠 영향의 정도를 정량적이나 정성적으로 평가하는 과정을 포함한다. 이를 통해 사업가는 자원을 효율적으로 배분하고, 리스크를 최소화하는 전략을 수립할 수 있다. 또한, 이 과정에서 발견된 위험 요소들에 대해 우선 순위를 정하고, 가장 큰 영향을 미칠 수 있는 위험에 대해 집중적으로 대응 계획을 세울 수 있다.

일상 예시로, 여행 계획을 세울 때 날씨, 교통 상황, 숙소의 안전성 등을 미리 조사하고 평가하는 것과 유사하다. 이러한 사전 준비와 평가를 통해 여행 중 발생할 수 있는 잠재적 문제들을 예방하고, 여행의 질을 높일 수 있다.

위험 인식과 평가는 프로젝트나 사업의 성공 가능성을 높이는 중요한 단계이다. 이 과정을 통해 사업가는 불확실성을 관리하고, 미래의 도전에 대해 더 잘 준비할 수 있다. 따라서, 모든 창업자나 프로젝트 리더는 위험 관리 계획의 일환으로 위험 인식과 평가 과정에 충분한 시간과 노력을 투자해야 한다. 이는 결국 사업의 성공을 위한 투자이며, 불확실한 미래에 대한 준비 과정이다.

2) 실패에 대한 건설적인 태도

실패에 대한 건설적인 태도는 우리가 성장하고 발전하는 데 필수적이다. 인생에서 실패는 불가피한 부분이며, 모든 사람은 어느 시점에서 실패를 경험한다. 중요한 것은 실패를 단순한 넘어짐으로 보지 않고, 그 안에서 배울 수 있는 교훈을 찾는 것이다. 실패를 통해 우리는 무엇이 잘못되었는지, 앞으로 어떻게 하면 더 나아질 수 있을지를 배울 수 있다.

예를 들어, 사업을 시작했지만 예상과 다르게 결과가 나오지 않았다면, 그 실패를 깊이 분석해야 한다. 시장 조사가 충분하지 않았던 것인지, 제품 개발에 문제가 있었던 것인지, 아니면 마케팅 전략이 잘못되었던 것인지 등을 면밀히 살펴보아야 한다. 이 과정에서 얻은 통찰력은 다음 사업 계획을 세울 때 매우 중요한 자산이 될 것이다.

일상적인 예시로는, 시험에서 원하는 점수를 받지 못했다면, 그 실패를 교훈으로 삼아 공부 방법을 개선할 수 있다. 어떤 부분에서 이해가 부족했는지, 어떻게 하면 더 효율적으로 공부할 수 있을지를 고민해보는 것이다. 이러한 과정은 개인적인 학습 방법을 발전시키고, 더 나은 성과를 달성하는 데 도움을 준다.

실패에 대한 건설적인 태도를 갖는 것은 또한 우리에게 더 강한 정신력과 회복력을 부여한다. 실패를 겪고도 다시 일어설 수 있는 용기와 자신감을 키울 수 있으며, 이는 미래의 어떤 도전에도 두려움 없이 맞설 수 있는 힘이 된다. 더 나아가, 실패를 경험한 사람은 다른 사람의 실패에 대해 더 이해하고 공감할 수 있으며, 이는 인간 관계에서도 긍정적인 영향을 미친다.

실패에 대한 건설적인 태도는 개인적 성장과 성공으로 나아가는 길에 있어서 매우 중요하다. 실패를 피하려 하기보다는, 그것을 받아들이고 교훈으로 삼아 더 나은 미래를 위한 발판으로 삼아야 한다. 실패는 결국 우리를 더 강하게 만들며, 성공으로 가는 길에 있어서 필수적인 단계이다.

3) 실패 대응의 전략적 접근

실패 대응의 전략적 접근은 우리가 겪는 어려움과 실패를 극복하고, 그 과정에서 더 강하고 지혜로워지는 데 중요하다. 실패는 누구에게나 발생할 수 있는 일이지만, 그것을 어떻게 처리하느냐가 우리의 미래에 큰 영향을 미친다. 이를 위해 몇 가지 중요한 전략이 있다.

첫째, 유연한 계획 수정이 필요하다. 모든 계획은 변화할 수 있는 상황에 맞춰 조정될 수 있어야 한다. 예상치 못한 상황이 발생했을 때, 기존 계획을 고집하기보다는 새로운 상황에 맞게 계획을 수정하는 것이 필요하다. 이는 문제를 해결하고 전진하는 데 도움이 될 것이다.

둘째, 대체 계획의 수립이 중요하다. 어떤 일을 시작하기 전에 여러 가능한 시나리오를 고려하고, 각각에 대한 대처 방안을 마련해두는 것이 좋다. 이는 실패에 대비해 미리 준비하는 것으로, 하나의 계획이 실패했을 때 다른 방향으로 전환할 수 있는 유연성을 제공한다.

셋째, 위험 최소화 전략을 실행해야 한다. 모든 결정과 행동은 일정 수준의 위험을 수반하지만, 이를 최소화하기 위한 전략을 세우는 것이 중요하다. 위험을 식별하고, 가능한 한 그 영향을 줄일 수 있는 방법을 찾아 실행하는 것이다. 예를 들어, 새로운 사업 아이디어를 시험할 때는 소규모로 시작해 시장 반응을 확인한 후 점진적으로 확대하는 방법이 있다.

실패에 대한 전략적 접근은 우리가 실패를 극복하고, 그 과정에서 얻은 교훈을 바탕으로 더 나은 방향으로 나아가는 데 도움을 준다. 실패를 겪었을 때 중요한 것은 그것에 굴복하지 않고, 배운 것을 바탕으로 다시 일어서는 것이다. 이러한 접근 방식은 개인의 성장과 성공을 위한 강력한 기반이 될 것이다.

4) 회복력과 긍정성의 개발

회복력과 긍정성의 개발은 실패를 경험한 후 더 강하고 성공적으로 나아갈 수 있는 능력의 핵심이다. 우리 모두는 삶의 어느 시점에서 실패를 경험하지만, 중요한 것은 그 실패로부터 어떻게 회복하고, 어떻게 앞으로 나아가는가이다.

회복력은 어려움이나 실패에 직면했을 때 굴복하지 않고, 그 상황을 극복하며 전진하는 능력을 말한다. 이는 개인의 정신적, 감정적 강도를 나타내며, 실패를 경험한 후에도 목표를 향해 계속 나아갈 수 있는 힘을 제공한다. 회복력을 개발하기 위해서는 자신에 대한 믿음을 강화하고, 어려움을 극복할 수 있다는 자신감을 키우는 것이 중요하다.

긍정성은 실패를 긍정적으로 바라보고, 그것에서 배울 수 있는 기회를 찾는 태도를 의미한다. 긍정적인 태도를 갖는 것은 실패를 넘어서 성공으로 나아가는 데 있어 필수적인 요소이다. 긍정성을 개발하기 위해서는 실패를 개인적인 결함이 아닌 성장과 발전을 위한 중요한 단계로 보고, 그 과정에서 얻은 교훈을 적극적으로 활용하는 것이 중요하다.

자기 동기부여 역시 중요한 역할을 한다. 자신을 계속해서 동기부여하는 것은 목표를 향해 지속적으로 나아갈 수 있는 힘을 제공한다. 자기 동기부여를 강화하기 위해서는 자신의 성공을 상상하고, 목표 달성을 위한 구체적인 계획을 세우며, 작은 성공을 축하하는 것이 도움이 된다.

실패 후에 강한 회복력과 긍정적인 태도를 개발하는 것은 쉽지 않을 수 있지만, 이러한 능력은 시간과 노력을 투자하여 키울 수 있다. 개인적인 성장을 위한 도전, 긍정적인 사람들과의 교류, 성공적인 경험에 대한 반성과 교훈 등을 통해 회복력과 긍정성을 점차 개발할 수 있다. 이는 미래의 도전과 실패에 더 잘 대처하고, 궁극적으로는 더 큰 성공을 이루는 데 기여할 것이다.

5 국내 '위험감수성' 이야기

2019년 6월 30일 일본 정부가 일제 강제노역 피해자 배상 문제를 빌미로 대(對)한국 수출규제 대상에 올린 3개 품목은 반도체 관련 핵심 소재 불화수소 · 포토레지스트 · 플루오린 폴리이미드 등 3개 품목에 대한 한국 수출규제를 시행하였다.

규제 1년 후, 고순도 불화수소는 현재 어느 정도 대일 의존도가 해소된 지표로 보인다. 반면, 아쉽게도 포토 레지스트와 불화 폴리이미드는 아직도 일본의 영향에서 벗어나지 못해 보인다.

〈표 5. 일, 수출규제 3대 품목 수입 비중의 변화〉

항목	대처 방안	대 일본 수출 의존도	
		'18.07 ~ '19.05	'19.07 ~'20.05
고순도 불화수소	◆ 국내 자체 개발 (SK머티리얼즈, 솔브레인, 램테크놀로리지)	42.4 %	9.5 %
포토 레지스트	◆ 국내 자체 개발 (동진쎄미켐, SK머티리얼즈) ◆ 수입선 다변화(벨기에, 독일) ◆ 공급망 확보(미국 듀폰, 국내생산)	92.8 %	86.7 %
불화 폴리이미드	◆ 국내 자체 개발 (코오롱인더스트리)	92.7 %	92.9 %

※ 자료: 한국무역협회

이렇게, 한국에서 자체 생산할 때 원가가 비싸고, 형평성에 맞지 않더라도 국산화 개발을 진행하는 자세를 '위험감수성'이라고 말한다.

만약 이 당시, 국산화에 대한 대안 없이 지금까지 일본에만 의존했다면, 무역 불균형과 불이익은 새로운 무역 갈등으로의 '무기화'로 이어질 것이다. 이뿐만 아니다. 중국의 '요소수' 수출 제한으로 인한 요소수 파동도 기억할 것이다.

아직도 이런 단일 국가에 대한 수입 의존도가 80%가 넘는 품목 수는 총 3,941개로 파악되었으며, 중국이 47%에 해당하였다.

〈표 6. 단일 국가 수입 의존도 80% 넘는 품목 - 기사 정리〉

국가	품목 수	주요 품목
중국	1,850개	요소, 마그네슘 주괴, 산화텅스텐, 네오디뮴 영구자석 등
미국	503개	프로판, 부탄 등
일본	438개	포토레지스트, 플루오린 폴리이미드 등.
기타	1,150개	-
품목 총수	3,941개	-

한국이 수입하는 전체 품목 가운데 10개 중 3개는 특정 국가에 대한 수입 의존도가 80%를 넘는 쏠림 현상이 있는 것으로 나타났다. 특히 의존도가 높은 품목의 절반가량은 중국에 의존하는 것으로 조사됐다. 중국발 공급망 리스크에 취약한 구조라는 의미다.

2021년 11월 한국무역협회가 올해 1~9월 기준 국제 품목분류 코드(HS코드 6자리) 기준 수입품 1만 2,586개를 분석한 결과 31.3%(3,941개)가 특정 국가 의존도 80%를 넘었다. 이 중 중국이 1,850개로 약 47%를 차지했다. 미국

(503개), 일본(438개)이 뒤를 이었다.

2021년 11월 요소수 파동의 원인은 요소수의 원료인 요소가 중국산 비중이 80%였기 때문이다. 또 자동차 차체와 차량용 시트 프레임 등의 필수 소재로 쓰이는 마그네슘 주괴는 100% 중국산이고, 마그네슘 주괴는 최근 중국의 전력난으로 생산량이 줄어 국내 공급에 차질이 발생하고 있다. 의료기기와 반도체 제조에 쓰이는 산화텅스텐(94.7%), 전자제품 경량화 필수품인 네오디뮴 영구자석(86.2%), 2차전지 소재 수산화리튬(83.5%)도 중국산 비중이 높았다. 공급 차질, 무역 분쟁 등이 벌어질 때 국내 공급에 문제가 생길 가능성이 있다는 의미다.

우리는 코로나19 사태로 인해 각국의 생산 공장이 셧다운되면서 수급 불균형이 심각해졌었고, 이에 따라 주요 산업 전반에 걸쳐 타격이 불가피해진 상황을 경험했었다. 따라서 항상 위기의식을 갖고 대비책을 마련해야 한다.

6 글로벌 '위험감수성' 이야기

혁신성에서 애플의 아이폰 혁신을 말하면서, 노키아의 몰락을 설명했었다. 위험감수성에서는 노키아의 나라 핀란드의 '세계 실패의 날'을 말하고자 한다.

'세계 실패의 날' 행사는 2010년 10월 13일에 세계적인 창업 강국인 핀란드에서 처음 열렸다. 세계 휴대전화 40%의 점유율, 핀란드 수출 물량의 20%, 핀란드 국내총생산(GDP)의 약 25%를 담당하던 세계적 기업 노키아는 애플과 삼성의 경쟁에서 뒤처지면서, 2013년 마이크로소프트에 인수당하는 불명예를 안게 되었다.

노키아의 갑작스러운 몰락으로 국가 경제의 위기를 맞이하였고, 노키아의 몰락은 핀란드의 대량 실직 사태로 국가적 경제 위기로 이어졌다. 실패에 대한 두려움으로 도전을 멈춘 핀란드를 보며, 대부분 경제학자는 핀란드의 경제는 회복 불가능할 것으로 예측했다. 하지만 핀란드는 정면으로 맞서는 방법을 택했다. 매년 10월 13을 서로의 실패 경험을 공개적으로 이야기하는 날인 '실패의 날'로 만든 것이다.

벤처창업과 같은 도전을 감행하기에는 실패에 대한 두려움이 너무 컸다. 이때 알토대학교(Aalto University)의 창업동아리인 알토이에스(AaltoES)가 '실패의 날(Day for Failure)'을 제안했고, 이러한 알토 대학생들의 제안에 핀란드 정부는 물론 기업과 단체가 호응하였고 그 후 유럽은 물론 전 세계적인 행사로 번져 나갔다.

'실패'를 두렵고 부끄럽고 피해야 할 것이 아닌, 다음 실패를 막는 최선의 방어책이며 성공을 위한 필수 경험이라는 인식의 전환을 하면서 핀란드는 다시 경제를 일으켜 세울 수 있었다. 더 나아가 실패의 가치를 자산화하여 3대 창업 국가로 부상하게 되었다.

경제학자들은 이제 그들을 가리켜 '노키아의 몰락은 핀란드의 축복이다.'

라고 말한다. 핀란드의 '실패의 날'은 우리에게 실패는 도전의 또 다른 얼굴이며, 그 자체로 가치 있는 자산이라는 명확한 메시지를 던져준다.

실패에서 무엇을 배웠는가?

- 위기 상황은 누구나 당황스럽고 어렵다. 우리는 그것을 어떻게 극복하고, 고치고, 처리하는지에 대한 통찰을 얻게 되었다. – 前 노키아 명예회장 요르마 올리라
- 실패라는 단어의 진짜 뜻은 '나는 매우 많이 실패했고 그런데도 여전히 노력하고 있다. – 51번의 실패를 겪고 52번째의 대작을 성공시킨 앵그리버드 게임 제작사인 로비오의 공동창업자 피터 베스터바카
- 우리는 실패할 때마다 무언가를 배우는 과정이라고 생각하고 실패를 축하하는 샴페인을 터트립니다. – 클래시 오브 클랜게임 제작사인 슈퍼셀 CEO 일카 파나넨

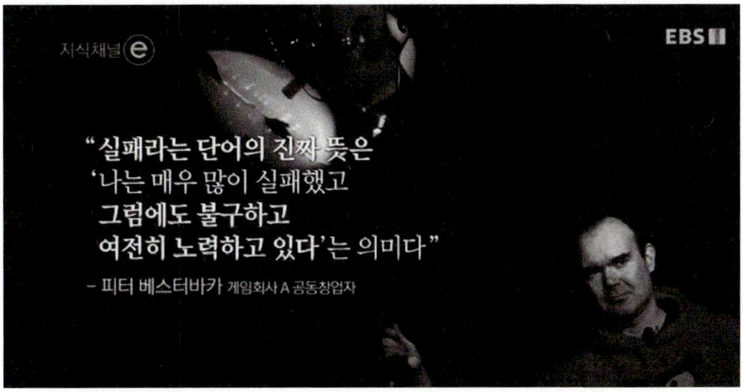

〈그림 29. 실패가 두려운 당신에게 – EBS 지식채널 E〉

실패 없이 살아가는 사람이 있을까? 삶에서 겪는 크고 작은 실패가 성공보다 훨씬 많을 것이다. 더욱이 자유와 경쟁이 현대 자본주의 본질이고, 경

쟁에는 반드시 이기는 자와 지는 자가 발생한다. 게다가 사회적인 동물인 우리는 인간관계의 실패가 주는 정신적 충격(trauma)이 개인은 물론 기업과 사회 발전에 장애요인이 되기도 한다.

이처럼 누구나 겪는 실패를 대하는 자세나 태도는 나라 또는 지역에 따라 차이가 있다. 미국을 비롯한 서구 국가들은 '실패 관용 사회'라고 여길 정도로 실패를 삶의 과정으로 여긴다. 따라서 실패 후 절망이나 패배 의식에 사로잡히지 않는다.

실패의 경험이 오히려 존중받는다. 때로는 훈장을 받은 것처럼 이를 교훈 삼아 성공을 향해 당당하게 나아간다.

이 영향으로, 우리나라에서도 2018년 대구에서 처음으로 실패 박람회(Fail Expo)가 열려 '실패를 격려하는 문화조성'을 주제로 각종 기념행사를 했다. 그 후에도 매년 열리는 '실패의 날'을 기념하는 박람회로서 우리 정부와 기업 및 단체의 지원을 받아 '실패 경험의 사회적 자산화와 정책화' 그리고 실패자들의 재도전 문화 확산을 위해 노력하고 있다.

실패라는 단어는 부정적 의미가 아닌 긍정적 의미로 바뀔 때, 도전은 두려움이 아닌 설렘의 대상이 된다. 다양한 실패는 계획된 실패도 있고 예상치 못했던 실패도 있다. 이런 실패들이 밑거름되어 지금의 '나'를 만들게 되는 것이다.

CHAPTER 06

성취 욕구: 목표 설정과 달성

CHAPTER 06

성취 욕구: 목표 설정과 달성

성취 욕구는 개인과 조직이 목표를 설정하고 이루는 데 필요한 동력이다. 이 장에서는 효과적인 목표 설정 방법, 동기 부여 전략, 성공적인 목표 달성 사례, 그리고 개인 및 조직 수준에서의 성취 욕구 관리 방법을 탐구한다. 특히 SMART 기준에 기반한 목표 설정 방법과 성공적인 목표 달성 전략을 구체적인 사례와 함께 제시하여, 대학생들이 자신의 목표를 효과적으로 설정하고 달성할 수 있도록 도움을 줄 것이다.

1 목표 설정의 중요성과 SMART 기준

목표 설정은 성공적인 학업과 경력 개발을 위한 필수적인 과정이다. 이 장에서는 목표 설정의 중요성과 SMART 기준을 소개하고, 이를 대학생활과 개인적인 발전에 어떻게 적용할 수 있는지 탐구한다. 대학생 1학년을 대상으로, 효과적인 목표 설정 방법을 이해하고 실천하는 데 필요한 지침을 제공한다.

1) 목표 설정의 중요성

목표 설정의 중요성은 개인이 자신의 경로를 명확히 하고, 행동과 의사 결정에 방향을 제공하는 데 있다. 이는 단순히 목표를 설정하고 달성하는 과정을 넘어서, 개인이 자신의 학업, 경력, 심지어는 개인 생활에서 원하는 바를 실현하기 위한 중요한 첫 걸음이 된다. 예를 들어, 대학 신입생이 자신의 학업 목표를 명확하게 설정할 경우, 이는 그들이 공부 방법, 시간 관리 및 참여하는 다양한 활동에 대한 접근 방식에 구체적인 영향을 미친다. 이러한 구체적인 목표 설정은 학생들이 자신의 능력을 최대한 발휘할 수 있게 하며, 결국 자신의 잠재력을 실현하는 데에 큰 도움이 된다.

목표 설정은 성공을 향한 여정에서 마치 나침반과 같은 역할을 한다. 이는 개인이 자신의 목표에 도달하기 위해 어떤 경로를 따라야 할지, 어떤 장애물을 극복해야 할지를 알려주며, 더 나아가 개인의 성장과 발전을 촉진한다. 목표가 명확할수록, 개인은 자신의 노력을 보다 효과적으로 집중시킬 수 있으며, 이는 궁극적으로 더 높은 성취와 만족을 이끌어낼 수 있다.

따라서, 목표를 설정하는 것은 성공적인 학업, 경력, 그리고 개인 생활을 위한 기초를 마련하는 것으로, 개인이 자신의 방향성을 찾고, 의미 있는 성취를 향해 나아가는 데 있어 중요한 첫걸음이다.

2) SMART 기준의 이해

SMART 기준은 목표 설정의 과정을 체계화하고, 실현 가능성을 극대화한다. 구체적(Specific) 목표는 명확한 목표의 방향과 범위를 설정한다. 예컨대, "영어 실력을 향상시키겠다"는 모호한 표현 대신 "TOEFL 시험에서 100점 이상을 목표로 한다"는 방식이 더 명확하다. 측정 가능(Measurable) 요소는 목표 달성의 진행을 추적할 수 있게 해준다. 달성 가능(Achievable) 목표는 현실적인 자원과 능력 내에서 설정되어야 하며, 관련성(Relevant)은 목표가 개인의 전반적인 목적과 부합하는지를 확인한다. 시간 기반(Time-bound) 목표는 구체적인 마감 기한을 설정하여 학생들이 집중력을 유지하고, 시간 관리를 용이하게 한다.

〈표 7. SMART 목표〉

Specific	목표는 구체적이어야 한다.
Measurable	목표의 진행 상황을 측정할 수 있어야 한다.
Achievable	목표는 달성할 수 있어야 한다.
Relevant	목표는 개인의 목적과 관련성있어야한다.
Time-bound	목표는 마감 기한이 있어야 한다.

3) SMART 목표 설정 사례

SMART 목표 설정 사례는 개인이 자신의 목표를 달성하기 위한 구체적이고 실현 가능한 계획을 수립하는 데 중요하다. 예를 들어, 대학교 1학년 학생이 체력을 향상시키기 위한 목표로 "매주 월, 수, 금요일에 30분간 조깅하기"를 설정한 경우, 이 목표는 SMART 기준에 따라 구체적(Specific), 측정 가능(Measurable), 달성 가능(Achievable), 관련성 있음(Relevant), 시간 기반의(Time-bound) 특성을 모두 충족한다.

이러한 목표 설정은 학생이 운동 루틴을 체계적으로 관리하고, 꾸준히 건강한 습관을 유지할 수 있게 한다. 구체적인 일정과 운동 계획을 통해, 학생은 자신의 진행 상황을 쉽게 추적하고, 목표 달성에 필요한 동기 부여를 얻을 수 있다. 또한, 이러한 목표는 학생의 일상적인 생활 패턴과 현실적인 용량을 고려하여 설정되어 있어, 지속 가능하고 장기적인 체력 향상을 가능하게 한다.

SMART 목표 설정 방법을 적용함으로써, 학생은 자신의 목표를 성공적으로 달성할 수 있는 실질적인 계획을 수립할 수 있다. 이는 단순히 운동 목표에만 국한되지 않고, 학업 성취, 개인 발전, 사회적 참여 등 다양한 분야에서도 적용될 수 있는 효과적인 목표 설정 전략이다.

4) 목표 설정과 동기 부여의 상호작용

효과적인 목표 설정은 일상 생활에서의 동기 부여와 밀접하게 연결되어 있다. 구체적이고 실현 가능한 목표는 개인에게 명확한 동기를 제공하며, 이는 행동의 원동력으로 작용한다. 예를 들어, 우리는 자신의 건강을 개선하기 위해 매일 아침 조깅을 목표로 할 수 있다. 이는 건강한 생활 방식을 유지하려는 명확한 의지를 반영한다. 마찬가지로, 새로운 언어를 배우기 위한 목표를 설정하면, 이는 지식을 확장하고 새로운 문화를 이해하는 데 도움이 된다. 이처럼 목표 설정은 일상 생활에서 우리가 직면하는 다양한 도전과 목표에 집중하도록 돕고, 개인적인 만족감과 성취감을 증진시킨다.

이 장에서 다루는 목표 설정의 중요성과 SMART 기준은 대학생들이 학업, 경력, 개인적인 발전을 위한 명확하고 실현 가능한 목표를 설정하는 데 도움이 될 것이다. SMART 기준에 따른 목표 설정 방법을 이해하고 적용함으로써, 학생들은 자신의 노력을 효과적으로 관리하고, 성취 욕구를 충족시키며, 성공적인 결과를 얻을 수 있다. 이 장에서 제시하는 사례와 지침은 학생들에게 실질적인 도구와 영감을 제공하여, 자신만의 목표를 설정하고 달성하는 데 도움을 줄 것이다.

2 동기 부여 전략과 성취 욕구

동기 부여 전략은 성취 욕구를 불러일으키고, 목표를 향한 지속적인 노력을 가능하게 하는 핵심 요소이다. 이 장에서는 동기 부여 전략과 그것이 개인의 성취 욕구에 어떻게 영향을 미치는지를 탐구하며, 자신의 학업, 사회활동, 개인적인 발전에 이 전략을 어떻게 적용할 수 있는지를 설명한다.

1) 내적 동기 부여의 중요성

내적 동기 부여는 개인이 자신의 깊은 관심사와 열정에서 우러나오는 추진력을 말한다. 이는 외부의 보상이나 인정이 아닌, 자신의 내부적인 만족과 행복을 위해 행동하는 것을 의미한다. 내적 동기 부여가 강한 사람들은 종종 자신이 사랑하는 일에 더 깊이 몰입하고, 이를 통해 지속적인 성장과 발전을 경험한다.

예를 들어, 사진 촬영에 깊은 관심을 가진 한 사람의 이야기를 생각해 보자. 이 사람은 외부의 칭찬이나 보상을 목표로 사진을 찍는 것이 아니라, 자신만의 시각으로 세상을 기록하고 싶은 내부적 욕구에서 출발한다. 초기에는 기술적인 한계와 경험 부족으로 인해 어려움을 겪을 수 있지만, 사진에 대한 깊은 열정은 그를 계속해서 전진하게 한다. 그는 다양한 사진 촬영 기법을 배우고, 다양한 환경과 조건에서 실험을 하며, 자신만의 독특한 스타일을 개발한다. 이 과정에서 그는 자신이 만든 작품을 통해 큰 만족감을 느끼고, 사진이라는 매체를 통해 표현하는 능력이 점점 향상된다. 여기서 중요한 것은, 이 모든 활동이 외부적인 인정이나 보상을 목적으로 한 것이 아니라, 자신의 사진 작업 자체에 대한 사랑과 열정에서 비롯된 것이라는 점이다.

내적 동기 부여는 학습과 성장에도 중요한 역할을 한다. 예를 들어, 어떤 학생이 프로그래밍에 큰 흥미를 가지고 있다고 가정해 보자. 이 학생은 프로그래밍 과제를 수행하는 것이 학점을 위한 단순한 의무가 아니라, 자신의 프로그래밍 능력을 개발하고 새로운 프로젝트를 창조하는 기회로 본다. 이러한 내적 동기는 그가 새로운 프로그래밍 언어를 배우고, 복잡한 문제를 해결하는 데 필요한 창의적인 해결책을 모색하게 만든다. 심지어 어려움에 직면했을 때조차, 이 학생은 실패를 개인적인 성장의 기회로 여기고, 문제를 해결하기 위해 더 깊이 연구하고 노력한다. 결과적으로, 이 학생은 프로그래밍에 대한 깊은 이해와 능력을 발전시키고, 이를 통해 자신만의 독특한 프로젝트를 만들어낼 수 있다.

이러한 예시들은 내적 동기 부여가 개인의 열정을 추구하고, 자신의 능력을 발전시키며, 궁극적으로 큰 만족감과 성취감을 느끼는 데 얼마나 중요한지를 보여준다. 내적 동기 부여는 외부의 보상이나 인정과는 독립적으로, 개인이 자신의 진정한 관심사와 열정을 따르게 하며, 이는 지속적인 학습과 성장의 원동력이 된다.

2) 외적 동기 부여의 역할

외적 동기 부여는 개인에게 구체적인 보상이나 인센티브를 제공함으로써 특정 목표나 활동에 대한 관심과 참여를 촉진한다. 이는 명확한 보상 시스템을 통해 단기적인 목표 달성에 필요한 동기를 부여하고, 특정 행동이나 성과에 대한 즉각적인 강화를 제공한다. 예를 들어, 학교나 조직에서 실시하는 성적 우수 장학금, 성과에 따른 보너스 제도, 또는 경쟁을 통한 상금 수여와 같은 제도는 모두 외적 동기 부여의 예시로 볼 수 있다.

특히 일상 생활에서 외적 동기 부여의 역할은 매우 중요하다. 가령, 한 회사가 직원들의 건강 증진을 위해 운동 대회를 개최하고, 정기적인 참여와 우수한 성과에 대해 상금이나 휴가 등의 보상을 제공한다고 가정해 보자. 이러한 외적 보상은 직원들이 운동에 더욱 적극적으로 참여하도록 동기를 부여하며, 결과적으로 조직 전체의 건강 문화를 촉진하는 효과를 가져온다.

외적 동기 부여는 또한 개인의 습관 형성에도 큰 영향을 미칠 수 있다. 예를 들어, 새로운 언어를 배우고자 하는 사람이 매일 일정량의 학습을 완료할 때마다 작은 보상을 설정하는 경우, 이러한 외적 보상은 학습에 대한 지속적인 참여와 흥미를 유지하는 데 도움을 준다. 이는 학습자가 언어 습득이라는 장기적인 목표에 도달하기 위해 단계별로 노력을 기울이도록 한다.

하지만 외적 동기 부여가 효과적인 동기 부여 방법이긴 하지만, 외부 보상에만 지나치게 의존할 경우, 내적 동기 부여의 중요성이 감소할 수 있다는 점에 주의해야 한다. 외적 보상이 사라졌을 때, 개인이 활동에 대한 관심을 유지할 수 있도록 내적 동기를 함께 발전시키는 것이 중요하다.

결론적으로, 외적 동기 부여는 단기적 목표 달성과 즉각적인 행동 변화를 유도하는 데 효과적인 수단이 될 수 있다. 그러나 지속 가능한 동기 부여와 개인의 깊은 만족감을 위해서는 내적 동기 부여와의 균형을 찾는 것이 중요하다. 이를 통해 개인은 보상을 넘어서 자신의 행동과 목표 달성 과정에서 깊은 의미와 만족감을 발견할 수 있다.

3) 목표 설정과 동기 부여의 상호작용

SMART 기준에 따른 목표 설정과 동기 부여의 상호작용은 개인의 목표 달성 과정에 있어 중추적인 역할을 한다. SMART 기준이란 구체적(Specific), 측정 가능(Measurable), 달성 가능(Attainable), 관련 있는(Relevant), 시간 기반의(Time-bound) 목표를 설정하는 것을 의미한다. 이러한 목표 설정 방법은 개인이 자신의 목표를 명확히 인식하고, 도달 가능성을 판단하며, 필요한 노력과 자원을 계획하는 데 도움을 준다.

예를 들어, 한 사람이 자신의 건강을 개선하고자 "다음 6개월 동안 매일 10,000보를 걷기"라는 목표를 세웠다고 가정해보자. 이 목표는 구체적이며(Specific), 측정 가능(Measurable), 대부분의 사람들에게 달성 가능(Attainable)하고, 건강 개선이라는 관련 있는(Relevant) 목표를 반영하며, 6개월이라는 시간 기반(Time-bound)을 가지고 있다. 이러한 목표 설정은 개인이 매일 걸음 수를 추적하며 진행 상황을 확인할 수 있게 하고, 중간 목표를 설정하여 동기를 부여받을 수 있도록 한다.

또한, SMART 목표 설정은 내적 동기 부여를 강화한다. 개인이 자신의 목표를 분명히 인식하고, 그 목표에 도달하기 위한 구체적인 계획을 가지고 있을 때, 그 과정 자체에서 만족감과 성취감을 얻게 되며, 이는 지속적인 참여와 노력을 유도한다. 외적 동기 부여 역시 중요한 역할을 하는데, 예를 들어 목표 달성 시 자신에게 주어질 보상이나 인정 등은 목표에 대한 집중력과 노력을 더욱 강화시킨다.

이처럼 목표 설정과 동기 부여의 상호작용은 개인이 자신의 목표에 대해 더 깊이 이해하고, 필요한 노력을 지속적으로 기울이게 만들며, 이 과정에서 얻는 경험과 성취는 개인의 자기 효능감과 자신감을 증진시킨다. 따라서, SMART 기준에 따른 목표 설정은 개인의 성공적인 목표 달성과 지속 가능한 동기 부여를 위한 핵심 전략으로 간주될 수 있다.

4) 성공적인 목표 달성을 위한 동기 부여 전략

성공적인 목표 달성을 위한 동기 부여 전략은 개인의 노력과 집중을 지속적으로 유지하게 만든다. 이러한 전략의 핵심은 자기평가, 진행 상황의 정기적 검토, 그리고 자기 보상 시스템의 구축이다. 이 방법들은 목표를 향한 여정에서 개인이 자신의 진행 상황을 명확하게 인식하고, 필요한 조정을 실시간으로 할 수 있게 하며, 끊임없는 동기 부여를 제공한다.

예를 들어, 어떤 사람이 "6개월 내에 건강한 식습관을 형성하겠다"는 목표를 세웠다고 가정해보자. 이 목표를 달성하기 위한 전략으로, 매주 자신의 식단을 기록하고 이를 검토하는 자기평가 시스템을 도입할 수 있다. 이러한 검토 과정에서는 어떤 식품이 건강에 긍정적인 영향을 미쳤는지, 어떤 식습관이 개선이 필요한지 등을 파악할 수 있다.

진행 상황의 정기적 검토는 목표 달성 과정에서 발생할 수 있는 잠재적인 문제점을 조기에 발견하고, 이에 대응하기 위한 적절한 조치를 취할 수 있게 한다. 예를 들어, 건강한 식습관 형성을 위해 설탕이 많이 든 음료 대신

물이나 허브티를 마시기로 한 주간 목표를 설정할 수 있다. 이러한 소규모의 목표는 큰 그림을 이루는 중요한 구성 요소로 작용하며, 달성 과정에서의 성취감은 개인의 동기를 크게 증진시킨다.

자기 보상 시스템은 목표 달성을 위한 중요한 동기 부여 수단이다. 예를 들어, 한 주 동안의 건강한 식습관 목표를 성공적으로 달성한 후에는 영화 관람, 좋아하는 책 구매, 또는 짧은 여행과 같은 작은 보상을 줄 수 있다. 이러한 보상은 목표를 향한 노력에 대한 긍정적인 피드백 역할을 하며, 이는 향후 동기 부여와 목표 달성을 위한 긍정적인 사이클을 형성한다.

성공적인 목표 달성을 위한 이러한 동기 부여 전략은 개인이 목표를 설정하고, 그 목표에 도달하기 위해 필요한 노력을 지속적으로 기울이도록 한다. 또한, 이 과정에서의 자기 발견과 성장은 개인의 자기 효능감과 자신감을 높이는 데 기여한다. 따라서, 이러한 전략은 단순히 목표 달성을 넘어서 개인의 전반적인 발전에도 중요한 역할을 한다.

5) 동기 부여 장애물의 극복과 관리

동기 부여의 장애물을 극복하고 관리하는 것은 개인의 목표 달성 과정에서 매우 중요하다. 이러한 장애물은 스트레스, 시간 관리의 어려움, 부정적인 생각 등 다양한 형태로 나타날 수 있다. 이러한 요소들은 개인의 집중력을 분산시키고, 목표 달성을 위한 동기를 약화시킬 수 있다. 따라서, 스트레스 관리, 시간 관리, 그리고 긍정적인 사고방식을 유지하는 것은 동기 부여를 강화하고 목표 달성을 촉진하는 데 필수적인 요소이다.

예를 들어, 일상 생활에서 스트레스를 효과적으로 관리하는 방법으로 명상이나 요가와 같은 활동을 포함할 수 있다. 이러한 활동은 마음을 진정시키고, 스트레스 수준을 낮추는 데 도움을 준다. 또한, 규칙적인 운동은 신체의 긴장을 완화하고, 기분을 개선하여 학습이나 업무에 대한 집중력을 향상시킨다.

시간 관리 능력을 개발하는 것도 중요하다. 이를 위해 할 일 목록 작성, 우선순위 설정, 일정 관리 앱 사용과 같은 기술을 활용할 수 있다. 이러한 방법들은 하루 동안 해야 할 일을 체계적으로 관리하고, 시간을 효율적으로 활용할 수 있도록 돕는다.

긍정적인 사고방식의 유지는 동기 부여를 강화하는 데 필수적이다. 자신에 대한 긍정적인 언어를 사용하고, 성공적인 결과를 상상하는 것은 자신감을 높이고, 목표 달성에 대한 동기를 부여한다. 예를 들어, "나는 이번 프로젝트를 성공적으로 완료할 수 있다"와 같은 긍정적인 자기 확언은 개인의 의지력을 강화하고, 목표를 향해 나아가는 데 도움을 준다.

이와 같이, 동기 부여의 장애물을 인식하고 이를 극복하는 전략은 목표 설정과 달성 과정에서 매우 중요하다. 스트레스 관리, 시간 관리 능력의 향상, 그리고 긍정적인 사고방식의 유지는 개인이 목표를 향해 지속적으로 나아가도록 돕는다. 이러한 전략을 통해 개인은 동기 부여의 장애물을 극복하고, 자신의 목표를 성공적으로 달성할 수 있다.

3 개인 및 조직적 수준에서의 성취 욕구 관리

성취 욕구 관리는 개인의 목표 달성 능력과 조직의 전반적인 성과에 중요한 영향을 미친다. 이 장에서는 개인적이고 조직적인 수준에서 성취 욕구를 어떻게 관리할 수 있는지에 대해 탐구한다. 목표 달성을 위한 효과적인 전략과 기술을 제공하며, 이를 통해 학업, 사회 활동, 개인적인 발전에 성공적으로 기여할 수 있도록 한다.

1) 개인적 성취 욕구 관리

개인적 성취 욕구 관리는 목표를 설정하고 그것을 달성하기 위한 자기 인식 및 지속적인 자기 동기 부여의 과정이다. 예를 들어, 자신의 건강을 개선하고자 하는 사람은 운동과 영양에 관한 구체적인 목표를 세울 수 있다. 이 과정에서 자신의 생활 습관, 운동 능력, 식습관 등을 정기적으로 평가하고, 필요에 따라 목표를 조정해야 한다. 자신의 강점을 활용하고 약점을 개선하기 위한 전략을 수립하며, 이를 위해 필요한 자원과 지원을 찾아야 한다.

예를 들어, 매일 아침 조깅을 목표로 한다면, 이를 실현하기 위해 전날 저녁 일찍 잠자리에 들어 충분한 휴식을 취하는 것이 중요하다. 또한, 운동 후에는 자신에게 소소한 보상을 주어 동기를 유지할 수 있다. 이때 자기 관리 기술, 예를 들어 운동 일지를 작성하거나 식습관을 기록하는 것은 목표 달성 과정을 체계적으로 관리하고, 자신의 진행 상황을 명확하게 파악하는 데 도움이 된다.

자기 반성의 시간을 갖고, 왜 특정 목표를 세웠는지, 그 목표가 자신의 삶에 어떤 긍정적인 변화를 가져오는지 고민해보는 것도 중요하다. 목표 달성 과정에서의 어려움과 도전을 극복한 경험은 자신감을 높이고, 더 큰 목표를 향해 나아갈 수 있는 동기를 부여한다.

이처럼, 개인적인 성취 욕구 관리는 목표를 세우고, 그것을 달성하기 위한 자신만의 방법을 찾아내는 과정이다. 이 과정에서 자기 인식을 통해 자신의 강점과 약점을 파악하고, 지속적인 자기 동기 부여를 통해 목표 달성을 위한 노력을 지속할 수 있다. 자기 관리 기술과 자기 반성을 통해 성취 욕구를 효과적으로 관리하는 것은 자신의 목표를 실현하는 데 필수적인 요소이다.

2) 조직적 성취 욕구 관리

조직적 성취 욕구 관리는 집단의 목표를 효과적으로 달성하기 위한 전략적 접근이다. 이 과정에서 팀이나 조직은 공동의 목표를 설정하고, 이를 달성하기 위해 구성원들의 참여와 협력을 촉진한다. 예를 들어, 커뮤니티 봉사 프로젝트에 참여하는 그룹은 구체적인 봉사 활동 목표를 설정하고, 정기적인 회의를 통해 프로젝트의 진행 상황을 점검하며, 모든 구성원이 효과적으로 기여할 수 있는 방안을 모색한다.

팀 빌딩 활동은 팀원들 간의 신뢰를 구축하고, 의사소통을 강화하는 데 중요한 역할을 한다. 예를 들어, 팀워크를 강화하기 위해 함께 문제를 해결하는 워크샵이나, 팀워크를 요구하는 야외 활동에 참여할 수 있다. 이러한 활동은 구성원들이 서로를 더 잘 이해하고, 공동의 목표를 향해 함께 나아가는 동기를 강화한다.

공동의 성공을 위한 정기적인 피드백과 인정 또한 중요하다. 프로젝트의 중간 단계에서 이룬 작은 성공을 축하하고, 구성원들의 노력을 인정함으로써 팀원들의 성취 욕구를 촉진할 수 있다. 이는 구성원들에게 긍정적인 강화를 제공하며, 팀의 목표 달성을 위한 지속적인 노력을 유도한다.

조직적 성취 욕구 관리는 팀원들의 개인적인 목표와 조직의 목표가 서로 연결되어 있음을 인식하는 것에서 시작한다. 구성원들이 자신의 노력이 조직의 성공에 어떻게 기여하는지 이해하도록 돕는 것은 매우 중요하다. 이 과정에서 리더의 역할은 구성원들에게 명확한 방향을 제시하고, 모두가 공동의 목표를 향해 함께 노력할 수 있도록 동기를 부여하는 것이다.

결론적으로, 조직적 성취 욕구 관리는 팀워크와 협업을 기반으로 하며, 공동의 목표를 설정하고, 이를 달성하기 위한 구성원들의 참여와 헌신을 촉진하는 과정이다. 이를 통해 조직은 집단의 목표를 효과적으로 달성할 수 있으며, 구성원들은 개인적인 성장과 함께 조직의 성공에 기여할 수 있는 만족감을 경험할 수 있다.

3) 성취 욕구와 스트레스 관리

성취 욕구와 스트레스 관리는 목표를 달성하는 과정에서 중요한 역할을 한다. 스트레스는 누구나 경험하는 자연스러운 반응이지만, 그것을 어떻게 관리하느냐가 성공과 직접적으로 연결된다. 효과적인 시간 관리 기술, 균형 잡힌 휴식과 여가 활동, 그리고 긍정적인 사고방식은 이러한 스트레스를 줄이고, 성취 욕구를 지속적으로 유지하는 데 중요하다.

예를 들어, 취미로 그림을 그리는 사람이 있을 때, 이 활동은 목표 달성 과정에서 발생하는 스트레스를 완화하는 데 도움이 될 수 있다. 그림을 그리는 시간은 마음을 편안하게 하고, 일상의 압박에서 벗어나게 해주며, 동시에 창의력을 발휘하게 한다. 이러한 여가 활동은 긍정적인 에너지를 재충전하는 기회를 제공하며, 이는 다시 목표에 집중할 수 있는 동기를 강화한다.

또한, 시간 관리 기술을 개발하는 것도 스트레스를 줄이는 데 중요하다. 효율적인 계획과 일정 관리는 일과 여가 사이의 균형을 유지하도록 도와준다. 예를 들어, 매일의 할 일 목록을 작성하고, 우선 순위에 따라 작업을 정리함으로써, 한정된 시간을 가장 효과적으로 사용할 수 있다. 이는 목표 달성 과정에서 발생할 수 있는 압박감을 줄이고, 성취감을 느끼는 데 도움을 준다.

긍정적인 사고방식을 유지하는 것 또한 스트레스 관리와 성취 욕구를 강화하는 데 필수적이다. 어려움이나 실패를 경험할 때, 이를 학습의 기회로 바라보고, 자신에 대한 믿음을 유지하는 것은 극복의 열쇠이다. 긍정적인 마인드셋은 개인이 도전에 직면했을 때 회복력을 발휘하고, 더 큰 목표를 향해 나아가는 데 도움을 준다.

성취 욕구를 유지하고 강화하기 위해서는 목표 달성 과정에서 발생하는 스트레스를 효과적으로 관리하는 것이 중요하다. 이를 위해서는 시간 관리, 적절한 휴식과 여가 활동, 그리고 긍정적인 사고방식이 필수적이다. 이러한 전략들은 개인이 자신의 목표를 성공적으로 달성하고, 동시에 스트레스를 관리하는 데 필요한 도구를 제공한다.

4) 성취 욕구와 자기 효능감

성취 욕구와 자기 효능감 사이의 관계는 매우 밀접하다. 자기 효능감이란 개인이 자신의 능력을 믿고, 어떤 목표든 성공적으로 달성할 수 있다는 자신감을 의미한다. 이는 사람이 자신의 성취 가능성을 어떻게 인식하느냐에 큰 영향을 미친다. 강한 자기 효능감을 가진 사람은 어려움이 닥쳤을 때 그것을 극복할 수 있다고 믿으며, 이러한 긍정적인 신념은 그들이 더 높은 목표를 설정하고, 이를 달성하기 위해 지속적으로 노력하도록 동기를 부여한다.

예를 들어, 운동을 시작한 사람이 처음에는 5km를 달리는 것을 목표로 설정했다고 가정해 보자. 처음 몇 번의 시도에서는 힘들고 도전적인 일이었을 수 있지만, 꾸준한 노력과 훈련을 통해 그 목표를 달성하게 된다. 이러한 성공 경험은 자기 효능감을 증가시키고, 그 결과로 다음 목표인 10km 달리기에 도전하는 자신감을 갖게 한다. 이 과정에서 초기의 성공이 다음 도전을 위한 자신감의 기반을 마련한다.

자기 효능감은 단지 자신감의 문제만이 아니라, 개인이 자신의 목표에 도달하기 위해 필요한 노력을 기울일 준비가 되어 있음을 의미한다. 자신의 능력을 믿는 사람은 목표 달성을 위한 구체적인 계획을 세우고, 필요한 노력을 기울이며, 어려움에 부딪혔을 때 이를 극복하기 위한 방법을 찾는다. 이는 성취 욕구를 강화하고, 개인이 더 높은 목표를 향해 나아가게 만든다.

따라서, 개인의 성취 욕구를 높이고 싶다면, 자기 효능감을 강화하는 것이 중요하다. 이를 위해, 작은 목표에서 시작하여 점진적으로 성공을 경험하고, 이러한 성공을 바탕으로 더 큰 도전에 참여하는 것이 좋다. 또한, 자신의 성공을 인정하고, 자신감을 키우며, 긍정적인 태도를 유지하는 것이 중요하다. 이런 과정을 통해 개인은 자신의 능력을 믿고, 어떤 목표든 달성할 수 있다는 강한 믿음을 갖게 되며, 이는 궁극적으로 더 높은 성취 욕구로 이어진다.

4 '성취욕구'의 구체적 사례

1) 삼성전자

2018년 3월, 삼성전자 갤럭시S9 시리즈 출시 행사장에서는 이색적인 광경이 펼쳐졌다. 무대 위 대형 전광판에 자사 직원들의 이름이 빼곡히 적혀 있었다. 보통 신제품 공개 행사라면 회사 관계자 몇 명만 참석하는데 이번엔 달랐다. 무려 1,000여 명의 임직원이 함께 자리했고 각자 자기소개하며 자부심을 드러냈다. 또 하나 주목할 만한 점은 직급 대신 닉네임을 사용했다는 것이다. 수평적 조직문화를 지향한다는 취지에서 비롯된 조치인데 신선하다는 반응이 쏟아졌다. 이날 소개된 S9 시리즈는 역대급 성능이라는 찬사를 받으며 흥행 돌풍을 일으키고 있다. 덕분에 실적 부진 우려를 말끔히 씻어내고 주가 상승 및 브랜드 이미지 제고라는 성과를 거뒀다. 그리고 무엇보다 내부 구성원들의 사기 진작 차원에서의 임직원의 성취욕구를 극대화하는 매우 바람직한 사례였다.

〈그림 30. 삼성전자 갤럭시 S9 출시 행사장〉

2) 스페이스 X

일론 머스크, 현대 우주 탐험의 선두주자이자 스페이스X와 테슬라의 CEO, 그의 성취 욕구는 인류 역사상 가장 야심 찬 프로젝트 중 하나인 화성 이주 계획을 뒷받침한다. 그의 비전은 단순히 기술 혁신을 넘어서 인류가 다행성 종으로 거듭나는 꿈을 추구한다. 스페이스X가 개발 중인 스타십 우주선의 최근 시험 성공은 머스크의 화성 이주에 대한 꿈에 한 발짝 더 다가섰음을 상징한다. 어릴 적부터 우주에 대한 열정을 키운 머스크는, 스페이스X를 통해 인류가 지구를 벗어나 새로운 행성에 정착하는 것을 목표로 삼았다. 그는 2026년까지 화성으로 100명을 태운 우주선을 발사할 계획을 세우며, 이를 통해 화성에 100만 명의 도시를 건설하겠다는 원대한 목표를 가지고 있다.

머스크의 성취 욕구는 단순한 우주 관광을 넘어서, 인류가 화성에서의 삶을 가능하게 하는 데 집중되어 있다. 그러나 이러한 대담한 목표는 많은 전문가들에게 현실적으로 힘들다는 평가를 받고 있다. 화성의 거주 환경, 장거리 우주 여행의 물리적 제약, 그리고 착륙 기술의 복잡성 등은 이 꿈의 실현을 어렵게 만드는 요소들이다. 그럼에도 불구하고, 일론 머스크는 그의 성취 욕구와 끈기로 이미 우주산업의 판도를 바꾸어 놓았고, 그의 꿈은 계속해서 우주 탐험의 새로운 장을 여는 원동력이 되고 있다.

이러한 머스크의 접근은 우리에게 성취 욕구가 어떻게 혁신과 새로운 가능성을 탄생시킬 수 있는지를 보여준다. 스페이스X와 테슬라에서의 그의 성공은 대담한 목표 설정과 끊임없는 도전 정신이 어떻게 불가능해 보이는 꿈을 현실로 전환할 수 있는지를 증명한다. 일론 머스크의 성취 욕구는 인류가 마주한 한계를 넘어서는 새로운 지평을 여는 데 중요한 역할을 하며, 우리 모두에게 도전과 혁신의 영감을 제공한다.

〈그림 31. 스페이스X 발사 장면〉

CHAPTER 07

자율성: 독립적인 의사결정

CHAPTER 07

자율성: 독립적인 의사결정

자율성은 개인과 조직의 발전에 있어 핵심적인 요소이며, 효과적인 의사 결정, 리더십, 그리고 팀 관리에 중요한 역할을 한다. 이 장에서는 자율성의 정의와 중요성, 의사 결정 과정에서의 자율성, 자율적 리더십과 팀 관리, 그리고 조직적 차원에서 자율성을 증진시키는 전략에 대해 탐구한다. 대학생들이 이러한 개념을 이해하고 자신의 학업, 사회 활동, 그리고 미래의 경력에 적용하는 방법을 살펴본다.

1 자율성의 정의와 중요성

1) 자율성의 개념과 그 중요성

자율성은 개인과 조직이 자신의 의사 결정과 행동에 대해 완전한 책임을 지면서 독립적으로 행동할 수 있는 능력을 가리킨다. 이는 개인의 성장과 조직의 효율성 향상에 매우 중요한 요소로 작용한다. 자율성은 개인이 스스로 결정을 내리고, 자신의 행동을 선택할 수 있는 자유를 의미하며, 이러한 자율성은 창의력과 혁신을 촉진한다. 개인이 자신의 업무나 학습 방향을 스스로 결정할 수 있을 때, 그들은 더 큰 동기를 갖고 몰입하여 업무나 학습에 임한다.

자율성은 학업 성취에 있어서도 중요한 역할을 한다. 학생들이 자신의 학습 목표와 경로를 스스로 결정할 수 있을 때, 학습에 대한 동기부여가 증가하고, 이는 궁극적으로 더 높은 성취로 이어진다. 예를 들어, 학생이 관심 있는 분야에 대해 자율적으로 프로젝트를 선택하고, 이를 진행하는 과정에서 스스로 학습 목표를 설정하고, 해결 방안을 모색할 때, 학습 과정이 더 의미 있고 만족스러워진다.

개인적인 목표 설정에 있어서 자율성은 개인이 자신의 관심사와 가치에 따라 목표를 설정하고, 그 목표를 달성하기 위한 경로를 스스로 결정할 수 있도록 한다. 이 과정에서 개인은 자신의 능력을 시험하고, 개발할 수 있는 기회를 가지게 되며, 이는 자기 실현으로 이어진다.

사회적 참여 면에서도 자율성은 중요하다. 개인이나 조직이 사회적 이슈에 대해 스스로 판단하고, 이에 대한 행동을 결정할 수 있는 자율성을 가질 때, 보다 적극적이고 의미 있는 참여가 가능해진다. 자율적으로 사회적 활동에 참여하는 개인은 사회 변화에 기여하는 동시에, 개인적인 만족감과 성취감을 경험한다.

결론적으로, 자율성은 개인의 성장, 학업 성취, 목표 설정, 사회적 참여에 있어서 근본적인 역할을 한다. 자율성을 통해 개인은 자신의 잠재력을 최대한 발휘할 수 있으며, 조직은 창의력과 혁신을 촉진할 수 있다. 따라서, 자율성을 증진하는 것은 개인과 조직 모두에게 중요한 목표가 되어야 한다.

2) 자율성이 가져오는 이점

자율성이 가져오는 이점은 다방면에서 그 중요성을 드러낸다. 개인이 자신의 일이나 학습에 있어서 자율적인 결정을 할 수 있을 때, 이는 창의력과 혁신을 촉진하는 핵심 요소가 된다. 자율성은 개인에게 자신의 방식대로 문제를 해결하고, 새로운 아이디어를 탐색할 수 있는 공간을 제공한다. 이러한 환경에서 개인은 기존의 틀을 벗어나 독창적인 해결책을 제시할 가능성이 높아진다.

또한, 자율성은 강력한 동기 부여의 원천이 된다. 자신의 선택과 결정에 따라 행동할 수 있을 때, 개인은 그 과정과 결과에 대해 더 큰 책임감을 느끼며, 이는 깊은 몰입과 헌신으로 이어진다. 예를 들어, 학생이 자신의 관심 분야에 맞춰 선택한 연구 주제에 대해 작업할 때, 그 학생은 해당 주제에 대해 더 많은 시간과 노력을 투자하게 되며, 이 과정에서 더 큰 만족감을 경험한다.

자율성은 또한 개인의 만족감을 증가시킨다. 자신의 일에 대한 통제감과 자유를 느낄 때, 개인은 자신의 능력을 인정받고 있다고 느끼며, 이는 긍정적인 자아상과 높은 직업 만족도로 이어진다. 일상 생활에서 자율적으로 결정을 내리고 실행하는 과정은 개인이 자신의 삶에 대한 통제권을 가지고 있음을 느끼게 하며, 이는 전반적인 행복감과 만족감을 향상시킨다.

종합적으로 보면, 자율성은 개인의 성장과 발전에 필수적인 요소이다. 자율적으로 결정하고 행동할 수 있는 능력은 창의력을 발휘하고, 동기를 부여하며, 높은 만족감을 경험하게 하는 데 중요한 역할을 한다. 따라서, 개인이나 조직이 성공적으로 목표를 달성하고 지속 가능한 발전을 이루고자 한다면, 자율성을 증진시키는 방향으로 노력하는 것이 중요하다.

3) 학업 분야에서의 자율성 적용

학업 분야에서 자율성의 적용은 학생들의 학습 경험을 풍부하게 하고, 개인적인 성장을 촉진한다. 대학 환경은 학생들에게 자신의 학습 경로를 스스로 설계할 수 있는 기회를 제공함으로써, 각자의 강점과 관심사를 탐구하고 발전시킬 수 있는 환경을 조성한다. 이러한 자율성은 학생들이 자신만의 목표를 설정하고, 그 목표에 도달하기 위한 구체적인 계획을 수립하도록 돕는다.

과목 선택의 자유는 학생들이 자신의 관심 분야를 깊게 탐구할 수 있도록 한다. 예를 들어, 문학에 관심이 많은 학생이 다양한 문학 과목을 선택하여 광범위한 지식을 습득하고, 이를 바탕으로 자신만의 비평적 관점을 개발할 수 있다. 이는 단순히 지식의 습득을 넘어서, 학생이 자신의 관점과 목소리를 찾는 과정이 된다.

또한, 과제 수행 방식에 있어서의 자율성은 학생들이 창의적인 해결책을 모색하고, 문제를 독특한 방식으로 접근하도록 장려한다. 학생들은 주어진 과제를 해결하기 위해 다양한 자료를 탐색하고, 자신의 아이디어를 실험해 볼 수 있다. 이 과정에서 학생들은 자신의 생각과 능력을 시험해 보고, 실패와 성공을 통해 중요한 교훈을 얻는다.

연구 주제의 자율적 결정은 학생들이 자신의 관심과 호기심을 따라 독립적인 학문적 탐구를 진행할 수 있게 한다. 이는 학생이 자신의 질문을 설정하고, 이에 대한 답을 찾기 위해 스스로 학습하고 연구하는 과정을 통해 깊은 학문적 만족감과 성취감을 경험하게 한다.

종합적으로 볼 때, 학업 분야에서의 자율성은 학생들이 자신의 잠재력을 최대한 발휘하고, 자기 주도적으로 학습하며, 자신의 미래 경로를 적극적으로 설계할 수 있도록 하는 중요한 요소이다. 자율성을 통해 학생들은 자신의 학습과 경력 목표에 대한 깊은 이해와 헌신을 발전시킬 수 있으며, 이는 개인적인 성장과 전문적인 발전으로 이어진다.

4) 자율성과 책임감의 상호작용

자율성과 책임감의 상호작용은 개인의 성장과 발전에 중요한 역할을 한다. 자율성을 부여받은 개인은 자신의 결정과 행동에 대한 책임을 인식하게 되며, 이는 더 높은 몰입도와 성과를 이끌어낸다. 예를 들어, 자신의 프로젝트를 자율적으로 관리하는 사람은 그 성공뿐만 아니라 실패에 대해서도 전적인 책임을 진다. 이러한 책임감은 개인에게 더 깊은 자기 성찰과 신중한 계획을 수립하게 하며, 결과적으로 더 높은 성과를 달성할 수 있게 한다.

자율성이 부여되면, 개인은 자신의 목표와 행동 계획을 스스로 설정하게 된다. 이 과정에서 개인은 자신의 선택에 따른 결과를 면밀히 고려하게 되며, 이는 더욱 신중하고 의미 있는 결정을 내리는 데 도움을 준다. 예를 들어, 학습 프로젝트에 참여하는 학생이 자신의 학습 방향과 목표를 스스로 결정할 때, 그는 자신의 결정이 학업 성취에 어떤 영향을 미칠지 고려하게 된다. 이러한 자율적 결정 과정은 학생이 자신의 학습에 더 깊이 몰입하고, 성취를 위해 더 많은 노력을 기울이게 만든다.

동시에, 자율성은 개인에게 책임감을 강화시킨다. 자신의 결정과 행동에 대한 책임을 지는 것은 개인이 자신의 목표를 달성하기 위해 필요한 노력과 헌신을 하도록 동기를 부여한다. 자율적으로 선택한 목표에 도달하기 위해, 개인은 계획을 수립하고, 필요한 자원을 확보하며, 잠재적인 어려움을 극복하기 위한 전략을 개발한다. 이 과정에서 개인은 자신의 능력과 잠재력을 실현할 수 있는 기회를 갖게 된다.

결론적으로, 자율성과 책임감의 상호작용은 개인의 성장과 발전을 촉진하는 강력한 동력이다. 자율성을 통해 개인은 자신의 결정과 행동에 대한 깊은 이해와 책임감을 갖게 되며, 이는 더 높은 성과와 만족감을 달성하는 데 중요한 역할을 한다. 자율성이 부여되는 환경에서는 개인이 자신의 잠재력을 최대한 발휘하고, 자신의 목표를 향해 더 적극적으로 나아갈 수 있게 된다.

2 의사 결정 과정과 자율성

자율성이 의사 결정 과정에 미치는 긍정적인 영향은 매우 크며, 이는 개인의 판단과 선택에 대한 책임감을 강조한다. 이 장에서는 자율성이 의사 결정 과정에서 어떻게 중요한 역할을 하는지를 깊이 있게 탐구하고, 학업, 개인적 발전, 그리고 사회 활동에서 자율적인 결정을 내리는 방법에 대해 구체적으로 설명한다.

1) 의사 결정 과정에서 자율성의 역할

의사 결정 과정에서 자율성의 역할은 개인이나 조직에 있어 매우 중요하다. 자율성을 가진 개인은 자신의 가치, 목표, 필요에 기반하여 결정을 내리게 되며, 이러한 결정은 개인의 만족도와 목표 달성에 있어 더 높은 의미와 지속 가능성을 부여한다. 자율적으로 내린 결정은 개인이 더 적극적으로 참여하고, 결정에 대한 책임감을 느끼며, 결정의 결과에 더 만족하게 만든다.

예를 들어, 자신의 관심사와 장래 희망을 고려하여 스스로 전공을 선택한 학생은, 자신이 내린 결정에 대해 더 큰 동기 부여와 만족감을 경험한다. 이는 학생이 학업에 더 집중하고, 과정에서 발생하는 어려움을 극복하려는 의지를 갖게 만든다. 또한, 자신의 결정에 대한 책임감은 학생이 자신의 선택이 가져올 결과를 더 신중하게 고려하게 하며, 장기적인 목표를 향해 지속적으로 노력하게 한다.

자율성이 부여된 의사 결정 과정은 또한 창의적인 사고와 혁신을 촉진한다. 개인이 자신의 가치와 목표에 기반하여 결정을 내릴 때, 전통적인 사고방식을 벗어난 새로운 아이디어와 해결책을 모색하게 된다. 이는 개인뿐만 아니라 조직 전체의 성장과 발전에도 긍정적인 영향을 미친다.

자율성은 의사 결정 과정에서 개인이 자신의 능력을 최대한 발휘할 수 있도록 돕는다. 자율적인 결정을 내릴 수 있는 환경에서는 개인이 자신의 진정한 관심사와 열정을 탐색하고, 이를 바탕으로 의미 있는 목표를 설정하며, 그 목표를 달성하기 위한 전략을 스스로 개발할 수 있다. 이 과정에서 개인은 자신의 잠재력을 발견하고, 자신감을 키우며, 자신의 결정과 그 결과에 대한 깊은 이해와 책임감을 갖게 된다.

결국, 의사 결정 과정에서의 자율성은 개인의 성장, 발전, 그리고 성취에 있어 핵심적인 요소이다. 자율성을 통해 개인은 자신의 가치와 목표에 따라 의미 있는 결정을 내리고, 그 결정의 결과에 대해 책임을 지며, 결정 과정에서 발생하는 다양한 도전을 극복하고 목표를 달성하는 능력을 개발한다.

2) 자율적 의사결정의 중요성과 그 이점

자율적 의사결정의 중요성과 그 이점은 개인의 성장과 발달에 있어 핵심적인 역할을 한다. 개인이 스스로의 결정을 내리고 그 결과에 대한 책임을 지는 과정은 자신감의 증진, 문제 해결 능력의 강화, 그리고 독립적인 사고의 발전을 가져온다. 이러한 과정은 개인이 자신의 생활과 목표에 대해 더 깊이 이해하고, 자신의 능력을 신뢰하게 만든다.

예를 들어, 학습 계획을 스스로 수립하고 실행하는 학생은 자신의 학습 스타일과 필요를 반영한 맞춤형 계획을 통해 더 효과적으로 지식을 습득하고 목표를 달성할 수 있다. 이러한 자율적인 접근 방식은 학습 과정에 대한 학생의 관여도를 높이고, 학습에 대한 동기를 강화시킨다. 또한, 스스로 해결책을 찾고 목표를 설정하는 과정에서 발생하는 도전과 문제를 극복함으로써, 학생은 자신의 문제 해결 능력을 실질적으로 향상시킬 수 있다.

자율적 의사결정은 또한 개인이 자신의 삶과 경력에 대한 주도권을 갖게 하며, 이는 장기적인 만족감과 성취감으로 이어진다. 자신의 결정과 행동에 대한 책임을 지면서, 개인은 자신의 성공과 발전에 대해 더 큰 통제감을 느낀다. 이로 인해, 개인은 자신의 목표와 꿈에 대해 더 적극적으로 추구하고, 실현 가능성을 높인다.

자율적 의사결정은 또한 조직 내에서의 혁신과 창의성을 촉진한다. 개인이 자신의 아이디어와 솔루션을 자유롭게 제안하고 실행할 수 있는 환경에서는, 새로운 아이디어와 개선된 방법론이 더 쉽게 나타난다. 이러한 환경은 조직의 전반적인 성과와 경쟁력을 향상시키는 동시에, 구성원 각자의 성장과 발전에 기여한다.

결론적으로, 자율적 의사결정은 개인의 자신감과 문제 해결 능력을 증진시키며, 독립적인 사고와 결정 능력을 발달시킨다. 이는 개인의 삶과 경력 발전에 있어 중요한 역할을 하며, 조직의 혁신과 성공에도 기여하는 중요한 요소이다.

3) 자율성과 정보의 중요성

자율적 의사결정 과정에서 정보의 확보와 이해는 결정의 질을 결정짓는 핵심 요소이다. 개인이나 조직이 독립적으로 의사결정을 내릴 때, 정확하고 심도 있는 정보 없이는 그 결정이 실패로 이어질 가능성이 높다. 정보는 의사결정자가 가능한 모든 옵션을 고려하고, 장단점을 비교 분석하여 최적의 선택을 할 수 있게 한다. 이는 개인의 경력 결정, 학습 방향 설정, 심지어 일상 생활의 소소한 선택에 이르기까지 모든 분야에 해당된다.

예를 들어, 진로를 결정하는 과정에서 다양한 직업의 전망, 교육 과정, 장래성 등에 대한 정보를 수집하고 분석하는 것은 매우 중요하다. 이러한 정보는 개인이 자신의 흥미, 역량, 그리고 목표와 잘 맞는 경로를 선택하는 데 도움을 준다. 마찬가지로, 새로운 기술을 배우려는 사람에게는 해당 기술의 응용 범위, 배우는 방법, 그리고 이로 인해 얻을 수 있는 기회에 대한 정보가 필요하다.

또한, 정보는 개인이 자신의 의사결정에 대해 더 큰 자신감을 가지도록 돕는다. 충분한 정보에 기반해 내린 결정은 그 선택에 대한 확신을 제공하며, 이는 실행 과정에서의 결단력과 행동력을 강화한다. 정보를 통해 예상치 못한 위험을 사전에 파악하고 대비할 수 있으며, 이는 자율적 의사결정의 성공 확률을 높인다.

따라서, 의사결정 과정에서 다양한 정보원을 적극적으로 탐색하고, 이를 분석하는 능력은 자율성을 효과적으로 실천하는 데 있어 필수적인 능력이다. 정보의 탐색과 분석은 개인이 보다 깊이 있는 이해를 바탕으로 의사결정을 내릴 수 있게 하며, 이는 자신의 목표와 꿈을 실현하는 과정에서 중요한 역할을 한다.

4) 의사 결정 과정의 다양한 단계

의사 결정 과정의 다양한 단계는 각각 중요한 역할을 수행하며, 이 과정에서의 자율성은 개인이 보다 의미 있는 결정을 내리는 데 중요하다.

첫 번째 단계는 문제 인식으로 시작한다. 여기서 개인은 결정해야 할 사항이 무엇인지, 어떤 문제가 존재하는지를 명확히 한다. 예를 들어, 여름 방학을 앞두고 있는 학생이 인턴십에 참여할 것인지, 아니면 다른 활동을 할 것인지 결정해야 한다면, 이는 문제 인식의 단계에 해당한다.

다음 단계는 대안 탐색이다. 이 단계에서는 가능한 모든 선택지를 모색하고, 이를 수집한다. 인턴십을 고려하는 학생이라면, 다양한 기업, 위치, 업무 분야 등에 대한 정보를 수집하며, 이러한 탐색 과정에서 자율성을 발휘할 수 있다.

세 번째 단계는 대안 평가로, 수집된 대안들을 비교 분석하여 최적의 선택을 찾아낸다. 학생은 각 인턴십의 장단점, 자신의 경력 목표와의 일치도, 위치의 편리성 등 다양한 요소를 고려하여 평가한다. 이 과정에서 학생의 자율적 판단이 중요하다.

결정 실행은 선택된 대안을 실제로 적용하는 단계이다. 학생이 특정 인턴십에 지원하고, 필요한 준비를 하는 등의 행동을 취한다. 이 단계에서의 자율성은 개인이 자신의 결정에 대한 책임을 지고, 이를 실행에 옮기는 데 필요하다.

마지막 단계는 결과 평가로, 실행된 결정의 결과를 검토하고, 이로부터 배운 점을 도출한다. 인턴십이 끝난 후 학생은 이 경험이 자신의 경력 목표에 어떻게 기여했는지, 어떤 학습이 이루어졌는지 평가한다. 이 단계에서의 자율성은 개인이 자신의 성장을 위해 의사 결정 과정을 반성하고, 앞으로의 결정에 참고하는 데 기여한다.

이처럼 의사 결정 과정의 각 단계에서 자율성을 발휘하는 것은 개인이 자신의 목표와 가치에 부합하는 결정을 내리고, 이를 통해 보다 만족스러운 결과를 얻을 수 있게 한다. 자율적인 의사결정 과정은 개인의 성장과 발전에 중요한 역할을 하며, 이는 개인뿐만 아니라 조직의 성공에도 기여한다.

3 자율적 리더십과 팀 관리

자율적 리더십은 팀 구성원들에게 창의력과 자율성을 발휘할 기회를 제공함으로써 팀의 전반적인 성과와 혁신을 촉진한다. 이 장에서는 자율적 리더십의 정의와 중요성을 심층적으로 탐구하고, 대학생들이 학생 조직, 그룹 프로젝트, 사회 활동에서 어떻게 효과적인 자율적 리더십을 발휘하고 팀을 관리할 수 있는지에 대해 구체적으로 설명한다.

1) 자율적 리더십의 정의 및 적용

자율적 리더십의 정의 및 적용은 팀원들이 자신의 역량과 창의성을 최대한 발휘할 수 있는 환경을 조성하는 리더십 방식이다. 이 방식에서 리더는 팀원들에게 업무의 방향과 수행 방법에 대한 결정 권한을 부여함으로써, 각자의 자기 주도성을 강화한다. 자율적 리더십은 팀원들이 자신의 임무와 관련하여 더 많은 책임감을 느끼게 하고, 이는 곧 더 높은 생산성과 창의적인 문제 해결로 이어진다.

자율적 리더십의 적용 예로, 대학 프로젝트 팀의 상황을 들 수 있다. 프로젝트 리더가 주제 연구 방향, 분석 방법, 최종 발표 내용 등에 대해 팀원 각자의 의견을 존중하고, 스스로 결정할 수 있는 권한을 부여하는 경우이다. 이는 팀원들로 하여금 자신의 아이디어와 전략을 자유롭게 제안하고 실행할 수 있는 기회를 제공한다. 이 과정에서 팀원들은 자신의 업무에 대해 더 깊이 몰입하고, 프로젝트의 성공을 위해 더욱 헌신적으로 노력하게 된다.

자율적 리더십 하에서, 리더는 지시와 통제를 최소화하고, 대신 팀원들이 자신의 판단에 따라 업무를 수행할 수 있도록 격려하고 지원한다. 리더는 목표 설정, 리소스 제공, 피드백과 같은 지원 역할에 집중함으로써, 팀원들의 자율성과 창의성을 최대한 발휘할 수 있는 환경을 만든다.

이러한 리더십 스타일은 특히 창의력과 혁신이 중요한 프로젝트나 조직에서 매우 효과적이다. 자율적 리더십을 통해 팀원들은 자신의 업무에 대한 새로운 아이디어를 자유롭게 탐색하고, 이를 실제 업무에 적용해볼 수 있는 기회를 갖게 된다. 결과적으로, 이러한 리더십 방식은 조직 내에서 혁신적인 아이디어의 발굴과 실행을 촉진하며, 팀원들의 만족도와 몰입도를 높이는 데 기여한다.

2) 자율적 리더십의 중요성

자율적 리더십의 중요성은 조직 내에서 개인의 역량을 최대화하고, 팀의 성과를 극대화하는 데 필수적인 요소이다. 이 리더십 스타일은 팀원들에게 자신의 재능과 창의력을 자유롭게 발휘할 수 있는 기회를 제공함으로써, 업무에 대한 만족도와 참여도를 높인다. 자율적으로 업무를 수행할 수 있는 환경에서 팀원들은 자신이 가진 아이디어와 해결책을 더욱 적극적으로 제안하게 된다.

자율적 리더십의 중요성은 다음과 같은 여러 방면에서 나타난다. 첫째, 개인의 자율성과 책임감을 강화하여, 각 팀원이 자신의 역할과 업무에 대해 더 깊은 이해와 헌신을 가지게 한다. 둘째, 팀원들이 자신의 전문성을 바탕으로 적극적으로 기여할 수 있는 환경을 조성함으로써, 팀의 혁신적인 아이디어와 해결책을 촉진한다. 셋째, 팀원들의 참여와 만족도를 높여, 조직의 목표 달성을 위한 공동의 노력을 촉진한다.

예를 들어, 프로젝트 팀에서 각 팀원이 자신의 전문 영역에 따라 업무를 분담하고, 각자가 가진 독특한 관점과 전문 지식을 프로젝트에 기여할 수 있는 환경이 조성되었을 때, 이는 팀 전체의 성과를 크게 향상시킬 수 있다. 팀원들이 자신의 업무에 대한 전적인 책임을 지고, 자율적으로 업무를 수행하게 됨으로써, 보다 창의적이고 효율적인 결과를 도출할 수 있게 된다.

자율적 리더십은 리더가 팀원들에게 명확한 목표와 방향성을 제시하면서도, 그들이 스스로의 방법으로 목표를 달성할 수 있도록 격려하고 지원하는 방식으로 이루어진다. 이러한 리더십은 팀원들에게 긍정적인 업무 환경을 조성하고, 각자의 잠재력을 최대한 발휘할 수 있도록 돕는다. 결과적으로, 자율적 리더십은 개인과 조직 모두에게 긍정적인 영향을 미치며, 조직의 지속 가능한 성장과 발전을 위한 중요한 기반을 제공한다.

3) 팀 관리에서의 자율성 실천

팀 관리에서 자율성의 실천은 팀의 동기 부여와 성과 향상에 핵심적인 역할을 한다. 리더가 팀원 각자의 독특한 능력과 창의력을 인식하고 이를 적극적으로 활용할 때, 팀은 더욱 효과적이고 창의적인 해결책을 도출할 수 있다. 리더는 팀의 목표 설정 과정에서 팀원들의 의견을 적극적으로 수렴하고, 업무 분배 시 각 팀원의 관심사와 전문성을 고려해야 한다. 또한, 정기적인 피드백과 개선의 기회를 제공함으로써 팀원들의 자율성과 책임감을 동시에 강화할 수 있다.

예를 들어, 프로젝트를 진행하는 과정에서 각 팀원이 자신이 가장 잘할 수 있는 업무를 선택하도록 하는 것은 자율성의 원칙을 잘 반영한 것이다. 이러한 접근 방식은 팀원들에게 자신의 업무에 대한 책임감을 높이고, 그들의 역량을 최대한 발휘할 수 있는 기회를 제공한다. 또한, 팀 목표 달성 과정에서 발생할 수 있는 문제를 해결하는 데 있어서도 팀원들의 창의적인 아이디어와 제안을 적극적으로 수용함으로써, 더욱 효과적이고 혁신적인 해결책을 찾아낼 수 있다.

학생 조직이나 동아리에서 팀원들이 자신의 역할과 활동을 스스로 정하고, 팀 목표에 따라 자율적으로 기여하는 과정은 팀 관리에서 자율성을 실천하는 뛰어난 예시이다. 이러한 환경에서 팀원들은 자신의 선택과 행동에 대해 더 큰 책임감을 느끼게 되며, 이는 팀 전체의 성과와 만족도를 높이는 데 기여한다.

결과적으로, 팀 관리에서 자율성을 실천하는 것은 팀원들의 자기 주도성을 장려하고, 그들의 창의력과 역량을 최대한 발휘할 수 있는 환경을 조성하는 것이다. 이는 팀의 목표 달성뿐만 아니라, 각 팀원의 개인적인 성장과 발전에도 긍정적인 영향을 미친다.

4) 자율성과 책임감의 균형

자율성과 책임감의 균형은 자율적 리더십과 팀 관리의 핵심 원칙이다. 이 균형을 맞추는 것은 리더와 팀원 모두에게 중대한 도전이 될 수 있지만, 성공적으로 관리될 때 팀의 효율성과 만족도를 크게 향상시킨다. 리더는 팀원들에게 충분한 자율성을 제공하여 자신의 업무 방식을 스스로 결정하고, 창의력을 발휘할 수 있는 기회를 줌으로써, 각자의 업무에 대한 독립성과 창의성을 촉진한다. 동시에, 리더는 팀원들이 자신의 결정과 행동에 대한 책임을 명확히 인식하도록 하여, 각자의 역할과 기여가 전체 팀 목표 달성에 얼마나 중요한지를 이해하게 만든다.

예를 들어, 프로젝트 관리에서 리더는 팀원들에게 전반적인 목표와 기대치를 명확히 전달한 후, 각자가 어떻게 기여할 수 있을지를 스스로 계획하도록 한다. 이 과정에서 리더는 팀원들이 업무 분배, 일정 계획 및 실행 방법에 대해 자율적으로 결정할 수 있도록 격려한다. 그러나 이러한 자율성에는 각자의 업무 성과와 프로젝트에 대한 전반적인 기여도에 대한 책임감이 동반되어야 한다. 리더는 정기적인 회의와 피드백 세션을 통해 팀원들의 진행 상황을 확인하고, 필요한 지원을 제공하며, 각 팀원이 자신의 업무에 대한 책임을 충실히 이행하도록 독려한다.

이러한 접근은 팀원들이 자신의 역할에 더욱 몰입하고, 책임감을 가지며, 높은 성과를 달성할 수 있도록 만든다. 자율성과 책임감의 이러한 균형은 팀원들이 자신의 업무와 프로젝트에 더욱 긍정적으로 참여하게 만들며, 이는 팀 전체의 성공으로 이어진다. 결국, 자율성과 책임감 사이의 균형은 팀의 목표 달성, 개인의 성장, 그리고 조직 문화의 긍정적 발전을 위한 핵심 요소가 된다.

4 '자율성'의 구체적 사례

1) 구글의 20% 시간 정책

구글의 "20% 시간" 정책은 자율성이 조직의 혁신과 창의성에 얼마나 긍정적인 영향을 미칠 수 있는지를 보여주는 탁월한 사례이다. 이 정책은 구글 직원들에게 표준 근무 시간의 20%를 자신이 선택한 프로젝트나 관심 분야에 투자하도록 허용함으로써, 직원들이 업무 외 시간에 새로운 아이디어를 탐구하고 실험할 수 있는 자유를 부여한다. 이러한 자율적인 환경은 구글 내에서 Gmail과 AdSense와 같은 혁신적인 서비스의 탄생을 가능하게 했다.

이 정책의 성공은 직원들이 자신의 관심사와 창의력을 업무에 통합할 때 발생하는 긍정적인 결과에 기인한다. 직원들은 자신이 진정으로 관심을 가지고 열정을 느끼는 프로젝트에 시간을 할애함으로써, 보다 창의적이고 혁신적인 결과물을 생산할 수 있다. 이 과정에서 직원들은 자신의 업무에 더욱 몰입하게 되고, 이는 개인의 만족도와 함께 회사 전체의 생산성과 혁신성을 증가시킨다.

구글의 20% 시간 정책은 또한 조직 내에서 자율성과 책임감의 균형을 잘 보여준다. 직원들은 자율적으로 시간을 사용하는 동시에, 그들이 선택한 프로젝트가 회사의 목표와 비전에 기여할 수 있도록 책임감을 가진다. 이러한 환경은 구성원들이 자신의 잠재력을 최대한 발휘하도록 돕고, 회사의 지속가능한 성장과 발전을 촉진한다.

결과적으로, 구글의 “20% 시간” 정책은 자율성이 조직 내에서 어떻게 긍정적인 변화를 이끌어낼 수 있는지를 명확하게 보여주는 사례이다. 이 정책은 구글이 지속적으로 업계를 선도하는 혁신적인 회사로 자리매김하는 데 중요한 역할을 하고 있다.

2) 스웨덴의 플렉스타임(Flextime) 근무 제도

스웨덴의 플렉스타임 근무 제도는 직원들에게 주어진 업무와 개인 생활 사이의 균형을 잡을 수 있는 자율성을 제공하는 혁신적인 접근 방식이다. 이 제도를 통해, 직원들은 자신의 개인적인 필요와 업무 요구 사이에서 최적의 균형을 찾을 수 있게 되며, 이는 업무 만족도와 효율성을 크게 향상시킨다. 예를 들어, 부모가 되는 직원들은 아이들을 학교에 데려다 준 후에 출근할 수 있고, 어떤 이들은 자신이 가장 집중할 수 있는 시간에 맞춰 업무를 수행할 수 있다.

이러한 유연한 근무 제도는 개인의 책임감을 강화하고, 자신의 업무를 스스로 관리할 수 있는 능력을 증진시킨다. 직원들은 자신의 업무 일정을 계획하고, 주어진 기간 내에 업무를 완료해야 한다는 책임 아래에서 자율적으로 업무를 수행한다. 이 과정에서 직원들은 자신의 업무 스타일에 대해 더 잘 이해하게 되고, 효율적인 시간 관리와 업무 수행 능력을 개발할 수 있다.

플렉스타임 제도의 도입은 또한 조직 전체의 생산성에 긍정적인 영향을 미친다. 직원들이 자신의 업무에 더욱 몰입할 수 있고, 업무와 개인 생활 사이의 스트레스를 줄일 수 있기 때문이다. 더불어, 이러한 유연한 근무 환경은 창의적인 아이디어의 발산과 혁신적인 프로젝트의 추진을 장려한다.

스웨덴의 플렉스타임 근무 제도는 직원들에게 제공되는 자율성이 개인의 만족도와 조직의 성과에 어떻게 긍정적인 변화를 가져올 수 있는지를 잘 보여준다. 이는 직원들이 자신의 업무와 개인 생활 사이에서 최적의 균형을 찾도록 돕고, 조직 내에서 긍정적이고 생산적인 업무 문화를 조성하는 데 기여한다.

3) 하버드 대학교의 자율적 학습 프로그램

하버드 대학교의 자율적 학습 프로그램은 학생들에게 개인적인 흥미와 열정을 탐구할 수 있는 풍부한 기회를 제공함으로써, 교육의 질을 향상시키는 중요한 방법이다. 이 프로그램을 통해 학생들은 자신의 전공과 관련된 깊이 있는 지식을 탐구할 수 있을 뿐만 아니라, 다양한 학문 분야에 걸친 융합적인 학습을 추구할 수 있다. 예를 들어, 생물학 전공 학생이 컴퓨터 과학에 관심이 있을 경우, 자신의 전공과 연결하여 생물정보학 분야의 독립적인 연구 프로젝트를 진행할 수 있다.

학생들이 자신의 학습 경로를 스스로 설계할 수 있도록 하는 것은 자율성과 책임감을 동시에 증진시킨다. 학생들은 자신의 학습 목표를 설정하고, 이를 달성하기 위한 구체적인 계획을 수립해야 한다. 이 과정에서 학생들은 자기 주도적 학습 능력을 개발하고, 자신의 학습 과정에 대한 책임감을 갖게 된다. 또한, 이러한 학습 환경은 학생들이 학문적 호기심을 발휘하고, 문제해결 능력을 키우며, 창의적인 사고를 발전시킬 수 있는 기회를 제공한다.

하버드 대학교의 자율적 학습 프로그램은 학생들에게 제공되는 자율성이 어떻게 학문적 성장과 개인적 발전에 기여할 수 있는지를 잘 보여준다. 학생들은 자신의 관심사와 열정을 따라 자유롭게 학습하고, 이를 통해 자신만의 독특한 학문적 정체성을 구축할 수 있다. 이러한 학습 환경은 학생들이 미래의 학문적 및 전문적 경력에 필요한 다양한 기술과 지식을 갖추도록 돕는다.

4) 넷플릭스의 문화와 책임감 정책

넷플릭스의 문화와 책임감 정책은 기업 환경에서 자율성이 어떻게 구성원들의 창의성과 생산성을 증가시킬 수 있는지를 보여준다. 이 회사는 직원들에게 일정한 근무 시간이나 휴가 일수를 강제하지 않음으로써, 그들이 개인적인 책임감을 바탕으로 자유롭게 근무하도록 한다. 이러한 자율성은 직원들이 자신의 업무를 더 효과적으로 관리하고, 업무와 개인 생활 사이의 균형을 잘 조절할 수 있도록 돕는다.

넷플릭스에서는 직원들이 자율적으로 일하는 환경이 창의적인 아이디어와 혁신적인 프로젝트를 촉진한다고 믿는다. 직원들은 자신의 일정을 스스로 결정하고, 업무 수행 방식을 선택할 수 있으며, 이는 업무에 대한 만족감과 동기를 높인다. 결과적으로, 넷플릭스는 이러한 정책을 통해 높은 수준의 성과와 창의적인 성과를 달성하고 있다.

넷플릭스의 접근 방식은 자율성이 단순히 업무 시간의 유연성을 넘어서, 직원들이 자신의 능력을 최대한 발휘할 수 있는 환경을 조성하는 것임을 보여준다. 이러한 환경에서 직원들은 자신의 업무에 더 깊이 몰입하고, 회사의 목표 달성을 위해 적극적으로 기여할 수 있다. 넷플릭스의 사례는 다른 기업들에게도 자율성과 책임감을 중심으로 한 기업 문화의 중요성을 강조하는 귀중한 사례가 된다.

CHAPTER 08

진취성: 능동적인 행동

CHAPTER 08

진취성: 능동적인 행동

진취성은 능동적인 행동을 통해 기회를 포착하고, 도전을 적극적으로 추구하는 태도를 의미한다. 이 장에서는 진취성의 개념과 중요성을 탐구하고, 학업, 경력 개발, 사회 활동에서 어떻게 진취적인 사고방식을 육성하고 적용할 수 있는지에 대해 설명한다.

진취성은 변화를 선도하고, 성공을 창출하는 데 필수적인 요소이며, 이 장에서 제시하는 개념과 사례는 학생들이 진취적인 태도를 개발하고, 자신의 잠재력을 최대한 발휘하는 데 도움을 줄 것이다.

1 진취성의 개념과 중요성

진취성은 개인이 적극적이고 자발적인 태도로 새로운 기회를 찾고, 변화를 주도하는 능력을 말한다. 이 장에서는 진취성이 왜 중요하며, 어떻게 이를 개발하고 적용할 수 있는지에 대해 깊이 있게 탐구한다. 대학생활은 진취성을 발휘하기에 완벽한 기회의 장으로, 학업 성취, 사회적 참여, 개인적 목표 달성에 있어 진취성은 필수적인 요소이다.

1) 진취성의 정의

진취성의 정의는 개인이 자신의 환경과 조건을 단순히 받아들이는 것을 넘어, 능동적으로 개선하고자 하는 의지와 노력을 의미한다. 이는 새로운 아이디어 탐색, 도전적 목표 설정, 그리고 최적의 결과를 도출하기 위한 전략 수립 등을 포함하는 광범위한 개념이다. 진취성은 변화를 두려워하지 않고, 주어진 상황에서 적극적으로 기회를 창출하려는 태도에서 비롯된다.

예를 들어, 어떤 이는 자신만의 창업 아이디어를 실현하기 위해 시장 조사를 실시하고, 비즈니스 모델을 개발하며, 필요한 자금을 모집하는 등의 진취적 행동을 보일 수 있다. 또 다른 이는 전통적인 연구 분야에서 벗어나 새롭고 혁신적인 연구 주제를 탐구함으로써 학문적인 진보에 기여할 수 있다. 이러한 활동들은 모두 자신의 현재 상황을 개선하고, 자신의 목표와 꿈을 실현하기 위한 진취적 노력의 예시이다.

진취성은 개인뿐만 아니라 조직이나 사회 전반에 긍정적인 변화를 가져오는 원동력이 될 수 있다. 진취적인 개인은 새로운 기술, 제품, 서비스를 개발하여 경제적 가치를 창출하고, 사회적 문제에 대한 해결책을 제시할 수 있다. 따라서, 진취성은 단순한 개인적 성향을 넘어서 사회적으로도 중요한 가치를 가진다.

진취성을 발휘하는 것은 특히 변화가 빠른 현대 사회에서 중요하다. 기술의 발전, 경제의 글로벌화, 그리고 사회적 다양성의 증가 등은 개인과 조직에 지속적인 적응과 혁신을 요구한다. 이러한 환경에서 진취성은 개인이 자신의 역량을 개발하고, 새로운 기회를 발견하며, 성공적으로 목표를 달성하는 데 필수적인 열쇠가 된다.

2) 진취성의 중요성

진취성의 중요성은 개인이 적극적이고 자발적인 태도로 자신의 경력과 삶에서 새로운 기회를 찾아내고 변화를 주도하는 능력에 있다. 이는 기다림의 자세를 넘어서, 자신이 직접 기회를 만들어내고, 자신의 잠재력을 최대한 활용하여 목표를 달성하는 데 큰 도움이 된다. 진취성은 성공적인 개인과 조직에 공통적으로 발견되는 특성 중 하나이며, 지속적인 발전과 성장을 추구하는 모든 분야에서 중요하다.

예를 들어, 창업에 관심이 있는 개인이 비즈니스 모델 경연 대회에 참여하여 자신의 아이디어를 시험하는 것은 진취적인 태도의 좋은 예이다. 이러한 활동은 개인이 자신의 아이디어를 검증하고, 피드백을 받으며, 필요한 경우 아이디어를 개선하는 과정을 통해 학습하고 성장할 수 있는 기회를 제공한다. 또한, 이는 네트워킹의 기회를 제공하며, 자신의 비전을 실현하기 위한 중요한 단계가 될 수 있다.

진취성은 또한 개인이 불확실성과 도전에 직면했을 때 긍정적으로 대처하고, 새로운 해결책을 모색하는 데 도움을 준다. 진취적인 사람들은 실패를 겪었을 때 이를 교훈으로 삼고, 다시 도전하는 데 필요한 동기와 에너지를 얻는다. 이는 개인이 변화하는 환경에 적응하고, 자신의 목표를 달성하는 데 필수적인 능력이다.

진취성은 또한 사회적 참여와 리더십에도 중요한 영향을 미친다. 진취적인 개인은 자신의 지역사회나 조직에서 변화를 주도하고, 긍정적인 영향을 미치기 위해 노력한다. 이는 사회적 문제 해결, 새로운 사업 기회의 창출, 혹은 교육 및 사회복지 분야에서의 혁신을 포함할 수 있다.

따라서, 진취성은 개인의 성공뿐만 아니라 조직과 사회 전반의 발전에 기여하는 중요한 특성이다. 이를 통해 개인은 자신의 잠재력을 실현하고, 주변 사람들과 사회에 긍정적인 변화를 가져올 수 있다.

3) 대학생활에서의 진취성

대학생활에서 진취성의 발휘는 개인의 성장과 발전에 중요한 역할을 한다. 대학은 학습의 장이자 다양한 경험을 할 수 있는 기회의 공간으로, 학생들이 자신의 경계를 넓히고 새로운 분야에 도전할 수 있는 다양한 기회를 제공한다. 이는 국제 컨퍼런스 참가, 동아리 활동, 인턴십 프로그램 참여 등 다양한 형태로 나타난다.

예를 들어, 학생이 자신의 전공과 관련된 국제 컨퍼런스에 참가하여 연구 결과를 발표하는 것은 그 학생의 진취적인 태도를 잘 보여준다. 이러한 활동은 단순히 학문적 지식을 넓히는 것을 넘어서, 글로벌 네트워킹 기회를 제공하며, 자신의 연구와 아이디어를 국제적인 무대에 선보일 수 있는 기회를 제공한다. 또한, 이는 학생이 자신의 연구에 대한 피드백을 받고, 전문가들로부터 새로운 시각을 배울 수 있는 기회이기도 하다.

동아리 활동이나 프로젝트 팀 참여는 학생들이 리더십을 발휘하고, 팀워크를 경험하며, 사회적 기술을 개발할 수 있는 또 다른 방법이다. 학생들이 자발적으로 이러한 활동에 참여함으로써, 진취적인 태도는 자신감과 성취감을 증진시키는 동시에, 자신의 열정을 탐구하고 실현하는 데 중요한 역할을 한다.

인턴십 프로그램에 참여하는 것도 진취성을 발휘하는 좋은 예이다. 인턴십은 학생들에게 실무 경험을 제공하며, 직장 생활의 실제를 경험하고, 자신의 경력 목표와 관련된 중요한 결정을 내리는 데 도움을 준다. 이러한 경험은 학생들이 자신의 진로를 탐색하고, 전문적인 스킬을 개발하며, 진취적인 태도를 강화하는 데 기여한다.

결론적으로, 대학은 학생들이 자신의 진취성을 발휘하고, 자신의 경력과 삶의 목표를 향해 나아갈 수 있는 다양한 기회를 제공하는 중요한 장소이다. 이러한 기회를 적극적으로 활용함으로써, 학생들은 자신의 잠재력을 최대한 발휘하고, 자신의 꿈을 실현할 수 있는 기반을 마련할 수 있다.

4) 진취성과 리더십

진취성과 리더십의 결합은 팀의 성공과 혁신을 이끌어내는 주요 동력이다. 리더가 갖추어야 할 중요한 자질 중 하나인 진취성은, 리더 자신뿐만 아니라 팀원들에게도 긍정적인 영향을 미친다. 리더의 진취적 태도는 팀원들에게 도전적인 목표를 설정하고, 그 목표를 향해 나아가도록 영감을 준다. 더 나아가, 이는 팀원들이 자신의 잠재력을 인식하고, 그들 스스로가 더 적극적으로 참여하며, 자신의 역할을 넘어서는 기여를 하도록 동기를 부여한다.

예를 들어, 학생 리더가 지역 사회 문제 해결을 위한 새로운 프로젝트를 제안하고, 이를 실현하기 위해 학생들로 구성된 팀을 조직하는 경우를 생각해보자. 리더는 프로젝트의 비전을 제시하고, 각 팀원이 갖고 있는 강점을 활용할 수 있는 방법을 모색한다. 이 과정에서 리더는 팀원들의 참여를 촉진하고, 각자가 프로젝트에 기여할 수 있는 독특한 방법을 찾도록 격려한다.

진취적 리더십은 팀원들이 자신감을 가지고 새로운 도전에 임하도록 만든다. 리더의 지지와 격려는 팀원들이 실패를 두려워하지 않고, 실패에서 배울 수 있는 기회로 여기게 한다. 이러한 환경은 실험과 혁신을 장려하며, 팀의 전체적인 성장과 발전에 기여한다.

진취적인 리더십은 또한 팀원들이 자신의 목표와 리더의 비전을 일치시킬 수 있도록 돕는다. 리더가 명확한 목표와 방향성을 제시함으로써, 팀원들은 개인적인 목표를 달성하는 동시에, 팀의 목표에도 기여할 수 있다. 이는 팀원 개개인의 만족도와 팀의 성공을 모두 높이는 결과를 가져온다.

결국, 진취성을 갖춘 리더는 팀원들이 자신의 역량을 최대한 발휘할 수 있는 환경을 조성함으로써, 팀의 역량을 강화하고, 지속 가능한 성장을 이끌어낼 수 있다. 이러한 리더십은 개인의 발전뿐만 아니라 조직의 발전에도 중요한 역할을 한다.

2 능동적인 행동과 기회 포착

능동적인 행동은 개인이 주도적으로 기회를 찾고, 자신의 목표를 향해 적극적으로 나아가는 것을 의미한다. 이 장은 학업, 사회 활동, 개인적인 목표 달성에서 능동적인 태도를 어떻게 취할 수 있는지에 대한 심층적인 탐구를 제공한다. 능동적인 행동은 성공적인 대학생활과 미래 경력 개발의 근간이 된다.

1) 능동적인 행동의 정의

능동적인 행동은 개인이 자신의 환경과 상황을 단순히 받아들이는 것이 아니라, 적극적으로 변화시키고자 하는 의지에서 비롯된다. 이러한 행동양식은 개인의 성장과 발전에 있어 중대한 역할을 하며, 자신이 처한 상황을 개선하고자 하는 노력을 포함한다. 예를 들어, 학생이 어떠한 학술 세미나에 참여하기로 결정했을 때, 그는 새로운 지식을 습득하고 네트워크를 확장하는 기회를 스스로 만들어낸 것이다. 또한, 인턴십 기회를 적극적으로 탐색하고 지원하는 과정에서, 학생은 실무 경험을 쌓고 자신의 경력 목표를 실현하기 위한 구체적인 단계를 밟게 된다.

능동적인 행동은 단순히 기회를 추구하는 것을 넘어서, 자신의 문제 해결 능력을 발휘하고, 주변 환경에 긍정적인 영향을 미치려는 노력도 포함한다. 예를 들어, 커뮤니티 내에서 문제를 발견했을 때, 이를 해결하기 위해 자발적으로 프로젝트를 기획하고 실행에 옮기는 행동은 능동적인 태도의 대표적인 사례이다. 이 과정에서 개인은 리더십을 발휘하고, 팀워크를 경험하며, 실질적인 변화를 이끌어내는 능력을 개발한다.

이와 같이, 능동적인 행동은 개인이 자신의 삶을 적극적으로 주도하고, 자신에게 주어진 상황을 최대한 활용하여 목표를 달성하려는 태도를 반영한다. 이는 자기 주도적 학습, 경력 개발, 그리고 사회적 참여 모두에 있어 필수적인 요소이며, 성공적인 개인과 조직에게 공통적으로 요구되는 특성이다.

2) 기회 포착의 중요성

기회 포착의 중요성은 개인이 자신의 잠재력을 발견하고 활용하는 데 있어 결정적인 역할을 한다. 능동적인 행동을 통해 새로운 기회를 탐색하고 도전함으로써, 개인은 자신의 학습 경로, 경력 발전, 그리고 사회적 관계에서 더 넓은 가능성을 탐구할 수 있다. 스스로 연구 프로젝트를 제안하고 실행하는 학생의 사례처럼, 이러한 접근은 개인이 자신만의 독특한 학문적 기여를 하는 동시에, 자신의 전문성을 넓히는 기회를 제공한다.

기회 포착은 또한 개인의 네트워킹 확장에 있어 중요한 역할을 한다. 적극적으로 새로운 사람들을 만나고, 다양한 환경에 참여함으로써, 개인은 자신의 관심사와 전문 분야에서 중요한 연결고리를 형성할 수 있다. 이러한 네트워킹은 미래의 학문적 협력, 직업적 기회, 그리고 개인적 성장을 위한 귀중한 자원이 될 수 있다.

뿐만 아니라, 기회 포착은 개인의 자신감과 자기 효능감을 높이는 데 기여한다. 새로운 도전에 직면하고 그것을 극복함으로써, 개인은 자신의 능력을 시험하고 확인할 수 있으며, 이는 더 큰 도전에 대한 용기와 자신감을 부여한다. 예를 들어, 도전적인 인턴십에 성공적으로 참여한 학생은 자신의 전문성과 업무 능력에 대해 더 확신하게 되며, 이는 미래의 경력 개발에 있어 긍정적인 영향을 미친다.

결국, 기회 포착의 중요성은 개인이 능동적으로 자신의 삶을 설계하고, 자신의 가능성을 최대한으로 활용할 수 있도록 하는 데에 있다. 이는 끊임없는 학습, 개인적 발전, 그리고 직업적 성공을 위한 기반을 마련해 준다.

3) 능동적인 태도의 개발

능동적인 태도의 개발은 개인의 삶과 경력에서 중요한 변화를 가져올 수 있다. 이를 위해 첫 번째 단계는 자신의 목표를 명확히 하는 것이다. 목표가 명확할수록, 그 목표에 도달하기 위한 계획을 세우고 실행하는 데 있어서 동기 부여가 된다. 예를 들어, 학업 성취, 취업 준비, 개인적인 취미나 스킬 향상 등 구체적인 목표를 설정함으로써, 개인은 자신이 어디로 가고 있는지, 무엇을 위해 노력해야 하는지에 대한 명확한 방향성을 가질 수 있다.

다음으로, 자기 주도적인 계획 수립이 중요하다. 자신이 설정한 목표를 달성하기 위해, 어떤 활동이나 스킬이 필요한지 파악하고, 그에 따른 계획을 세우는 것이다. 이 과정에서 중요한 것은 계획을 실천으로 옮기는 것이며, 이를 위해 일정 관리, 우선순위 설정, 시간 관리 등의 기술이 필요하다. 예를 들어, 학업 성적 향상을 목표로 한다면, 공부 계획을 세우고, 일주일 동안의 학습 시간을 할당하며, 각 과목별로 중점을 둘 부분을 정리하는 것이 포함될 수 있다.

마지막으로, 도전을 두려워하지 않는 마음가짐이 필요하다. 새로운 것을 시도하거나 변화를 추구하는 과정에서 실패할 수도 있다는 두려움을 극복하는 것이 중요하다. 실패는 성장과 학습의 기회로 여겨야 하며, 이러한 태도는 더 큰 도전을 받아들이고, 결국에는 자신의 목표를 달성하는 데 도움이 된다. 예를 들어, 새로운 동아리에 가입하거나, 학생회 활동에 참여하는 것도 처음에는 어렵고 두려울 수 있지만, 이러한 활동을 통해 새로운 사람들을 만나고, 리더십과 협업 능력을 개발하는 등 긍정적인 결과를 얻을 수 있다.

능동적인 태도를 개발하는 것은 개인의 성장과 성공을 위한 중요한 요소이다. 이를 통해 개인은 자신의 삶을 보다 적극적으로 주도하고, 자신의 잠재력을 최대한 발휘할 수 있게 된다.

4) 능동적 행동과 성공의 상관관계

능동적 행동과 성공 사이의 상관관계는 분명하다. 능동적으로 행동하는 개인은 자신의 삶과 경력에 있어 중요한 이정표를 설정하고, 이를 달성하기 위해 주도적으로 나선다. 이러한 행동은 다양한 영역에서의 성공을 촉진하는데, 이는 대학생활 뿐만 아니라 미래의 직업적 성장에도 직접적인 영향을 미친다.

예를 들어, 자신의 학문적 관심사에 따라 선택적인 과제나 프로젝트를 수행하는 학생은 자신의 전공 분야에 대한 깊은 이해와 전문성을 쌓는 동시에, 연구 및 분석 능력을 향상시킬 수 있다. 이와 같은 능동적인 접근 방식은 학업 성취는 물론, 해당 분야의 전문가로서 자신을 성장시키는 데 큰 도움이 된다.

또한, 대외활동이나 인턴십에 적극적으로 참여하는 것도 능동적인 행동의 중요한 예시 중 하나이다. 이러한 활동을 통해 학생들은 실무 경험을 쌓고, 네트워킹을 확장할 뿐만 아니라, 시간 관리와 문제 해결 같은 중요한 직업 기술을 개발할 수 있다. 이는 미래의 직업 세계에서 학생들이 더욱 경쟁력 있는 후보자가 되도록 돕는다.

능동적인 행동은 또한 개인의 자기 효능감과 자신감을 향상시킨다. 도전적인 목표를 세우고, 이를 달성하기 위해 노력하는 과정에서 개인은 자신의 능력을 입증하고, 어려움을 극복할 수 있다는 자신감을 얻는다. 이는 학업과 직업적 성공뿐만 아니라, 개인의 삶의 질을 향상시키는 데도 긍정적인 영향을 미친다.

결국, 능동적인 행동은 개인이 자신의 삶을 주도적으로 관리하고, 목표를 설정하며, 그 목표를 향해 나아가는 과정에서 성공을 이루는 데 필수적인 요소이다. 이러한 행동 방식은 개인의 성장, 발전, 그리고 최종적인 성공을 위한 견고한 기반을 마련한다.

3 진취적인 사고방식 육성

진취적인 사고방식은 새로운 기회를 찾고, 도전을 두려워하지 않으며, 지속적인 개선을 추구하는 태도를 말한다. 이 장에서는 어떻게 진취적인 사고방식을 개발하고 육성할 수 있는지에 대해 살펴본다. 이런 사고방식은 학업, 사회 활동, 그리고 개인적인 발전에 중요한 역할을 하며, 성공적인 대학 생활과 미래 경력에 도움이 될 것이다.

1) 진취적 사고방식의 정의

진취적인 사고방식은 개인이 변화와 도전에 적극적으로 대응하고, 자신의 경험에서 배움을 추구하는 태도이다. 이런 사고방식을 가진 사람은 주어진 상황을 개선하고, 새로운 기회를 창출하기 위해 끊임없이 노력한다. 실패를 단순한 걸림돌이 아닌, 성장과 발전을 위한 계기로 받아들이는 것이 특징이다.

예를 들어, 어떤 학생이 대학에서 처음으로 직면한 어려운 과제에 실패했다고 가정해보자. 진취적 사고방식을 가진 학생은 이 실패를 개인적인 결함으로 여기기보다는, 앞으로 나아가기 위한 중요한 학습 기회로 간주한다. 이 학생은 실패한 과제를 면밀히 분석하여 어떤 부분이 부족했는지를 파악하고, 해당 분야의 지식을 강화하기 위해 추가적인 자료를 찾아본다. 또한, 교수나 동료 학생들에게 피드백을 요청하여 자신의 이해를 넓히고, 앞으로 비슷한 과제를 수행할 때 더 나은 성과를 낼 수 있는 전략을 개발한다.

진취적 사고방식은 또한 개인이 자신의 커리어와 삶에서 새로운 목표를 설정하고, 이를 달성하기 위해 필요한 행동을 취하도록 동기를 부여한다. 예를 들어, 졸업 후의 진로에 대해 고민하는 대학생이 자신의 열정과 관심사를 바탕으로 새로운 경력 경로를 탐색하기로 결정한다면, 이는 진취적 사고방식의 또 다른 표현이다. 이 학생은 관련 분야의 전문가들과 네트워킹을 하고, 필요한 기술을 습득하기 위해 관련 강좌나 워크숍에 참여함으로써, 자신의 진로 목표를 향해 적극적으로 나아간다.

진취적 사고방식은 개인이 끊임없이 변화하는 세상 속에서 자신의 위치를 확고히 하고, 자신의 능력을 최대한 발휘할 수 있도록 하는데 필수적이다. 이는 새로운 도전을 두려워하지 않고, 자신의 잠재력을 실현하기 위한 끊임없는 노력을 의미한다.

2) 진취적 사고방식의 중요성

진취적 사고방식의 중요성은 개인이 자신의 학업, 경력, 그리고 개인적인 발전에 있어서 주도적이고 적극적인 역할을 수행할 수 있게 한다는 데에 있다. 이러한 사고방식을 가진 사람은 변화와 도전을 기회로 여기고, 새로운 상황에 빠르게 적응하여 자신의 목표를 향해 나아갈 수 있다.

예를 들어, 학업 분야에서 진취적인 사고방식을 가진 학생은 단순히 강의 내용을 수동적으로 학습하는 데 그치지 않고, 주도적으로 추가적인 지식을 탐구하고, 질문을 하며, 더 깊이 있는 이해를 추구한다. 이런 태도는 학습 과정을 더욱 풍부하고 의미 있게 만들며, 학업 성취도를 높이는 데 기여한다.

또한, 진취적 사고방식은 경력 개발에 있어서도 매우 중요하다. 직장이나 인턴십에서 진취적인 태도를 가진 개인은 새로운 프로젝트나 업무에 자발적으로 참여하고, 주도적으로 문제를 해결하며, 혁신적인 아이디어를 제안한다. 이런 접근 방식은 개인의 전문성과 리더십 능력을 발전시키며, 동시에 조직 내에서의 가치와 영향력을 증가시킨다.

사회적 참여 측면에서도 진취적 사고방식은 중요하다. 지역사회 봉사, 자선 활동, 사회적 캠페인 등에 주도적으로 참여하는 것은 개인이 사회적 책임감을 갖고 긍정적인 변화를 만들어가는 데 중요한 역할을 한다. 이러한 활동은 개인의 사회적 네트워크를 확장하고, 다양한 사람들과의 협력을 통해 사회적 기술을 발전시킬 수 있는 기회를 제공한다.

결국, 진취적 사고방식은 개인이 더 능동적이고 의미 있는 삶을 살아가는 데 필수적인 요소이다. 이는 변화를 두려워하지 않고 새로운 기회를 적극적으로 모색하며, 자신의 잠재력을 최대한 발휘할 수 있도록 한다.

3) 진취적 사고방식의 육성 방법

진취적 사고방식의 육성은 개인의 성장과 발전에 중추적인 역할을 한다. 이 과정은 자신에 대한 깊은 이해와 지속적인 노력을 필요로 한다. 자기 성찰을 통해 개인은 자신의 강점, 약점, 관심사 및 가치를 명확히 이해할 수 있으며, 이는 목표 설정과 자기 개발의 기초가 된다.

첫 번째 단계는 자신의 강점과 약점을 정확히 파악하는 것이다. 이를 통해 개인은 자신이 어떤 분야에서 자연스럽게 우수한 성과를 낼 수 있는지, 반대로 어떤 영역에서 더 많은 노력이 필요한지를 알 수 있다. 예를 들어, 커뮤니케이션 능력이 강점인 학생은 이를 활용하여 리더십 역할을 추구할 수 있으며, 동시에 자신의 분석적 사고 능력을 향상시키기 위한 목표를 설정할 수 있다.

목표 설정은 진취적 사고방식을 육성하는 데 있어 중요한 단계이다. SMART(구체적, 측정 가능, 달성 가능, 관련성, 시간 기반) 기준을 따르는 목표 설정은 개인이 실현 가능하고 의미 있는 목표를 설정하도록 돕는다. 예를 들어, 특정 기간 내에 특정 언어를 배우거나, 특정 기술에 대한 인증을 획득하는 것과 같은 목표는 명확하고 동기 부여가 되며, 개인의 진취성을 촉진한다.

지속적인 자기 개발은 진취적 사고방식을 유지하고 발전시키는 데 필수적이다. 새로운 지식을 습득하고, 다양한 경험을 쌓는 것은 개인의 관점을 넓히고, 새로운 기회를 발견할 수 있는 능력을 향상시킨다. 온라인 코스, 전문 분야의 세미나, 산업 관련 컨퍼런스 참여는 지식의 폭을 넓히고, 전문성을 증진시키는 효과적인 방법이다.

진취적 사고방식을 육성하는 과정은 개인이 자신의 능력을 최대한 발휘하고, 변화하는 세계 속에서 새로운 기회를 적극적으로 찾고 활용할 수 있게 하는 데 중요하다. 이는 끊임없는 학습, 자기 반성, 그리고 개인적인 노력을 통해 달성될 수 있다.

4) 진취성과 개인적 발전

진취성과 개인적 발전은 서로를 강화하는 관계에 있다. 진취적인 사고방식을 가진 개인은 자신의 미래를 주도적으로 설계하고, 목표 달성을 위해 필요한 기술과 지식을 적극적으로 습득한다. 이러한 과정은 개인이 자신의 잠재력을 깨닫고, 끊임없이 발전하는 데 기여한다.

예를 들어, 새로운 언어 학습에 도전하는 학생은 단순히 언어 능력만 향상시키는 것이 아니라, 다문화에 대한 이해와 글로벌 커뮤니케이션 능력을 개발한다. 이는 개인의 경력 발전뿐만 아니라, 사회적 상호작용에서도 긍정적인 영향을 미친다.

또한, 리더십 역량을 개발하기 위해 학생 단체의 활동에 참여하거나, 프로젝트 리더로서 역할을 맡는 학생은 팀워크, 의사결정, 그리고 공공의 문제 해결에 대한 실질적인 경험을 쌓는다. 이러한 활동은 학생이 리더로서 자신의 강점과 약점을 이해하고, 향후 리더십 포지션을 위한 준비를 하는 데 도움이 된다.

진취성을 발휘하여 새로운 도전에 직면하는 것은 개인적 발전의 촉매제 역할을 한다. 실패와 성공을 통해 학습하고, 자신의 경계를 넓히며, 새로운 가능성을 탐색하는 과정에서 개인은 자신의 역량을 실현하고, 자신감을 구축한다. 이러한 과정은 개인이 자신의 꿈과 목표를 향해 더욱 적극적으로 나아가게 만든다.

결국, 진취성은 개인이 더 풍부하고 의미 있는 삶을 살 수 있도록 돕는 중요한 요소이다. 새로운 기술을 배우고, 다양한 경험을 추구하며, 자신의 능력을 발전시키는 과정에서 개인은 자신의 잠재력을 최대한 발휘할 수 있다.

4 진취성을 보여주는 기업 사례

1) 애플(Apple)의 혁신적인 제품 개발

애플은 혁신적 사고와 진취적인 접근 방식을 통해 기술 산업의 판도를 바꾼 대표적인 기업이다.

▶ 아이폰: 혁신의 아이콘

아이폰은 단순히 스마트폰이라는 제품을 넘어서, 현대 생활 방식을 변화시킨 혁신적인 기기로 평가받는다. 터치스크린 인터페이스, 직관적인 사용자 경험, 앱 스토어를 통한 무한한 확장성은 이전에 볼 수 없던 새로운 사용자 경험을 제공했다. 아이폰의 출시는 모바일 커뮤니케이션과 엔터테인먼트 분야에서 혁명적인 변화를 가져왔으며,

스마트폰 산업의 새로운 기준을 설정했다.

▶ 아이패드: 새로운 카테고리의 탄생

아이패드는 태블릿 컴퓨터라는 새로운 시장을 창출하며, 모바일 컴퓨팅의 새로운 장을 열었다. 아이패드의 성공은 사용자 중심의 디자인, 강력한 성능, 다양한 애플리케이션의 결합을 통해 이루어졌다. 이는 교육, 비즈니스, 엔터테인먼트 등 다양한 분야에서 사용될 수 있는 유연성을 갖추며, 태블릿 컴퓨터라는 새로운 제품 범주를 선도했다.

애플의 이러한 제품 개발 사례는 지속적인 혁신과 사용자의 요구에 대한 깊은 이해가 어떻게 새로운 시장을 창출하고, 기업의 성공을 견인할 수 있는지를 보여준다. 이는 기술 혁신의 중요성과 창의적인 사고방식의 가치를 강조하며, 그들이 자신의 분야에서 혁신적인 접근을 취하는 데 영감을 제공한다.

2) 테슬라(Tesla)의 전기 자동차 시장 혁신

테슬라는 전기 자동차 분야에서 진취적인 전략과 혁신적인 기술 개발로 업계를 선도하는 기업이다.

▶ 혁신적인 전기차 기술

테슬라는 전기차의 성능과 디자인에 대한 기존의 인식을 바꾸었다. 고성능 모터와 대용량 배터리 기술을 통해 뛰어난 가속력과 주행 거리를 실현했으며, 이는 전기차가 기존의 내연 기관 차량과 동등하거나 그 이상의 성능을 제공할 수 있음을 입증했다.

▶ 지속 가능한 미래를 향한 비전

테슬라의 전기차 개발은 단순한 자동차 제조를 넘어서 환경적 지속 가능성을 추구한다. 탄소 배출을 줄이는 동시에 사용자에게 고성능과 편의성을 제공하는 전기차는 새로운 교통 수단의 패러다임을 제시했다. 테슬라의 전기차는 지구 환경 보호와 청정에너지 사용을 촉진하는 중요한 역할을 하며, 전 세계 자동차 산업의 미래 방향을 제시한다.

테슬라의 전기차 시장 혁신 사례는 환경적 책임과 기술 혁신을 결합한 진취적인 접근이 어떻게 산업 전반에 긍정적인 변화를 가져올 수 있는지를 보여준다. 이는 환경 문제에 대한 새로운 해결 방안을 모색하고, 지속 가능한 기술 개발의 중요성을 강조한다. 테슬라의 사례는 학생들에게 기술과 환경의 조화가 미래 사회에 미치는 영향에 대해 생각하게 하며, 이 분야에서의 진취적인 태도를 개발하는 데 도움을 줄 것이다.

CHAPTER 09

기업가정신의 의미 for 창업

CHAPTER 09

기업가정신의 의미 for 창업

1 창업 과정의 이해: 기업가정신의 기초

1) 창업의 시작: 아이디어의 발전과 현실화

창업 여정의 첫걸음은 창의적인 아이디어로부터 시작된다. 이 아이디어는 끝없는 호기심과 창의력에서 비롯되었을 것이다. 이 아이디어는 구체화 되는 과정에서, 단순한 생각을 넘어서 구체적인 사업 계획으로 진화하며, 실제 시장에서 실행될 수 있는 형태로 발전한다.

가령, 환경 문제에 관심이 많은 창업자가 지속 가능한 소비를 촉진하는 패션 브랜드를 창출하고자 한다고 상상해보자. 이 창업자는 패션 산업의 환경오염 문제를 인식하고, 이를 개선할 방안을 모색하기 시작한다. 여기서 아이디어는 혁신적이고 실용적인 해결책을 제시하는 방향으로 진화한다.

첫째, 아이디어 형성과 발전 단계에서, 창업자는 지속 가능한 소재와 제조 방법에 대해 조사하고, 관련 분야의 전문가와 상담하며, 시장의 요구와 트렌드를 연구한다. 이 과정에서 학생은 자신의 아이디어를 더욱 구체화하고, 실행 가능한 사업으로 발전시키는 데 필요한 지식과 통찰력을 얻는다.

둘째, 사업 계획의 구체화 단계에서, 아이디어는 실제 비즈니스 모델로 변모한다. 창업자는 목표 시장, 잠재 고객, 제품의 특징, 가격 전략, 그리고 마케팅 계획을 포함한 상세한 사업 계획을 수립한다. 이 계획은 아이디어를 실제 사업으로 전환하는 데 필수적인 로드맵을 제공한다.

셋째, 시장 필요성과 타당성을 분석하는 단계에서, 창업자는 사업 아이디어가 실제 시장에서 얼마나 경쟁력을 가질 수 있는지를 평가한다. 이 과정에서 수행하는 시장 조사와 분석은 사업 아이디어의 성공 가능성을 확인하고, 필요한 조정을 위한 기초 자료를 제공한다.

마지막으로, 자원 확보와 파트너십 구축 단계에서, 창업 초기 자원의 제한과 협력의 필요성을 인식한다. 창업자는 사업을 성장시키기 위해 필요한 자재 공급자, 제조 파트너, 그리고 마케팅 채널을 확보하기 위해 적극적으로 노력한다. 이 단계에서는 네트워킹, 협상 능력, 그리고 전략적 사고가 중요하게 작용한다.

창업은 단순한 사업 시작 이상이며, 기업가정신의 본질적인 표현이다. 창업 과정은 창의성, 혁신, 그리고 끊임없는 학습과 적응을 포함하며, 이를 통해 창업자는 자신의 능력을 발전시키고, 사업 세계에서 필요한 중요한 기술을 습득할 수 있게 된다.

2) 기업가정신의 역할: 비전 설정부터 불확실성 대응까지

기업가정신은 창업 과정에서의 핵심 요소로, 비전 설정부터 불확실성에 대한 대응에 이르기까지 창업의 모든 단계에 직간접적인 영향을 준다.

첫째, 비전 설정에서, 기업가정신은 창업 아이디어의 초기 단계에서부터 중요한 역할을 한다. 비전은 창업 과정의 방향을 제시하고, 창업가의 열정과 동기를 유지하는 원동력이 된다. 예를 들어, 친환경 제품을 만드는 스타트업을 꿈꾸는 창업자는 지속 가능한 미래에 대한 자신의 비전을 명확하게 설정하고, 이를 사업 아이디어의 핵심으로 삼아야 한다. 이 비전은 창업 과정에서의 결정과 전략을 안내하는 기준점이 된다.

둘째, 목표 달성을 위한 전략 수립에서, 기업가정신은 구체적이고 실행 가능한 계획을 마련하는 데 필수적이다. 성공적인 창업가는 목표를 설정하고, 이를 달성하기 위한 구체적인 단계를 계획한다. 이 과정에서 창업가는 자원 배분, 시장 진입 전략, 그리고 성장 계획을 포함한 다양한 사업 전략을 고려한다. 예를 들어, 디지털 교육 플랫폼을 개발하는 창업가는 교육 콘텐츠의 개발, 사용자 확보 전략, 그리고 장기적인 확장 계획을 세우는 것이 중요할 것이다.

셋째, 불확실성과 도전에 대한 대응에서, 기업가정신은 불가피한 위험과 불확실성을 효과적으로 관리하는 데 필수적이다. 창업 과정은 예측할 수 없는 여러 도전과 리스크를 내포하며, 성공적인 창업가는 이러한 상황에 능동적으로 대처해야 한다. 이는 시장 변화에 빠르게 적응하고, 위험을 최소화하는 전략을 수립하는 것을 의미한다. 예컨대, 코로나19 팬데믹으로 인한 시장 변화에 직면한 음식 배달 서비스 창업가는 비대면 서비스 모델로의 신속한 전환을 통해 위기를 기회로 전환할 수 있다.

마지막으로, 지속적인 학습과 적응의 과정에서 기업가정신은 창업가에게 새로운 지식을 습득하고, 변화하는 시장과 기술에 적응하는 데 도움을 준다. 성공적인 창업가는 항상 학습하는 자세를 유지하고, 자신의 사업과 관련된 최신 동향과 기술에 대해 끊임없이 공부한다. 예를 들어, 인공 지능 기술을 활용하는 창업가는 관련 기술의 발전과 적용 사례를 지속적으로 연구하고, 이를 자신의 비즈니스에 적용하여 경쟁력을 유지해야 한다.

기업가정신은 창업 과정의 모든 단계에 중요한 영향을 미친다. 이 예시 외에도 다양한 창업 과정에서의 비전 설정, 전략 수립, 불확실성 관리, 그리고 지속적인 학습과 적응의 중요성을 이해하고, 이를 자신의 창업 과정에 적용해야만 한다.

3) 창업에서의 도전과 기회의 관리

창업의 길은 도전과 기회가 교차하는 복잡한 과정이다. 창업 과정에서 마주치는 다양한 도전들과 이를 기회로 전환하는 방법은 사업 성공의 중요한 열쇠가 된다.

창업 과정에서의 주요 도전 중 하나는 시장의 불확실성과 빠르게 변화하는 경제 환경이다. 예를 들어, 신기술을 기반으로 한 스타트업을 운영하는 창업가는 기술 발전의 속도와 시장의 수용도를 예측하는 데 어려움을 겪을 수 있다. 이러한 불확실성은 계획을 수립하고 비즈니스 모델을 검증하는 데 복잡한 변수를 추가한다. 하지만 이 도전은 새로운 시장 기회를 탐색하고, 창의적인 해결책을 모색하는 기회가 될 수 있다. 창업가는 시장 조사를 통해 신기술에 대한 소비자의 수요를 파악하고, 이를 바탕으로 타겟 마케팅 전략을 개발할 수 있다.

또 다른 주요 도전은 자금 조달과 재정 관리이다. 대부분의 창업가는 초기 자금 조달과 운영 자금의 확보에 어려움을 겪는다. 제한된 자원과 경험으로 인해 자금 조달의 도전이 더욱 크게 느껴질 수 있다. 이러한 재정적 도전은 크라우드펀딩, 엔젤투자, 정부 지원 프로그램 등 다양한 자금 조달 방법을 탐색하고 활용하는 기회가 될 수 있다. 창업가는 이러한 자금 조달 방법을 연구하고, 사업 계획에 적합한 옵션을 선택하여 자금 문제를 해결할 수 있다.

창업 과정에서 경쟁도 중요한 도전이다. 시장에 새로 진입하는 창업가는 기존의 경쟁사와 차별화되는 전략을 수립해야 한다. 이는 경쟁사의 강점과 약점을 분석하고, 자신의 사업이 제공할 수 있는 독특한 고객 가치를 정의하는 과정을 포함한다. 예를 들어, 친환경 의류 브랜드의 창업가는 지속 가능한 재료와 에코 프렌들리 제조 과정을 강조함으로써 시장에서 독특한 위치를 차지할 수 있다.

마지막으로, 창업 과정의 도전은 지속적인 학습과 개인적 성장의 기회를 제공한다. 창업가는 실패와 시행착오를 통해 비즈니스 기술을 개선하고, 사업 운영에 필요한 경험을 쌓는다. 이 과정에서 창업가는 비즈니스 전략, 마케팅, 재정 관리, 고객 서비스 등 다양한 영역에 대한 깊은 이해를 얻게 된다.

창업에서 마주치는 다양한 도전들은 단순한 장애물이 아니라 성공으로 가는 길에서 필요한 학습과 성장의 기회이며, 창업가의 기업가정신을 강화하는 중요한 요소이다.

4) 창업 과정의 지속적인 성장과 학습

창업은 한 번의 결정이 아닌 지속적인 성장과 학습의 과정이다.

창업 초기, 창업가는 사업 아이디어를 현실화하기 위해 시장 조사, 비즈니스 모델 개발, 자금 조달 계획 수립 등 다양한 활동을 수행한다. 이 과정에서 창업가는 경영, 마케팅, 재무 관리 등 다양한 분야에 대한 지식을 습득하며, 이는 창업가의 비즈니스 운영 능력을 향상시킨다. 예를 들어, 지속 가능한 카페를 창업하는 대학생은 지역 시장의 요구사항을 파악하고, 친환경적인 방식으로 카페를 운영하기 위한 전략을 개발한다.

창업 과정에서의 학습은 실패와 시행착오를 통해서도 이루어진다. 창업가는 초기 계획이 시장의 반응과 맞지 않을 때 수정과 조정을 거치며, 이를 통해 사업 모델을 개선하고 고객의 요구에 더 잘 부응하는 방법을 배운다. 예를 들어, 온라인 교육 플랫폼을 개발한 창업가가 사용자의 피드백을 반영하여 플랫폼의 사용자 인터페이스와 콘텐츠를 개선하는 경우, 이러한 조정은 지속적인 학습과 반응의 결과이다.

창업 과정에서의 성장은 또한 네트워킹과 협업을 통해 이루어진다. 창업가는 다양한 산업 전문가, 투자자, 다른 창업가들과의 네트워킹을 통해 새로운 아이디어와 전략을 얻고, 이를 자신의 사업에 적용하기도 한다. 예를 들어, 테크 스타트업을 운영하는 대학생 창업가가 업계 컨퍼런스나 창업 관련 행사에 참여하여 다른 기업가들과의 경험과 지식을 공유하는 것은 네트워킹을 통한 학습의 일환으로 볼 수 있다.

창업 과정은 개인적인 성장을 위한 풍부한 기회를 제공한다. 창업가는 리더십, 의사결정 능력, 스트레스 관리 등 다양한 개인적 역량을 개발하며, 이는 사업뿐만 아니라 인생의 다른 영역에서도 유용하게 활용될 수 있다. 예를 들어, 환경 보호를 위한 제품을 개발하는 창업가가 팀원들을 관리하고,

비전을 공유하는 과정에서 리더십과 커뮤니케이션 능력을 향상시키는 것은 개인적인 성장도 될 것이다.

창업 과정이 단순한 사업 운영을 넘어서는 지속적인 학습과 개인적 성장의 길임을 보여준다. 창업은 끊임없는 학습과 적응의 과정으로, 창업가의 기업가정신을 강화하고, 다양한 기술과 지식을 습득하는 풍부한 기회를 제공한다.

2 성공적인 창업자의 특성 분석

1) 창업자의 열정과 동기: 사업에 대한 강렬한 애정

성공적인 창업자의 특성 중 하나는 창업자의 열정과 동기이다. 열정은 창업자가 사업 아이디어를 실현하고, 도전을 극복하는 데 필수적인 동력이다.

창업자의 열정은 사업 아이디어에 대한 개인적인 연결감과 신념에서 비롯된다. 예를 들어, 환경 보호에 열정을 가진 창업가가 친환경 제품을 생산하는 스타트업을 창업하는 경우, 그의 열정은 사업의 방향과 목표를 결정하는 데 중요한 역할을 한다. 이러한 열정은 창업자가 시장 조사, 제품 개발, 마케팅 전략 수립 등 다양한 단계에서 지속적으로 노력하고, 사업에 대한 깊은 이해와 통찰력을 발전시키는 원동력이 된다.

창업자의 동기는 사업이 직면하는 장애물과 도전을 극복하는 데 필수적이다. 창업 과정은 불확실성, 재정적 위험, 경쟁 등 다양한 어려움을 내포하고 있으며, 이러한 상황에서 창업자의 강력한 동기는 사업을 지속하고 성장시키는 데 중요한 역할을 한다. 예를 들어, 테크 스타트업을 창업한 창업가는 기술적 어려움과 초기 시장의 낮은 수용성에도 불구하고, 자신의 비전을 실현하기 위해 꾸준히 노력하는 것은 창업자의 동기가 사업 성공에 결정적인 요소이다.

창업자의 열정과 동기는 또한 팀 구성원, 투자자, 고객 등 다른 이해관계자들에게 영향을 미친다. 창업자의 열정은 팀원들에게 영감을 주고, 그들의 헌신과 창의력을 촉진한다. 또한, 투자자와 고객은 창업자의 열정을 통해 사업의 잠재력과 가능성을 느끼며, 이는 사업의 성공적인 발전과 시장에서의 위치 확립에 기여한다.

창업자의 강렬한 애정은 사업 아이디어를 현실화하고, 도전을 극복하며, 사업의 성장을 이끄는 중요한 역할을 한다. 이러한 열정과 동기는 창업 과정을 통해 자신의 능력을 발휘하고, 사업 세계에서 성공을 달성하는 데 중요한 기반을 제공하게 된다.

2) 리스크 관리 능력: 위험을 식별하고 대처하기

성공적인 창업자가 되기 위해서는 리스크 관리 능력이 필수적이다. 리스크 관리는 위험을 정확히 식별하고, 효과적으로 대처하는 능력을 포함한다.

창업 과정에서 리스크 관리 능력은 다양한 형태로 나타난다.

첫째, 창업자는 사업 아이디어의 실현 가능성을 정확히 평가해야 한다. 시장의 수요, 경쟁 상황, 자금 조달 가능성 등은 모두 중요한 위험 요소들이다.

둘째, 리스크 관리는 재정적 위험을 최소화하는 것을 포함한다. 예산 관리, 비용 효율적인 운영 방식, 그리고 위험을 고려한 가격 설정은 모두 재정적 리스크를 관리하는 데 필수적이다.

셋째, 리스크 관리는 불확실한 시장 환경에 적응하는 능력을 필요로 한다. 변화하는 소비자의 요구, 기술의 진화, 경쟁사의 움직임 등은 사업 운영에 중대한 영향을 미치며, 이에 능동적으로 대응하는 것이 중요하다.

리스크 관리 능력은 창업자가 사업을 안정적으로 성장시키고 장기적인 성공을 달성하는 데 결정적인 역할을 한다. 이 능력은 사업이 직면할 수 있는 다양한 위험 요소들을 식별하고, 이에 효과적으로 대처하여 사업의 성공 가능성을 높인다. 리스크 관리는 창업 과정에서 불가피한 도전과 위험에 대한 준비를 의미하며, 이는 창업자가 사업을 성공적으로 운영하는 데 필요한 기초적인 기술이다.

3) 적응성과 유연성: 시장과 기술 변화에 대응하기

창업 과정에서의 적응성과 유연성은 시장과 기술의 끊임없는 변화에 대응하는 데 필수적인 요소입니다. 이 단락에서는 대학생 1학년들에게 적응성과 유연성이 왜 중요하며, 어떻게 이를 개발하고 활용할 수 있는지에 대해 설명합니다.

시장과 기술의 변화에 적응하는 능력은 창업자에게 다양한 형태로 요구됩니다. 첫째로, 시장의 변화에 민감하게 반응하는 것이 중요합니다. 예를 들어, 소비자의 선호가 변함에 따라 새로운 제품이나 서비스를 개발하는 것은 창업자의 적응성을 나타냅니다. 예를 들어, 휴대폰 액세서리 시장에서 활동하는 대학생 창업자가 최신 스마트폰 모델에 맞춰 디자인과 기능을 업데이트하는 것은 이를 잘 보여줍니다.

둘째로, 기술의 진화에 발맞춰 기업을 운영하는 것도 중요합니다. 이는 새로운 기술을 사업에 통합하고, 기존 제품이나 서비스를 혁신하는 것을 포함합니다. 예를 들어, 온라인 교육 스타트업을 운영하는 학생 창업자가 인공지능을 활용하여 맞춤형 학습 경험을 제공하는 것은 기술 변화에 대한 적응성의 좋은 예입니다.

셋째로, 경쟁 환경의 변화에 유연하게 대응하는 것도 중요합니다. 경쟁사의 새로운 전략이나 제품에 대해 신속하게 대응하고, 자신의 비즈니스 모델을 조정하는 것은 창업 과정에서의 유연성을 보여줍니다. 예를 들어, 식품

배달 서비스를 제공하는 창업자가 경쟁사의 프로모션에 대응하여 자신의 서비스를 개선하고, 고객에게 더 나은 가치를 제공하는 것은 시장 변화에 대한 유연한 대응입니다.

적응성과 유연성은 창업자가 끊임없이 변화하는 비즈니스 환경에서 생존하고 번성하는 데 필수적입니다. 이 능력은 창업자가 미래의 불확실성에 대비하고, 기회를 포착하여 사업을 성장시키는 데 중요한 역할을 합니다. 이 단락에서 제시하는 내용은 대학생들에게 창업시의 적응성과 유연성의 중요성을 이해하고, 이를 자신의 창업 계획에 적용하는 데 도움을 줄 것입니다.

4) 지속적인 학습과 개선: 창업자의 끊임없는 지식 추구

창업은 변화하는 시장 환경과 기술의 발전에 대응하는 과정이다. 성공적인 창업자는 자신의 분야에 대한 최신 지식을 유지하고, 새로운 기술과 동향을 빠르게 습득하여 이를 사업 전략에 통합한다.

또한, 지속적인 학습은 창업자가 시장의 변화를 예측하고, 새로운 소비자 요구에 대응하는 데 도움을 준다. 이는 제품 개발, 고객 서비스, 경영 전략 등 다양한 분야에서 창업자의 유연한 사고를 가능하게 한다. 예컨대, 친환경 제품을 개발하는 창업자는 지속 가능성에 대한 최신 연구와 소비자 인식의 변화를 지속적으로 연구하여, 자신의 제품을 시장에 맞추어야 한다.

이러한 지속적인 학습과 개선 과정은 창업자가 비즈니스 환경의 불확실성을 관리하고, 경쟁에서 우위를 차지하는 데 중요하다. 이는 사업의 성공을 위한 핵심 전략으로, 창업자가 자신의 비전을 실현하고 지속 가능한 성장을 이루는 데 도움을 준다.

3 창업 준비와 계획: 실현 가능한 기업가정신

1) 사업 아이디어의 구체화: 시장의 필요와 부합하기

창업의 시작은 강력하고 현실적인 사업 아이디어의 구체화에서 시작된다. 사업 아이디어의 구체화 과정은 창의성과 현실적인 시장 분석의 결합이 필요하다. 창업자는 자신의 아이디어가 해결하고자 하는 문제를 명확히 정의하고, 이를 시장의 요구와 어떻게 연결할 수 있는지를 고려해야 한다.

사업 아이디어를 구체화하는 과정에서 창업자는 자신의 열정과 시장의 요구 사이의 균형을 찾아야 한다. 이는 창업자가 자신의 아이디어에 대한 열정을 유지하면서도, 실제 소비자의 필요와 선호를 반영하는 제품이나 서비스를 제공하는 것을 의미한다.

또한, 창업 아이디어를 구체화하는 과정에서 창업자는 경쟁사 분석, 타깃 고객층의 선호도, 가격 전략 등을 고려하여 시장에서의 차별화된 위치를 확립해야 한다. 이는 제품이나 서비스가 시장에서 성공하기 위한 중요한 기반을 마련한다. 이 과정은 창업자가 자신의 아이디어를 실현 가능한 사업으로 전환하는 데 중요한 단계이며, 창의적 사고와 시장 분석의 결합을 통해 성공적인 창업의 기반을 마련하는 데 도움을 줄 것이다.

2) 시장 조사와 분석: 경쟁력 있는 아이디어 평가

시장 조사와 분석은 창업 과정에서 핵심적인 단계로, 창업 아이디어가 실제 시장에서 얼마나 경쟁력을 가질 수 있는지를 평가하는 데 필수적이다.

시장 조사는 창업자가 자신의 아이디어를 시장의 요구와 맞추어 검증하는 과정이다. 창업자는 잠재 고객, 경쟁사, 시장 규모, 가격 책정 및 소비자의 구매 패턴 등 다양한 요소를 분석해야 한다. 예를 들어, 창업자가 온라인 교육 콘텐츠 사업을 계획할 때, 현재 온라인 교육 시장의 동향, 주요 경쟁자, 잠재 고객의 요구 및 기대를 면밀히 조사해야 한다.

경쟁력 있는 아이디어를 평가하는 과정에서 시장 조사는 창업자에게 필요한 통찰력을 제공한다. 이는 창업자가 자신의 사업 아이디어를 시장에 적합하게 조정하고, 차별화된 가치 제안을 개발하는 데 도움을 준다. 예를 들어, 환경 친화적인 제품을 제작하는 창업자는 타깃 고객층의 환경에 대한 인식, 경쟁 제품과의 비교, 가격 감수성 등을 분석하여 자신의 제품 전략을 조정할 수 있다.

또한, 시장 조사는 창업자가 사업 모델의 잠재적인 위험과 기회를 파악하는 데 중요한 역할을 한다. 이를 통해 창업자는 시장의 변화에 빠르게 대응하고, 새로운 기회를 포착할 수 있다.

이처럼 시장 조사는 창업자가 자신의 아이디어를 검증하고, 사업 전략을 구체화하는 데 필요한 통찰력을 제공하며, 창업 과정에서의 성공을 위한 필수적인 단계이다.

3) 비즈니스 모델 개발: 수익 창출 방법 정립

비즈니스 모델 개발은 창업 과정에서 매우 중요한 단계로, 사업이 어떻게 수익을 창출할 것인지를 결정한다. 비즈니스 모델은 창업자가 제공하는 가치, 고객에게 어떻게 이 가치를 전달할 것인지, 그리고 이를 통해 어떻게 수익을 창출할 것인지에 대한 구체적인 계획을 말한다.

수익 모델의 선택은 창업자의 사업 방향과 전략에 큰 영향을 미친다. 예를 들어, 구독 기반 모델은 지속적인 수익을 제공하지만, 초기 시장 침투에 어려움을 겪을 수 있다. 반면, 광고 기반 모델은 사용자 증가에 따른 수익 증가 가능성이 크지만, 사용자 경험에 영향을 줄 수 있다.

또한, 비즈니스 모델은 타깃 고객의 특성과 구매 능력을 고려해야 한다. 예를 들어, 학생들을 대상으로 하는 교육 관련 서비스는 저렴한 가격 책정이 중요할 수 있으며, 프리미엄 고객을 대상으로 하는 럭셔리 제품은 고품질과 브랜드 가치에 중점을 둬야 한다.

비즈니스 모델은 창업 과정에서의 성공을 위해 필수적이며, 창업자가 자신의 사업 아이디어를 실현 가능한 계획으로 전환하는 데 중요한 역할을 한다.

4) 자금 조달 계획: 창업 자본 확보 방안

자금 조달 계획은 창업 과정에서 필수적인 단계로, 초기 자본 확보는 사업의 성공을 좌우하는 중요한 요소이다.

창업에 필요한 자금은 사업 규모, 분야, 그리고 필요한 자원에 따라 다양하다. 자금 조달 방법으로는 개인 저축, 가족 및 친구들로부터의 투자, 크라우드펀딩, 엔젤 투자자, 벤처 캐피탈, 그리고 정부 보조금 등이 있다.

개인 저축은 가장 기본적인 자금 조달 방법이며, 창업자의 헌신을 보여주는 방법이다. 하지만 모든 자금을 개인 저축에서 조달하는 것은 위험할 수 있으므로, 다른 자금 조달 방법과 결합하는 것이 일반적이다.

가족 및 친구들로부터의 투자는 초기 단계에서 자주 이용되는 방법이다. 이 방법은 비교적 저렴하고 쉽게 자금을 조달할 수 있지만, 개인 관계에 영향을 줄 수 있는 위험도 내포하고 있다.

크라우드펀딩은 소셜 미디어와 온라인 플랫폼을 통해 넓은 범위의 사람들로부터 자금을 모으는 방법이다. 이 방법은 제품이나 서비스에 대한 시장의 반응을 사전에 파악할 수 있는 장점이 있다.

엔젤 투자자와 벤처 캐피탈은 사업의 성장 가능성을 높게 평가하는 경우 큰 규모의 자금을 제공할 수 있다. 이들은 일반적으로 사업의 지분을 요구하며, 사업 운영에 대한 일정한 영향력을 가질 수 있다.

정부 보조금은 특정 산업이나 기술에 대한 지원을 목적으로 하는 경우가 많으며, 이는 일반적으로 반환할 필요가 없는 자금이다. 하지만 신청 절차가 복잡하고 경쟁이 치열할 수 있다.

자금 조달 방법의 선택은 사업의 성격, 필요한 자금의 규모, 그리고 창업자의 목표와 상황에 따라 달라진다. 이 단락에서 제공하는 정보는 학생들이 자신의 창업 아이디어를 실현하는 데 필요한 자본을 효과적으로 확보하는 데 도움을 줄 것이다.

4 창업과 관련된 위험과 기회

1) 창업의 위험 요소들: 재정적, 시장적 위험 파악

창업 과정에서 발생하는 다양한 위험 요소들을 이해하고 파악하는 것은 창업의 성공을 위해 필수적이다.

재정적 위험은 창업의 가장 큰 과제 중 하나이다. 초기 투자 비용, 운영 자본, 그리고 예상치 못한 비용 증가는 창업가에게 큰 부담이 될 수 있다.

시장적 위험은 시장의 불확실성과 변동성에서 비롯된다. 소비자의 수요 변화, 경쟁사의 새로운 전략, 시장 트렌드의 변화는 창업가가 예측하기 어려운 요소들이다. 예를 들어, 창업가가 새로운 기술 제품을 시장에 출시하려 할 때, 경쟁사가 유사한 제품을 더 낮은 가격에 출시한다면 이는 시장적 위험으로 작용할 수 있다.

이러한 위험 요소들은 창업 과정에서 불가피하며, 창업가는 이를 식별하고 준비하는 데 시간과 노력을 투자해야 한다. 재정적 위험의 경우, 사업 계획에 여유 재정을 포함시키고, 다양한 재정 관리 전략을 갖는 것이 중요하다. 시장적 위험에 대응하기 위해서는 지속적인 시장 조사와 경쟁사 분석을 통해 시장 동향에 대한 이해를 높이고, 유연한 사업 전략을 수립해야 한다.

2) 위험 관리 전략: 위험 최소화 방안 마련

위험 관리 전략은 창업의 초기 단계에서부터 체계적으로 계획되어야 한다. 이는 시장의 불확실성, 재정적 위험, 운영상의 위험 등 다양한 요소를 포함한다. 예를 들어, 제품 개발에 있어서의 기술적 실패 리스크를 줄이기 위해, 창업자는 충분한 연구 개발 시간을 계획하고, 필요한 경우 전문가의 조언을 구해야 한다.

시장 조사는 위험 관리의 핵심 요소이다. 시장의 수요와 경쟁 상황을 정확히 파악함으로써, 창업자는 더 탄탄한 사업 전략을 수립할 수 있다. 예를 들어, 창업자가 목표 시장에 대한 깊은 이해를 바탕으로 고객의 필요에 맞는 제품을 개발한다면, 시장 진입 시의 리스크를 상당 부분 줄일 수 있다.

재정적 위험 관리는 예산 계획의 정확성과 유동성 확보에 달려 있다. 창업자는 사업 운영에 필요한 비용을 철저히 계산하고, 예상치 못한 지출에 대비한 예비 자금을 마련해야 한다. 예를 들어, 예상보다 늦어진 제품 출시로 인한 손실을 대비하기 위해, 충분한 운영 자금을 확보하는 것이 중요하다.

인적 자원 관리도 위험 관리의 중요한 부분이다. 올바른 팀 구성과 직원 관리는 사업 운영의 효율성을 높이고, 내부 문제로 인한 위험을 줄인다. 예를 들어, 창업자가 경험 많은 관리자를 채용하여 팀의 업무 효율을 높이는 것은 인적 자원 관리의 좋은 예이다.

창업 과정에서 위험을 효과적으로 관리하고, 불확실한 사업 환경에서 성공적으로 나아갈 수 있는 방법을 제공할 것이다.

3) 위험을 기회로 전환하기: 위험 상황에서의 창의적 대응

창업 과정에서 위험은 불가피하지만, 이를 기회로 전환하는 창의적 대응은 창업의 성공을 좌우할 수 있다.

창업에서의 위험은 다양한 형태로 나타난다. 시장의 빠른 변화, 기술의 발전, 경쟁사의 도전 등이 그 예시이다. 이러한 위험을 기회로 전환하는 것은 창업자의 창의성과 유연성을 요구한다. 예를 들어, 기술의 변화로 인한 위험은 새로운 기술을 사업에 적용함으로써 시장에서의 경쟁 우위를 확보하는 기회로 바꿀 수 있다.

위험 상황에서 창의적으로 대응하기 위해서는 먼저 위험 요소를 정확히 식별하고, 이에 대한 깊은 이해가 필요하다. 창업자는 위험 요소가 자신의 사업에 미칠 수 있는 영향을 분석하고, 이를 기반으로 전략을 수립해야 한다. 예를 들어, 신제품 개발에서의 실패 리스크는 시장 조사와 고객 피드백을 통해 최소화하고, 실패를 통해 얻은 교훈을 다음 제품 개발에 적용할 수 있다.

경쟁사와의 경쟁은 위험으로 여겨질 수 있지만, 이를 통해 창업자는 자신의 사업 모델을 강화하고 차별화하는 기회를 얻을 수 있다. 경쟁 분석을 통해 경쟁사의 강점과 약점을 파악하고, 이를 바탕으로 자신의 사업에서 독특한 가치 제안을 개발하는 것이다.

또한, 경제적 불확실성이나 재정적 위험은 예산 관리와 비용 효율성에 대한 창업자의 이해를 높이는 계기가 될 수 있다. 예산 관리 전략을 개선하고, 비용 절감 방안을 모색함으로써 장기적으로 사업의 재정 건전성을 강화할 수 있다.

창업 과정에서 발생할 수 있는 위험을 기회로 전환하는 능력은 창업 과정에서 발생하는 불확실성을 관리하고, 사업의 성공을 위한 중요한 경쟁력이 된다.

4) 기회 포착과 성장: 사업 확장과 발전의 기회 발굴

창업 과정에서 기회를 포착하고 이를 통한 성장은 사업의 지속 가능성과 발전을 결정짓는 중요한 요소이다. 기회의 발견은 시장의 변화, 소비자의 요구, 기술의 발전 등 다양한 영역에서 이루어진다. 예를 들어, 시장의 변화를 파악하여 새로운 수요를 만족시키는 제품이나 서비스를 개발하는 것은 사업 확장의 기회가 될 수 있다. 학생 창업자가 온라인 교육의 증가하는 수요를 인지하고, 이를 충족시키는 맞춤형 온라인 학습 플랫폼을 개발하는 것은 시장 변화에 대응하는 좋은 예시이다.

기술의 발전도 중요한 기회의 원천이다. 새로운 기술을 사업에 적용하거나, 기존의 사업 모델을 혁신적인 방식으로 개선함으로써 창업자는 경쟁 우위를 확보하고 사업을 성장시킬 수 있다. 예를 들어, 인공 지능 기술을 활용하여 고객 맞춤형 서비스를 제공하는 스타트업은 기술의 발전을 통해 새로운 시장 기회를 창출하는 사례이다.

또한, 네트워킹과 파트너십은 사업 확장의 중요한 기회를 제공한다. 다양한 산업의 전문가들과의 네트워킹을 통해 학생 창업자는 새로운 시장 트렌드, 잠재 고객, 그리고 협업 기회를 발견할 수 있다. 예를 들어, 다른 기업과의 전략적 제휴를 통해 새로운 시장에 진입하거나, 공동 마케팅 활동을 통해 제품의 노출을 높이는 것은 사업 확장의 좋은 방법이다.

창업자에게 기회는 시장 조사, 고객 피드백의 활용, 경쟁 분석, 그리고 사업 모델의 지속적인 평가 및 개선등이 포함한다. 창업자가 이러한 전략을 통해 기회를 정확히 파악하고 이를 사업에 효과적으로 적용한다면, 이는 사업의 성장과 발전을 촉진하는 중요한 원동력이 될 것이다. 이런 기회의 포착과 활용은 창업의 성공을 위한 핵심 요소이며, 이를 통해 창업자들은 자신의 사업을 성공적으로 확장하고 발전시킬 수 있다.

CHAPTER 10

기업가정신의 의미 for 개인의 삶

CHAPTER 10

기업가정신의 의미 for 개인의 삶

1 일상에서의 기업가정신 적용

기업가정신은 비즈니스 영역을 넘어서 일상생활에서도 중요한 역할을 한다. 이 장에서는 일상에서 기업가정신을 어떻게 적용할 수 있는지, 그리고 이를 통해 어떤 긍정적인 변화를 이끌어낼 수 있는지를 설명한다. 기업가정신은 문제 해결, 기회 창출, 그리고 목표 달성을 위한 주도적인 태도와 관련이 깊다.

1) 문제 해결에서의 기업가정신

대학생활은 예기치 못한 도전과 문제들로 가득 차 있으며, 이러한 문제들은 종종 학생들에게 큰 스트레스를 야기한다. 그러나 이러한 문제들은 기업가정신을 통해 효과적으로 극복할 수 있는 기회들이다. 기업가정신은 문제를 해결하는 데 필요한 창의력, 혁신, 그리고 주도성을 강조한다. 이러한 접근 방식은 학생들이 일상적인 문제들을 다르게 바라보고, 새로운 솔루션을 찾는 데 도움이 된다.

시간 관리의 어려움은 대학생활에서 흔히 마주치는 문제 중 하나이다. 이 문제에 대한 기업가적 해결 방식은 명확한 계획 수립과 효율적인 자원 배분에서 시작된다. 예를 들어, 시간 관리 앱을 사용하여 각 과목에 필요한 공부 시간을 계획하고, 이를 일과에 통합하는 것은 시간을 효과적으로 관리하는 방법이다. 또한, 우선순위를 설정하여 중요한 과제에 더 많은 시간을 할당하고, 나머지 시간을 여가 활동이나 휴식에 사용함으로써 균형 잡힌 생활을 유지할 수 있다.

자기 관리 기술의 개발도 중요한 부분이다. 스트레스 관리, 목표 설정, 그리고 자기 반성은 기업가정신의 중요한 구성 요소이다. 예를 들어, 명상이나 요가와 같은 활동을 통해 스트레스를 관리하고, 주간 목표를 설정하여 자신의 진행 상황을 지속적으로 평가하는 것은 목표를 효과적으로 달성하는 데 도움이 된다.

이러한 기업가적 접근 방식은 학생들이 학업 성취도를 높이는 동시에 자기 주도적인 생활 습관을 형성하는 데 도움을 준다. 예를 들어, 시간 관리와 자기 관리 기술을 개발한 학생은 시험 기간 동안 더 집중할 수 있고, 스트레스를 효과적으로 관리하여 학업 성취도를 높일 수 있다. 또한, 이러한 기술은 졸업 후 직장 생활에도 유용하게 적용될 수 있다.

이와 같이, 기업가정신을 일상 생활에 적용하는 것은 단순히 문제를 해결하는 것을 넘어서, 더 효율적이고 성공적인 대학 생활을 영위하는 데 필수적이다. 이는 학생들이 자신의 잠재력을 최대한 발휘하고, 다양한 도전을 기회로 전환하는 데 도움을 준다. 따라서, 기업가정신은 학생들에게 단순한 사고방식이 아닌, 성공을 향한 중요한 도구로 간주될 수 있다.

2) 기회 포착의 기업가정신

기업가정신은 기회를 인식하고 포착하는 데 필수적이며, 이는 대학 생활에서도 마찬가지이다. 대학생은 자신의 주변 환경을 면밀히 관찰함으로써 새로운 기회를 발견하고, 이를 활용하여 변화를 만들어낼 수 있다. 예를 들어, 친환경 캠퍼스 활동의 조직이나 새로운 학습 모임의 창설은 주변 환경에서 기회를 발견하고, 이를 실현하기 위한 구체적인 행동을 취하는 기업가정신의 탁월한 예시이다.

친환경 캠퍼스 활동의 조직은 지속 가능한 발전과 환경 보호에 대한 대학생들의 관심을 반영한다. 학생들은 캠퍼스 내에서 재활용 프로그램을 시작하거나, 친환경 캠페인을 주도하여 환경 보호에 기여할 수 있다. 이러한 활동은 대학 커뮤니티의 환경 인식을 높이는 동시에, 학생들에게 리더십과 조직 기술을 개발할 기회를 제공한다. 또한, 이러한 활동은 학생들이 실제 세계의 문제에 대해 실질적인 해결책을 모색하고 실행하는 경험을 제공한다.

새로운 학습 모임의 창설도 기업가정신을 통한 기회 포착의 좋은 예이다. 학생들은 특정 과목이나 기술에 대한 공동의 관심을 바탕으로 학습 그룹을 조직할 수 있다. 이러한 모임은 동료 학습을 촉진하고, 학습자들에게 새로운 관점과 아이디어를 공유할 기회를 제공한다. 예를 들어, 프로그래밍에 관심이 있는 학생들이 모여 코딩 모임을 조직하고, 정기적인 모임을 통해 서로 다른 프로젝트를 진행하며 실력을 향상시킬 수 있다.

기회 포착의 기업가정신은 또한 사회적, 문화적, 혹은 학문적 이벤트의 조직에서도 나타난다. 학생들은 대학 내에서 다양한 이벤트를 기획하고 실행함으로써, 커뮤니티 내에서 새로운 관계를 형성하고, 다양한 문화와 관점을 공유할 수 있다. 예를 들어, 국제 문화 축제를 조직하여 학생들이 서로의 문화를 경험하고 배울 수 있는 기회를 제공할 수 있다.

이러한 기업가적 활동은 학생들에게 새로운 기술을 개발하고, 자신의 경험을 넓힐 수 있는 기회를 제공한다. 학생들은 이러한 활동을 통해 리더십, 커뮤니케이션, 프로젝트 관리 등의 중요한 기술을 습득하게 되며, 이는 졸업 후 직장 생활에서도 유용하게 활용될 수 있다. 또한, 이러한 활동은 학생들이 대학 커뮤니티 내에서 자신의 역량을 발휘하고, 동시에 주변 세계에 긍정적인 영향을 미치는 방법을 배울 수 있는 기회를 제공한다.

결론적으로, 기회 포착의 기업가정신은 학생들이 주변 환경에서 새로운 가능성을 발견하고, 이를 통해 실질적인 변화를 만들어내는 데 필수적이다.

이러한 활동은 학생들이 자신의 역량을 발휘하고, 개인적인 성장을 이루며, 동시에 사회에 기여할 수 있는 기회를 제공한다. 이는 학생들이 대학 생활을 더욱 풍부하고 의미 있는 경험으로 만들 수 있는 중요한 방법이다.

3) 목표 달성을 위한 기업가정신

목표 달성을 위한 기업가정신은 개인적인 성공과 자기 발전을 위한 핵심 요소이다. 이는 목표 설정, 구체적인 계획 수립, 필요한 자원과 전략의 활용을 포함한다. 예를 들어, 어학 능력 향상을 목표로 하는 대학생이 구체적인 학습 계획을 수립하고, 지속적으로 학습 진행 상황을 평가하는 것은 목표 달성을 위한 기업가적 접근 방식의 훌륭한 예시이다.

이러한 접근 방식에서 중요한 것은 먼저 명확하고 달성 가능한 목표를 설정하는 것이다. 예를 들어, 어학 능력 향상을 위한 목표는 특정 언어 시험에서 높은 점수를 얻거나, 일정 기간 내에 외국어로 유창하게 대화하는 것과 같이 구체적이고 측정 가능해야 한다. 목표가 분명할수록 계획 수립과 실행이 더욱 효율적으로 이루어진다.

다음으로, 목표 달성을 위한 계획을 수립하는 과정은 실제로 목표에 도달하기 위한 로드맵을 제공한다. 이는 일일, 주간, 월간 단위의 구체적인 학습 계획을 포함하며, 이를 통해 학습 진도를 체계적으로 관리할 수 있다. 예를 들어, 매일 특정 시간을 어학 학습에 할애하고, 주말에는 언어 교환 파트너와 연습하는 것이 계획의 일부가 될 수 있다. 이러한 계획은 학습자가 일관성을 유지하고 동기를 얻을 수 있도록 돕는다.

필요한 자원과 전략의 활용도 목표 달성의 중요한 부분이다. 이는 어학 학습에 필요한 자료, 학습 앱, 온라인 코스, 또는 언어 교환 모임과 같은 자원을 활용하는 것을 포함한다. 효율적인 학습 방법을 찾고, 다양한 자원을 적극적으로 활용함으로써, 학습자는 더 빠르게 언어 능력을 향상시킬 수 있다.

또한, 지속적인 자기 평가와 피드백은 목표 달성 과정에서 매우 중요하다. 정기적으로 학습 진행 상황을 평가하고, 필요에 따라 학습 계획을 조정하는 것은 학습 효과를 극대화하는 데 도움이 된다. 예를 들어, 매달 언어 능력을 테스트하여 학습 전략을 개선하거나, 어려움을 겪는 부분에 대해 추가적인 자료나 지원을 찾는 것이 필요할 수 있다.

결론적으로, 목표 달성을 위한 기업가정신은 대학생들이 자신의 개인적인 목표를 효과적으로 달성하는 데 필수적이다. 이는 목표 설정, 계획 수립, 자원 활용, 그리고 지속적인 평가와 조정을 통해 개인적인 성장과 성공을 이루는 과정을 제공한다. 이러한 접근 방식은 학생들이 자신의 잠재력을 극대화하고, 다양한 목표를 성취하는 데 도움이 되며, 더욱 풍요롭고 성공적인 학업 생활을 영위하는 데 기여한다.

4) 일상의 혁신과 기업가정신

일상에서의 작은 혁신은 기업가정신의 중요한 표현 형태이다. 대학생들은 자신의 일상적인 활동에서 개선의 여지를 찾고, 창의적인 해결책을 모색함으로써 혁신적인 사고를 발휘할 수 있다. 예를 들어, 학습 자료 공유를 위한 온라인 플랫폼을 개발하는 것은 기술을 활용하여 학습 효율성을 높이는 혁신적인 접근이다. 이러한 플랫폼은 학생들이 서로 학습 자료를 공유하고, 지식을 교환하는 효과적인 수단이 될 수 있다.

또한, 학업과 부업을 병행하는 새로운 방법을 찾는 것도 일상에서의 혁신적인 기업가정신의 예시이다. 예를 들어, 대학생이 자신의 전문 지식을 활용하여 온라인 튜터링 서비스를 제공하는 것은 시간과 장소에 구애받지 않는 유연한 부업 모델을 제시한다. 이러한 접근은 학업과 부업 간 균형을 유지하면서도 추가 수입을 창출할 수 있는 기회를 제공한다.

이외에도, 대학생들은 생활 속 다양한 문제에 대해 혁신적인 해결책을 모색할 수 있다. 예를 들어, 캠퍼스 내에서 지속 가능한 환경 관리를 위한 캠페인을 조직하거나, 재활용 가능한 자재를 활용한 학습 도구를 제작하는 것은 환경 문제에 대한 인식을 높이고 지속 가능한 캠퍼스 문화를 조성하는 혁신적인 방법이다.

이러한 일상의 혁신은 학생들이 기업가정신을 통해 자신의 창의력과 문제해결 능력을 발휘할 수 있게 한다. 이는 단순히 학업 성적 향상이나 재정적

이득을 넘어서, 자신의 환경을 개선하고 주변 사람들에게 긍정적인 영향을 미치는 방법이 될 수 있다. 또한, 이러한 혁신은 학생들이 자신의 역량을 발전시키고, 사회적 책임감을 강화하는 데도 기여한다.

결론적으로, 일상의 혁신과 기업가정신은 대학생들이 자신의 삶에서 창의적이고 혁신적인 접근을 취하고, 개인적으로나 사회적으로 유의미한 변화를 이끌어낼 수 있는 기회를 제공한다. 이러한 접근은 학생들이 기업가적 사고와 행동을 실천하고, 자신의 잠재력을 최대한 발휘하는 데 중요한 역할을 한다. 이는 대학 생활을 넘어서 개인적인 성장과 사회적 기여를 위한 토대가 될 것이다.

2 개인적 성장과 자기 발전

기업가정신은 개인적 성장과 자기 발전의 중요한 원동력이다. 이 장에서는 대학생 1학년을 대상으로, 기업가정신이 어떻게 자기 개발과 개인적 성장에 기여할 수 있는지를 설명한다. 기업가정신은 목표 설정, 지속적인 학습, 그리고 자기 주도성과 같은 요소를 포함하며, 이러한 요소들은 학생들이 자신의 잠재력을 최대한 발휘하는 데 도움을 준다.

1) 목표 설정의 중요성

기업가정신에서 목표 설정은 개인적 성장과 발전의 출발점이다. 이 과정은 학생들이 자신의 장기적인 꿈과 단기적인 목표를 정의하고, 이를 실현하기 위한 체계적인 계획을 세우는 것을 포함한다. 목표 설정은 단순히 성공을 향한 열망을 명료화하는 것이 아니라, 실제적인 행동과 결정을 유도하는 과정이다.

예를 들어, 컴퓨터 과학 분야에서 경력을 쌓고자 하는 학생은, 먼저 학업과 관련 활동에 대한 명확한 목표를 세워야 한다. 이 학생은 대학에서 컴퓨터 과학 과정을 전공하고, 여름 방학 기간에 관련 분야의 인턴십에 참여하는 것을 목표로 삼을 수 있다. 또한, 최신 기술 동향에 대한 이해를 높이기 위해 업계 세미나나 워크숍에 정기적으로 참가할 계획을 세울 수도 있다.

이러한 목표 설정은 학생이 자신의 학업과 경력을 보다 효과적으로 관리할 수 있게 해준다. 목표는 개인의 열정과 능력을 집중시키는 역할을 하며, 학생이 자신의 노력을 최적화하고 성공적인 결과를 달성하는 데 도움을 준다. 또한, 명확한 목표는 학생이 도전과 장애에 직면했을 때 극복하고 계속 나아갈 수 있는 동기를 제공한다.

목표 설정 과정은 자기 인식을 증진시키는 중요한 단계이기도 하다. 학생들은 자신의 강점, 약점, 관심사, 그리고 가치를 탐색하며, 이를 바탕으로 자신만의 독특한 경로를 설계한다. 이를 통해, 학생들은 자신이 진정으로 원하는 것을 이해하고, 이를 실현하기 위한 구체적인 조치를 취할 수 있다.

결국, 목표 설정은 학생들이 자신의 미래를 적극적으로 설계하고, 그 과정에서 필요한 기술과 지식을 습득하며, 자신의 잠재력을 최대한 발휘할 수 있도록 돕는다. 명확한 목표를 가진 학생은 더 집중하고 효율적으로 노력을 기울이며, 궁극적으로 자신의 꿈과 목표를 성취하는 데 필요한 동기와 방향성을 얻을 수 있다.

2) 지속적인 학습과 개발

개인적 성장의 핵심은 지속적인 학습과 개발에 있다. 대학생들에게 기업가정신은 새로운 지식을 탐구하고, 끊임없이 기술을 개발하는 열정과 호기심을 의미한다. 이는 단순히 학업에 제한되지 않으며, 다양한 분야에서의 지속적인 학습을 포함한다. 예를 들어, 코딩 능력을 개발하고자 하는 학생은 온라인 코스나 워크숍에 참여하여 프로그래밍 언어를 배울 수 있다. 이러한 학습은 학생이 기술 분야에서 경쟁력을 갖추는 데 도움을 준다.

외국어 학습 또한 중요한 자기 개발 도구이다. 글로벌 환경에서 다양한 문화와 의사소통 능력은 필수적이다. 학생들은 어학 강좌나 언어 교환 프로그램에 참여하여 외국어 능력을 향상시킬 수 있다. 이는 국제적인 기회를 활용하고, 다문화 이해를 증진하는 데 중요한 역할을 한다.

리더십 개발도 학생들의 자기 개발에 중요한 부분을 차지한다. 학생들은 학내 동아리나 조직의 리더로 활동하거나, 리더십 관련 세미나와 워크숍에 참여함으로써 리더십 기술을 개발할 수 있다. 이러한 활동은 팀워크, 의사결정, 그리고 갈등 해결과 같은 중요한 리더십 기술을 실습하고 개선하는 기회를 제공한다.

그뿐만 아니라, 기술적인 능력 외에도 창의성, 비판적 사고, 그리고 시간 관리와 같은 인간관계 기술의 개발도 중요하다. 이러한 기술은 학생들이 미래의 직업 세계에서 필요로 하는 중요한 능력이다. 예술적 취미나 토론 클럽 참여는 창의성과 비판적 사고를 증진시키는 방법이 될 수 있다. 시간 관리 기술은 학업과 부업, 그리고 여가 활동을 조화롭게 관리하는 데 필수적이다.

지속적인 학습과 개발은 학생들이 자신의 잠재력을 극대화하고, 다양한 삶의 상황에서 유연하게 대응할 수 있게 한다. 새로운 지식과 기술의 습득은 개인의 경쟁력을 키우고, 다가올 미래에 대비하는 데 필수적인 요소이다. 이러한 학습 과정을 통해 학생들은 자신의 꿈을 향해 한 걸음 더 나아갈 수 있으며, 개인적으로도 직업적으로도 성장할 수 있는 기반을 마련한다.

3) 자기 주도성과 독립성

개인적 성장의 핵심 요소 중 하나는 자기 주도성과 독립성이다. 대학생 1학년은 새로운 환경과 도전에 직면하면서 자신의 학습과 발전을 위해 주도적으로 행동해야 한다. 자기 주도성은 학생이 자신의 경력과 삶의 방향을 스스로 결정하고 이에 따라 행동하는 능력을 말한다. 예를 들어, 자신만의 프로젝트를 시작하는 것은 자기 주도성의 훌륭한 예시이다. 학생이 관심 있는 분야에서 독립적인 연구나 프로젝트를 진행하면서, 실제 문제를 해결하는 경험을 쌓고, 동시에 자신의 역량을 발전시킬 수 있다.

또한, 학업 외의 활동에 적극적으로 참여하는 것도 자기 주도성을 발휘하는 방법이다. 대학은 다양한 동아리, 조직, 봉사 활동 등을 제공하며, 이러한 활동에 참여함으로써 학생들은 새로운 기술을 배우고, 리더십과 팀워크 능력을 개발할 수 있다. 예를 들어, 환경 보호 동아리의 리더로 활동하는 학생은 프로젝트 관리, 팀 구성, 그리고 이벤트 기획과 같은 실질적인 경험을 쌓을 수 있다.

독립성은 자기 주도성과 밀접하게 연결되어 있다. 학생들은 자신의 선택과 결정에 대한 책임을 지며, 자신의 삶을 주도적으로 이끌어 가야 한다. 이는 학업 선택, 커리어 경로 결정, 그리고 개인적인 관계에 이르기까지 모든 영역에 적용된다. 예를 들어, 학생이 자신의 전공을 선택하는 과정에서, 시장 동향, 개인의 관심사, 그리고 장기적인 커리어 목표를 고려하여 의사결정을 내리는 것은 독립성의 표현이다.

이러한 자기 주도성과 독립성은 학생들이 자신의 삶에서 중요한 결정을 내리고, 이를 실천에 옮기는 데 필요한 기초를 제공한다. 자신의 목표를 스스로 설정하고, 이를 달성하기 위한 구체적인 계획을 세우며, 필요한 자원과 지원을 활용하는 것은 모두 자기 주도성의 일부이다. 이러한 능력은 학생들이 대학 생활을 넘어 직업 세계에서도 성공적으로 적응하고 발전할 수 있게 하는 중요한 열쇠이다.

자기 주도성과 독립성을 발휘하는 학생들은 더 적극적이고 의미 있는 대학 생활을 경험할 수 있다. 이들은 자신의 학습과 삶을 풍부하게 만드는 다양한 경험을 통해 끊임없이 성장하고 발전한다. 이러한 경험은 학생들이 미래에 직면할 도전과 기회에 대비하는 데 도움을 주며, 자신의 잠재력을 최대한 발휘하는 데 필수적인 요소이다. 자기 주도성과 독립성을 갖춘 학생들은 자신의 꿈과 목표를 성공적으로 추구하며, 개인적인 성장과 발전을 이루는 데 필요한 기반을 마련한다.

4) 경험을 통한 학습

실제 경험은 개인적 성장과 자기 발전에서 필수적인 역할을 한다. 대학생 1학년들은 학교 밖에서의 다양한 경험을 통해 이론적으로 배운 지식을 실제 상황에 적용하고, 삶의 중요한 교훈을 배울 수 있다. 예를 들어, 인턴십은 학생들이 직장 환경에서의 실무 경험을 쌓고, 전문적인 기술과 직장 내 소통 방법을 배울 수 있는 훌륭한 기회이다. 한 학생이 마케팅 분야에서 인턴십을 진행한다면, 그는 실제 프로젝트에 참여하며 시장 분석, 고객 커뮤니케이션, 그리고 캠페인 기획과 같은 실질적인 업무를 경험할 수 있다.

자원봉사 활동도 개인적 성장에 중요한 이바지를 한다. 사회적으로 의미 있는 일에 참여함으로써, 학생들은 공동체 의식을 발달시키고, 타인을 돕는 데 필요한 기술과 감정적인 지능을 키울 수 있다. 예를 들어, 지역 노인복지센터에서 자원봉사를 하는 학생은 공감능력, 의사소통 기술, 그리고 팀워크를 발전시킬 수 있다. 이러한 경험은 학생이 사회에 기여하고 다양한 인간관계를 형성하는 데 도움을 줄 뿐만 아니라, 개인적인 만족감과 성취감을 준다.

대학 시절에 참여하는 다양한 사회 활동도 중요한 학습 기회이다. 학생들은 대학 내에서 주최하는 행사나 프로젝트에 참여하며, 조직 기술, 이벤트 관리, 그리고 협업 능력을 개발할 수 있다. 예컨대, 대학 축제의 조직위원으로 활동하는 학생은 행사 기획, 예산 관리, 그리고 참가자와의 커뮤니케이션과 같은 다양한 업무를 경험하며 실질적인 관리 능력을 배울 수 있다.

이러한 경험은 학생들이 실제 세계에서 필요한 기술과 지식을 습득하게 해주며, 이론적으로 배운 내용을 실제 상황에 적용하는 방법을 배우게 한다. 또한, 다양한 활동에 참여함으로써 학생들은 자신의 관심사와 열정을 탐구할 수 있으며, 이는 진로 선택과 미래 계획을 세우는 데 중요한 역할을 한다. 인턴십, 자원봉사, 그리고 사회 활동은 학생들이 자기 능력을 발휘하고, 새로운 관심사를 발견하며, 자신감을 기르는 데 도움을 준다.

경험을 통한 학습은 학생들이 직면한 이론과 실제 사이의 간격을 좁히는 데 중요한 역할을 한다. 이러한 경험은 학생들이 실제 상황에서 필요한 문제 해결 능력과 적응력을 개발하도록 도와주며, 이는 개인적인 성장과 성공적인 직업 생활을 위한 중요한 기반을 마련한다.

3 삶의 균형과 기업가적 접근

기업가정신은 개인의 삶에서도 균형과 성공을 이루는 데 중요한 역할을 한다. 이 장에서는 일상생활에서 기업가적 접근을 통해 삶의 균형을 어떻게 찾을 수 있는지를 설명한다. 기업가적 접근은 시간 관리, 우선순위 설정, 그리고 스트레스 관리와 같은 개인의 삶을 효과적으로 관리하는 데 필요한 기술들을 포함한다.

1) 시간 관리의 중요성

시간 관리는 삶의 균형을 찾는 데 필수적인 요소이다. 대학생 1학년들은 학업, 아르바이트, 취미, 그리고 사회적 활동을 조화롭게 유지하기 위해 이러한 기술이 필요하다. 예를 들어, 하루 일정을 세심하게 계획하고, 학습과 여가 활동에 충분한 시간을 배정하는 것은 일상에서의 기업가적 접근 방식이다.

학생들은 자신의 시간을 효율적으로 사용하기 위해 명확한 일일 계획을 수립해야 한다. 이는 오전에 가장 중요한 과제를 수행하고, 오후에는 덜 중요한 활동을 배치하는 등의 전략을 포함할 수 있다. 또한, 시간 관리를 위해서는 학업과 여가 시간 사이에 명확한 경계를 설정하는 것이 중요하다. 예를 들어, 학생이 오전 9시부터 오후 1시까지는 공부에 전념하고, 오후에는 친구들과 약속을 갖거나 취미 활동에 시간을 할애하는 방식으로 하루를 구성할 수 있다.

이러한 시간 관리는 학업과 개인 생활 사이의 균형을 이루는 데 도움을 준다. 예를 들어, 특정 날짜에 중요한 시험이 예정되어 있다면, 그 주의 초반에 공부에 더 많은 시간을 할애하고, 시험 후에는 휴식을 취하거나 친구들과 시간을 보내는 것이 좋다. 이러한 방식으로 학생들은 스트레스를 줄이고, 학업과 개인 생활 사이의 균형을 유지할 수 있다.

효과적인 시간 관리를 위해서는 디지털 도구와 앱을 활용하는 것도 유용하다. 많은 학생이 일정 관리 앱이나 디지털 캘린더를 사용하여 자신의 일정을 관리하고, 중요한 마감일과 약속을 추적한다. 이러한 도구는 학생들이 자신의 시간을 더 효과적으로 관리하고, 중요한 활동에 집중할 수 있도록 돕는다.

시간 관리의 중요성을 인식하는 것은 학생들이 학업과 개인 생활의 균형을 찾는 데 중요한 첫걸음이다. 효율적인 시간 관리를 통해 학생들은 스트레스를 줄이고, 생산성을 높이며, 학업과 여가 활동 사이에서 균형을 이루는 방법을 배울 수 있다. 이것은 삶의 균형을 이루고, 기업가적 접근을 적용하는 데 필수적인 기술이다.

2) 우선순위 설정하기

기업가정신은 중요한 것과 그렇지 않은 것을 구분하는 능력을 필수적으로 요구한다. 특히 대학 생활에서 우선순위를 설정하는 것은 매우 중요하다. 학생들은 자신의 장기적 및 단기적 목표에 따라 일상 활동에 우선순위를 두어야 한다. 예를 들어, 중요한 시험 기간 동안 사회 활동을 줄이고 학습에 집중하는 것은 효과적인 우선순위 설정의 예이다.

우선순위 설정은 학생들이 자신의 시간과 에너지를 가장 중요한 목표에 집중할 수 있게 해준다. 예를 들어, 어떤 학생이 의학 학부에 입학하기를 희망한다면, 그의 주요 우선순위는 과학과 수학 과목에서 높은 성적을 얻는 것이 될 것이다. 이를 위해, 학생은 추가적인 학습 시간을 할애하고, 선택적으로 학업 외 활동을 줄일 수 있다.

반면, 다른 학생이 예술에 관심이 많다면, 그의 우선순위는 창작 활동과 예술 관련 강좌에 더 많은 시간을 투자하는 것이 될 수 있다. 이러한 학생은 학업과 예술 활동 간의 균형을 찾는 데 집중할 필요가 있다.

우선순위 설정은 또한 학생들이 자신의 에너지를 효과적으로 관리하는 데 도움을 준다. 예를 들어, 한 학생이 동시에 여러 동아리 활동에 참여하고 있다면, 이는 학업 성적에 부정적인 영향을 미칠 수 있다. 이런 경우, 학생은 자신의 활동 중 어떤 것이 자신의 장기적인 목표에 더 많이 이바지하는지 평가하고, 그에 따라 활동을 조절할 수 있다.

우선순위를 설정하는 것은 단순히 활동을 줄이는 것이 아니라, 자신의 목표와 가치에 맞추어 자원을 분배하는 것을 의미한다. 예를 들어, 어떤 학생이 건강과 웰빙을 중시한다면, 규칙적인 운동과 건강한 식습관을 자신의 일상 우선순위로 설정할 수 있다.

이러한 우선순위 설정은 학생들이 자신의 시간과 에너지를 효과적으로 관리하고, 학업과 개인 생활 사이의 균형을 유지하는 데 필수적이다. 우선순위를 명확히 하고, 그에 따라 일정을 조정함으로써 학생들은 스트레스를 줄이고, 생산성을 높이며, 자신의 목표를 효과적으로 달성할 수 있다. 이는 학업 성공과 개인적 만족을 동시에 추구하는 기업가적 접근 방식의 핵심이다.

3) 스트레스 관리와 기업가정신

기업가적 접근은 학업과 일상 생활의 스트레스와 압박을 건강하게 관리하는 데 중요한 역할을 한다. 대학생들은 다양한 스트레스 관리 기술을 배우고 적용함으로써, 삶의 질을 높이고 개인적인 성공을 추구할 수 있다. 예를 들어, 명상, 운동, 취미 활동을 통해 스트레스를 해소하는 것은 일상에서 기업가적 접근 방식을 적용하는 좋은 예이다.

스트레스 관리는 개인의 정신적, 육체적 건강을 유지하는 데 필수적이다. 대학생활은 시험, 과제, 대인 관계 등으로 인해 스트레스가 높아질 수 있는 환경이다. 이러한 스트레스를 효과적으로 관리하는 것은 학업 성취뿐만 아니라, 건강한 사회적 관계를 유지하는 데도 중요하다.

명상은 스트레스를 줄이고 집중력을 향상시키는 데 효과적인 방법 중 하나이다. 정기적인 명상 습관은 마음을 진정시키고, 스트레스에 대한 반응을 조절하는 데 도움을 준다. 예를 들어, 하루에 몇 분 동안의 명상은 시험 기간 동안의 압박감을 줄이고, 학습에 더 집중할 수 있게 해준다.

또한, 운동은 스트레스 해소와 건강 유지에 중요한 역할을 한다. 정기적인 운동은 몸과 마음을 활기차게 유지하는 데 도움을 준다. 대학생들은 캠퍼스 체육관 이용, 조깅, 또는 요가 수업 등을 통해 운동을 즐길 수 있다. 이러한 활동은 학업 스트레스를 줄이고, 체력을 강화하는 데 기여한다.

취미 활동도 스트레스 관리에 효과적이다. 취미는 마음을 이완시키고, 창의적인 활동을 통해 즐거움을 찾는 방법이다. 예술적인 활동, 음악 연주, 또는 요리와 같은 취미는 학업이나 직업적인 압박에서 벗어나 자기 표현의 기회를 제공한다.

이러한 스트레스 관리 방법들은 학생들이 일상에서 발생하는 압박을 건강하게 대처하고, 삶의 균형을 찾는 데 도움을 준다. 명상, 운동, 취미 활동을 통한 스트레스 관리는 기업가정신의 일환으로, 개인의 삶의 질을 높이고, 일상적인 도전에 효과적으로 대응하는 데 기여한다. 이러한 접근 방식은 학생들이 정신적, 육체적 건강을 유지하며, 학업과 삶에서 성공을 이루는 데 필수적인 요소가 된다.

4) 삶의 균형을 위한 목표 설정

삶의 여러 영역에서 균형을 이루기 위해서는 학생들이 명확한 목표를 설정하고, 이를 효과적으로 관리하는 것이 중요하다. 이는 학업 성취, 개인적 취미, 그리고 사회적 관계 등 다양한 영역에서 이루어진다. 목표 설정은 학생들이 자신의 시간과 에너지를 어디에 집중할 것인지를 결정하는 데 도움을 준다. 이는 학업, 취미, 사회 활동 등 삶의 다양한 측면에서 균형을 이루는 데 필수적이다.

예를 들어, 학업 성취를 목표로 하는 학생은 학기별로 성적 목표를 설정하고, 이를 달성하기 위한 학습 계획을 수립할 수 있다. 이러한 계획에는 공부 시간의 할당, 필요한 자료의 준비, 그리고 효과적인 학습 방법의 탐색이 포함될 수 있다. 이는 학업에 대한 집중을 유지하고, 학습 성과를 극대화하는 데 도움을 준다.

개인적 취미에 관한 목표 설정도 중요하다. 예술, 음악, 스포츠 등 취미 활동은 학생들에게 창의성을 발휘하고 스트레스를 해소하는 기회를 제공한다. 학생들은 자신의 취미에 대해 구체적인 목표를 설정할 수 있으며, 이를 통해 삶의 만족도를 높일 수 있다. 예를 들어, 그림 그리기를 취미로 하는 학생은 주간 또는 월간 작품 완성을 목표로 삼을 수 있다. 이는 취미 활동에 대한 동기를 부여하고, 창의력을 발휘하는 데 도움을 준다.

또한, 사회적 관계에 대한 목표 설정도 중요하다. 대학생들은 친구, 가족, 동료와의 관계를 강화하고, 사회적 네트워크를 확장하는 데 중점을 둘 수 있다. 이를 위해 학생들은 정기적인 모임 계획, 친구들과의 여행 계획, 그리고 사회적 행사 참여 등을 목표로 설정할 수 있다. 이러한 활동은 사회적 관계를 강화하고, 삶의 질을 향상시키는 데 기여한다.

이처럼 삶의 여러 영역에서 균형을 이루기 위한 목표 설정은 학생들이 학업, 취미, 그리고 사회적 관계 등에서 성공적으로 균형을 이루는 데 도움을 준다. 목표 설정은 학생들이 자신의 시간과 에너지를 효과적으로 관리하고, 삶의 만족도를 높이는 데 중요한 역할을 한다. 이러한 기업가적 접근 방식은 학생들이 삶의 다양한 영역에서 성공을 달성하고, 균형 잡힌 삶을 영위하는 데 필수적인 요소가 된다.

CHAPTER 11

청년의 꿈 로드맵: 비전 설정

CHAPTER 11

청년의 꿈 로드맵: 비전 설정

대학생활은 미래를 형성하는 결정적 시기이며, 비전과 목표 설정은 청년들에게 근본적으로 중요하다. 이 장은 대학생을 대상으로 비전 설정의 중요성을 탐구하고, 구체적인 목표와 계획 수립 방법을 소개한다. 학생들은 자신의 꿈을 인식하고 이를 단계별 목표로 전환하는 과정을 배운다. 교육, 경력 개발, 네트워킹을 포함한 계획 수립을 통해 학생들은 자신의 비전을 현실로 만들어 간다. 자기 발견과 비전의 조화는 개인적 성장과 자아 실현에 필수적이다. 성공적인 비전과 목표 달성 사례 분석을 통해 학생들은 자신만의 로드맵을 설계하는 데 영감을 얻게된다.

1 비전과 목표 설정의 중요성

대학생활은 학생들이 자신의 미래를 구상하고, 이를 현실로 만들기 위한 구체적인 목표를 설정하는 결정적인 시기이다. 이 과정에서 명확한 비전과 목표의 설정은 학생들이 미래의 경로를 정립하고, 성공적인 인생을 설계하는 데 있어 필수적인 요소이다.

1) 비전 설정의 역할과 중요성

비전 설정은 대학생들이 자신의 미래에 대한 꿈과 희망을 구체화하고, 이를 실현 가능한 목표로 전환하는 중요한 과정이다. 이는 개인의 열정, 관심사, 강점과 깊이 연결되어 있어야 하며, 장기적인 성공과 만족을 위한 지향점을 제시한다. 비전 설정은 학생들이 자신의 미래에 대해 명확하게 생각하게 하며, 그들의 열정과 능력을 효과적으로 발휘할 수 있는 경로를 찾도록 돕는다.

예를 들어, 환경 보호에 깊은 열정을 가진 학생이 있다고 가정해보자. 이 학생은 환경과학자가 되고자 하는 명확한 비전을 가지고 있을 수 있다. 이러한 비전은 그에게 해당 분야에서 전문성을 쌓기 위한 강력한 동기를 부여한다. 이 학생은 대학에서 환경과학이나 생태학과 같은 관련 전공을 선택할 수 있으며, 이러한 선택은 그의 비전을 실현하기 위한 첫걸음이 된다.

이 학생은 또한 환경과학자가 되기 위한 구체적인 경로를 계획한다. 이를 위해 그는 관련 분야의 인턴십에 참여하여 실제 환경 보호 프로젝트에 참가하거나, 환경과 관련된 최신 연구와 동향을 파악하기 위해 세미나나 컨퍼런스에 참석할 수 있다. 이러한 활동들은 그가 해당 분야의 전문 지식을 쌓고, 중요한 네트워크를 형성하는 데 도움을 준다.

비전 설정은 또한 학생이 자신의 학업과 경력 목표를 더 의식적으로 추구하도록 한다. 환경 과학자가 되고자 하는 비전을 가진 학생은 학업에서 더 집중력을 발휘하고, 관련 분야에서의 인턴십이나 연구 기회를 더 적극적으로 찾는다. 이는 그의 경력 발전에 있어 중요한 단계가 되며, 장기적으로는 그가 자신의 꿈을 실현하는 데 중요한 역할을 한다.

비전 설정은 단순히 미래에 대한 꿈을 가지는 것을 넘어서, 그 꿈을 현실로 만들기 위한 구체적인 계획을 세우는 과정이다. 이 과정은 학생들이 자신의 열정과 능력에 기반을 두고, 자신의 인생에서 중요한 결정을 내리는 데 도움을 준다. 환경과학자가 되고자 하는 학생의 경우, 그의 비전은 학업 선택, 경력 개발, 그리고 전문성을 쌓기 위한 노력에 구체적인 방향을 제시한다.

비전 설정은 학생들이 자신의 장기적인 목표와 꿈에 대해 깊이 생각하고, 그것을 달성하기 위한 실질적인 조치를 취하도록 한다. 이는 학생들이 자신의 능력을 최대한 발휘하고, 자신만의 독특한 경로를 따라 성공적인 미래를 구축하는 데 필수적인 요소이다.

2) 구체적인 목표 설정의 중요성

비전을 성공적으로 실현하기 위해 구체적인 단기 및 장기 목표 설정은 필수적이다. 이러한 목표는 달성 가능하고, 측정 가능해야 하며, 명확한 시간 프레임을 가지고 있어야 한다. 이 과정은 학생들이 자신의 꿈을 실질적이고 구체적인 행동 계획으로 전환하는 데 도움을 준다. 목표 설정은 단순히 목표를 달성하기 위한 체크리스트를 만드는 것이 아니라, 그 목표를 향해 나아가는 과정에서 필요한 전략과 행동을 정의하는 것이다.

예를 들어, 환경과학자가 되고자 하는 비전을 가진 대학생은 이를 실현하기 위한 구체적인 단계를 세워야 한다. 첫 번째 단계로, 학생은 대학에서 환경과학을 전공으로 선택할 수 있다. 이 선택은 그의 비전에 직접적으로 기여하며, 해당 분야의 기초 지식과 이론을 습득하는 데 필수적이다. 또한, 이 전공을 통해 학생은 환경과학에 대한 심층적인 이해를 얻고, 이 분야의 다양한 측면을 탐구할 기회를 가진다.

다음으로, 학생은 관련 분야의 인턴십에 참여하는 것을 목표로 설정할 수 있다. 이러한 실무 경험은 학생이 학교에서 배운 이론을 실제 상황에 적용하는 데 도움을 준다. 인턴십은 또한 학생이 업계 전문가들과 네트워킹을 형성하고, 실무 지식을 쌓는 데 중요한 역할을 한다. 예를 들어, 학생이 환경보호 기관에서 인턴으로 근무하며 환경 보호 프로젝트에 참여한다면, 이는 그의 전문성을 강화하고 이 분야에서의 경력 발전에 큰 도움이 될 것이다.

목표 설정의 과정에서 학생은 자신의 목표를 정기적으로 검토하고 필요에 따라 조정해야 한다. 이는 학생이 자신의 진척 상황을 평가하고, 목표 달성을 위한 전략을 개선하는 데 필요하다. 예를 들어, 환경과학자가 되기 위해 학생이 정한 목표 중 하나가 외국어 습득이라면, 그는 해당 언어의 학습 진도를 주기적으로 검토하고, 필요한 경우 추가 학습 자료나 튜터링을 찾을 수 있다.

구체적인 목표 설정은 학생들이 자신의 비전을 실현하는 데 있어 핵심적인 단계이다. 이러한 목표는 학생들이 자신의 역량을 최대한 발휘하고, 자신의 꿈을 향해 지속적으로 나아갈 수 있도록 동기를 부여한다. 구체적인 목표를 가진 학생은 자신의 노력을 보다 효과적으로 집중할 수 있으며, 궁극적으로는 자신의 비전을 성공적으로 실현하는 데 필수적인 동력을 얻게 된다.

3) 비전과 목표 설정의 실질적인 이점

비전과 목표 설정의 실질적인 이점은 학생들의 삶에 깊은 영향을 미친다. 명확한 비전과 구체적인 목표를 가지고 있는 학생들은 자신의 노력을 집중시키고, 효율적으로 자신의 시간을 관리하는 데 도움을 받는다. 이러한 접근 방식은 학생들이 자신의 장기적인 꿈과 단기적인 목표에 동기부여를 받게 하며, 중요하지 않은 활동에 시간을 낭비하지 않게 한다.

예를 들어, 대학생 A는 미래에 유명한 작가가 되고자 하는 비전을 가지고 있다. 이를 실현하기 위해 그는 일일 글쓰기 목표를 설정하고, 매일 정해진 시간에 글을 작성한다. 이러한 꾸준한 노력은 그가 창작 능력을 향상시키고, 작가로서의 경력을 구축하는 데 도움을 준다. 또한, A는 소설 쓰기 워크숍에 참여하고, 다른 작가들과 네트워킹을 하는 것을 목표로 삼는다. 이러한 활동은 그에게 새로운 영감을 주고, 글쓰기 기술을 발전시키는 기회를 제공한다.

또 다른 학생 B는 사회적 기업가가 되고자 하는 목표를 가지고 있다. 이를 달성하기 위해 그는 대학에서 경영학과 사회학을 복수 전공하며, 관련 동아리 활동에 참여한다. 이러한 목표 지향적인 활동은 B가 사회적 기업가로서 필요한 지식과 기술을 습득하게 하며, 동시에 이 분야의 전문가들과의 관계를 구축하는 데 도움을 준다.

비전과 목표 설정의 이점은 학업뿐만 아니라 개인적인 삶에서도 나타난다. 목표를 설정함으로써 학생들은 자신의 여가 시간을 보다 의미 있고 생산적인 방식으로 활용할 수 있다. 예를 들어, 취미로 마라톤을 하는 학생은 특정 기록 달성을 목표로 삼고, 이를 위해 규칙적인 훈련 일정을 수립한다. 이러한 목표는 그가 지속적으로 훈련에 집중하게 하며, 건강을 유지하고 운동 능력을 향상시키는 데 기여한다.

비전과 목표 설정은 학생들이 자신의 꿈과 열정을 현실로 전환하는 데 중요한 역할을 한다. 이는 학생들이 자신의 잠재력을 최대한 발휘하고, 꿈을 실현하는 과정에서 필요한 동기와 방향성을 제공한다. 명확한 목표와 구체적인 계획을 가진 학생은 자신의 노력을 보다 효과적으로 집중하며, 궁극적으로는 자신의 비전을 성공적으로 달성하는 데 필수적인 힘을 얻게 된다.

4) 비전과 목표 설정이 학생의 삶에 미치는 영향

비전과 목표 설정은 학생들의 삶에 긍정적인 영향을 미치며, 이는 학업, 경력, 그리고 개인적인 측면에서 명확하게 드러난다. 이러한 목표 지향적인 생활 방식은 학생들이 더 의미 있는 학업 경험을 하고, 성공적인 경력을 준비하는 데 도움을 준다. 또한, 이는 개인적인 만족과 성취감을 증진시키는 중요한 역할을 한다.

학업 측면에서, 비전과 목표를 가진 학생들은 자신의 학업에 더 집중할 수 있다. 예를 들어, 의학 분야에서 전문가가 되고자 하는 학생은 과학과 생물학 과목에 더 많은 시간과 노력을 할애한다. 이러한 목표 지향적인 접근은 그가 필요한 지식을 습득하고, 의학과 관련된 활동에 참여하는 데 동기를 부여한다. 이는 그가 의학 분야에서 성공적인 진로를 선택하는 데 필수적인 기반이 된다.

경력 측면에서도 비슷한 영향을 볼 수 있다. 예를 들어, 사회적 기업가가 되기를 희망하는 학생은 학교 내외의 다양한 네트워킹 이벤트에 참여하고, 관련 분야의 인턴십 기회를 적극적으로 탐색한다. 이러한 활동들은 학생이 자신의 경력 목표에 맞는 실무 경험을 쌓고, 동시에 필요한 전문 지식과 네트워크를 확장하는 데 도움을 준다.

개인적인 삶에서도 비전과 목표 설정은 중요하다. 자신의 비전과 목표에 맞춰 자신의 취미와 여가 활동을 계획하는 학생은 더 만족스럽고 성취감 있는 개인 생활을 영위할 수 있다. 예를 들어, 여행을 좋아하는 학생은 매년 새로운 나라를 방문하는 것을 목표로 설정하고, 이를 위해 여행 계획과 예산을 세밀하게 관리한다. 이러한 활동은 학생에게 새로운 경험과 문화적 이해를 제공하며, 삶의 질을 향상시킨다.

비전과 목표 설정은 학생들이 자신의 삶에 더 큰 의미와 방향성을 부여하는 데 도움을 준다. 이는 학업, 경력, 그리고 개인적인 삶에서 더 명확한 목표를 갖고, 이를 효과적으로 추구하게 하는 중요한 기술이다. 목표 지향적인 생활 방식은 학생들이 자신의 잠재력을 최대한 발휘하고, 성공적인 미래를 준비하는 데 필수적인 요소가 된다.

2 꿈을 실현하기 위한 계획 수립

대학은 학생들이 꿈을 현실로 만들기 위한 계획을 세우고 실천하는 데 이상적인 환경을 제공한다. 이 장에서는 대학생 1학년을 대상으로, 꿈을 실현하기 위한 구체적인 계획 수립 방법을 쉽고 풍부하게 설명한다. 목표 달성을 위한 계획은 장기적인 전략, 단계별 접근, 지속적인 평가 및 조정을 포함한다.

1) 장기적인 전략 설정

장기적인 전략 설정은 꿈을 향한 여정의 기초이다. 이 과정에서 학생들은 자신의 꿈과 연결된 장기 목표를 세우고, 이를 달성하기 위한 실질적인 전략을 개발한다. 예를 들어, 소설가가 되고자 하는 학생은 대학에서 문학과 창작 과정을 수강하고, 매일 글쓰기 연습을 하는 장기 계획을 세울 수 있다.

이러한 계획은 학생의 열정과 장기 목표를 구체화하는 데 중요하다. 소설가를 꿈꾸는 학생은 대학 시절에 다양한 문학 이론을 학습하고, 창작 워크숍에 참여하여 글쓰기 기술을 향상시킬 수 있다. 또한, 매일 일정 시간을 글쓰기에 할애하여 자신만의 작풍을 개발하고, 창작물을 지속적으로 완성해 나가는 것이 중요하다.

이 과정에서 학생은 문학에 대한 깊은 이해를 쌓고, 다양한 작가와 작품을 분석함으로써 자신의 글쓰기에 영감을 얻을 수 있다. 학생은 고전 문학부터 현대 문학까지 폭넓게 읽으며, 다양한 장르와 스타일을 탐구한다. 이를 통해 학생은 문학적 지식을 넓히고, 자기 창작물에 다양한 요소를 통합할 수 있는 능력을 개발한다.

장기적인 전략 설정은 또한 학생이 문학계의 네트워킹 기회를 활용하고, 멘토와의 관계를 구축하는 데도 도움이 된다. 학생은 문학 행사, 독서 모임, 작가와의 만남 등에 참여하여 자신의 네트워크를 확장하고, 다른 작가들로부터 조언과 영감을 얻을 수 있다. 이러한 활동은 학생이 자신의 글쓰기를 발전시키고, 문학계에서 자신의 위치를 확립하는 데 중요한 역할을 한다.

장기적인 전략 설정은 학생이 자신의 꿈을 체계적으로 추구하고, 필요한 기술과 경험을 쌓아가는 과정이다. 이러한 계획을 통해 학생은 소설가로서의 자기 잠재력을 최대한 발휘하고, 성공적인 작가로 성장할 수 있는 토대를 마련한다. 이 과정은 단순히 글쓰기 능력을 향상시키는 것을 넘어서, 학생이 문학에 대한 깊은 열정을 표현하고, 자신의 창작적 비전을 현실로 만드는 데 중요한 단계이다.

2) 단계별 접근 방법

꿈의 실현을 위한 로드맵 설정은 청년이 자신의 비전을 달성하기 위해 필요한 구체적인 단계를 계획하는 과정이다. 이는 청년이 자신의 목표를 세분화하고, 각 단계별로 구체적인 활동과 기한을 설정하여 체계적으로 진행하는 것을 포함한다. 예를 들어, 교육자가 되고자 하는 꿈을 가진 청년은 해당 분야에서의 학습 및 자격증 취득, 관련 경험 쌓기, 네트워킹 활동 등을 단계별로 계획할 수 있다.

첫 단계는 자신의 꿈과 비전을 명확히 하는 것이다. 청년은 자신이 진정으로 원하는 것이 무엇인지, 그리고 그 꿈을 실현하기 위해 어떤 노력이 필요한지를 깊이 고민한다. 이 과정에서 멘토링, 직업 상담, 자기 성찰을 통해 자신의 비전을 구체화한다.

다음 단계는 필요한 지식과 기술을 습득하는 것이다. 청년은 자신의 꿈을 실현하기 위해 필요한 지식과 기술이 무엇인지를 파악하고, 해당 분야의 교육 과정이나 자기 계발 프로그램에 참여한다. 이는 온라인 코스, 워크샵 참여, 책 읽기 등 다양한 방법을 통해 이루어질 수 있다.

경험 쌓기는 다음 중요한 단계이다. 청년은 실질적인 경험을 통해 자신의 지식을 실제 상황에 적용하고, 자신의 역량을 시험해 볼 수 있다. 이를 위해 인턴십, 봉사 활동, 프로젝트 참여 등을 통해 관련 분야에서 실무 경험을 쌓는다.

네트워킹 구축은 꿈을 실현하는 데 있어 필수적인 단계이다. 청년은 자신의 분야에서 활동하는 전문가들과의 관계를 구축하며, 멘토를 찾고, 업계의 최신 동향을 파악한다. 이는 세미나 참여, 전문가와의 인터뷰, 관련 이벤트 참가를 통해 이루어질 수 있다.

마지막 단계는 자신의 꿈을 실현하는 과정에서의 지속적인 성장과 학습이다. 청년은 자신의 경로를 주기적으로 재평가하고, 필요에 따라 계획을 조정한다. 이 과정에서의 반성과 자기 개선은 꿈에 한 걸음 더 다가가는 데 중요한 역할을 한다.

이러한 단계별 접근 방법은 청년이 자신의 꿈을 체계적으로 추구하고, 각 단계에서 필요한 활동과 자원을 명확히 할 수 있게 한다. 이 과정을 통해 청년은 자신의 비전을 실현하기 위한 실질적인 경험을 쌓고, 자신의 잠재력을 최대한 발휘할 수 있는 기반을 마련한다.

3) 실행 계획과 시간 관리

성공적인 목표 달성을 위해 학생들은 실행 가능한 계획과 효과적인 시간 관리 기술을 개발해야 한다. 이 과정에서 중요한 것은 계획을 실제로 실행할 수 있는 구체적인 단계를 설정하고, 이를 일상 생활에 적절히 통합하는 것이다. 예를 들어, 예술가가 되고자 하는 학생은 창작 활동에 투입할 시간을 명확히 정하고, 이를 주간 일정에 반영해야 한다.

창작에 헌신하는 학생은 매일 특정 시간을 그림 그리기나 조각 작업에 할애할 수 있다. 이를 위해, 학생은 아침 일찍 또는 수업이 끝난 후 저녁 시간을 창작 시간으로 정할 수 있으며, 이 시간 동안에는 다른 활동을 하지 않고 오로지 예술 작업에 집중한다. 이러한 일정 관리는 창작 활동에 필요한 연속성과 집중력을 유지하는 데 중요하다.

시간 관리는 또한 학업과 예술 활동 간의 균형을 유지하는 데 도움을 준다. 학생은 자신의 학업 일정과 창작 활동을 조정하여, 두 활동 모두에 충분한 시간과 에너지를 할애할 수 있어야 한다. 예를 들어, 시험 기간에는 학습에 더 많은 시간을 투자하고, 방학 기간에는 창작 활동에 더 집중하는 것이 바람직하다.

실행 계획을 세울 때는 자신의 에너지 수준과 생활 리듬을 고려하는 것도 중요하다. 일부 학생들은 아침에 더 활기차고 집중력이 높으므로, 이 시간을 창작 활동에 활용할 수 있다. 반면, 다른 학생들은 저녁 시간이나 밤에 더 창의적이 될 수 있으므로, 이 시간을 이용하는 것이 좋다.

시간 관리 앱이나 플래너의 사용도 계획을 효과적으로 관리하는 데 도움이 될 수 있다. 이러한 도구를 사용하면 학생은 자신의 일과를 더 체계적으로 계획하고, 창작 활동과 학업에 필요한 시간을 효율적으로 할당할 수 있다. 이를 통해 학생은 자신의 목표를 향해 한 걸음씩 나아갈 수 있으며, 꿈을 실현하기 위한 구체적인 경로를 따라가는 데 필요한 집중력과 규율을 유지할 수 있다.

이러한 실행 계획과 시간 관리는 학생이 자신의 목표를 향한 여정에서 중요한 단계를 체계적으로 관리하고, 궁극적으로 자신의 꿈을 실현하는 데 필수적인 역할을 한다. 시간을 효과적으로 관리함으로써, 학생은 학업, 창작 활동, 그리고 개인 생활 사이의 균형을 찾고, 자신의 잠재력을 최대한 발휘할 수 있다.

4) 지속적인 평가와 조정

꿈을 향한 여정에서 학생들은 지속적인 평가와 필요에 따른 계획의 조정이 필수적이다. 이 과정은 목표 달성의 경로를 적절히 유지하고, 변화하는 상황에 맞추어 필요한 조정을 하는 데 도움을 준다. 예를 들어, 해외 유학을 목표로 하는 학생은 정기적으로 언어 능력, 학업 성적, 재정 상황을 검토하여 자신의 계획을 조정해야 한다.

유학 준비 과정에서 학생은 먼저 자신의 언어 능력을 평가한다. 만약 필요한 언어 수준에 도달하지 못했다면, 추가 언어 학습 자원을 활용하거나 언어 교환 파트너를 찾는 것이 필요할 수 있다. 이러한 평가를 통해 학생은 자신의 언어 학습 계획을 강화하고, 필요한 조치를 취할 수 있다.

학업 성적도 중요한 평가 대상이다. 유학을 위해서는 일정 수준의 학업 성적이 요구되므로, 학생은 정기적으로 자신의 성적을 검토하고 필요한 학습 전략을 조정해야 한다. 예를 들어, 특정 과목에서 성적이 만족스럽지 않다면, 학습 방법을 변경하거나 추가적인 튜터링을 받는 것을 고려할 수 있다.

또한, 재정 상황의 평가는 유학 계획의 실행 가능성을 판단하는 데 중요하다. 학생은 유학에 필요한 비용을 계산하고, 장학금, 아르바이트, 가족의 지원 등 재정 자원을 파악해야 한다. 재정적인 부담이 크다고 판단되면, 유학

기간을 단축하거나 비용이 덜 드는 대안을 모색하는 것이 필요할 수 있다.

이러한 지속적인 평가와 조정은 학생이 자신의 목표를 향해 나아가는 과정에서 유연하게 대응할 수 있게 해준다. 학생은 자신의 진행 상황을 정기적으로 검토하고, 필요에 따라 계획을 조정하여, 궁극적으로 목표 달성의 가능성을 높인다. 이 과정은 학생이 자신의 꿈을 효과적으로 추구하는 데 필수적인 역할을 하며, 변화하는 상황과 도전에 적응하고, 목표를 달성하는 데 필요한 유연성과 적응력을 발휘할 수 있게 한다.

3 자기 발견과 비전의 조화

대학 생활은 자신을 깊이 이해하고, 이를 통해 비전과 조화를 이루는 과정에 있어 중요한 시기이다. 이 장에서는 대학생 1학년을 대상으로, 자기 발견과 개인적 비전의 조화를 이루는 방법을 쉽고 풍부하게 설명한다. 자신의 강점, 열정, 가치를 이해하고 이를 비전과 연결하는 것은 개인적 성장과 목표 달성의 기초가 된다.

1) 자기 이해의 중요성

자신을 이해하는 것은 비전 설정의 근본적인 출발점이다. 대학생활은 자기 탐색과 자기 이해의 중요한 시기로, 학생들은 자신의 성격, 강점, 관심사, 가치관을 깊이 있게 탐구함으로써 자신만의 비전을 설정할 수 있다. 이 과정은 학생들이 자신의 진정한 열정과 잠재력을 발견하고, 이를 장래의 비전과 연결하는 데 필수적이다.

예를 들어, 사회적 문제에 대한 깊은 관심을 가진 학생은 자신의 가치관과 열정을 바탕으로 사회적 기업가가 되겠다는 비전을 설정할 수 있다. 이러한 학생은 대학에서 사회학, 경제학, 정치학 등의 과목을 통해 사회 문제에 대한 이해를 넓히고, 이를 자신의 비전에 반영한다. 또한, 지역 사회에서 활동하는 비영리 단체에서의 자원봉사나 인턴십을 통해 실제 사회 문제를 경험하고, 이를 해결하는 데 필요한 기술과 지식을 습득한다.

자기 이해의 과정에서 학생들은 자신의 강점과 약점을 파악하고, 이를 자신의 비전과 목표 설정에 활용한다. 예를 들어, 팀워크와 리더십 능력이 뛰어난 학생은 이러한 강점을 활용하여 동아리나 조직에서 리더십 역할을 맡고, 이 경험을 통해 자신의 비전을 구체화한다. 반면, 공개 연설에 어려움을 느끼는 학생은 이를 극복하기 위해 대화 클럽이나 프레젠테이션 워크숍에 참여할 수 있다.

자기 이해는 또한 학생들이 자신의 관심사와 열정을 탐색하는 데 도움을 준다. 예를 들어, 음악에 열정을 가진 학생은 음악 관련 학과를 선택하거나, 대학 내외의 음악 활동에 참여함으로써 자신의 열정을 더 깊이 탐구하고, 이를 자신의 장래 계획에 반영한다. 이 과정에서 학생은 자신의 열정을 추구하는 방법을 배우고, 이를 통해 자신의 비전과 경력 목표를 더욱 명확히 할 수 있다.

자기 이해의 과정은 학생들이 자신의 진정한 열정을 발견하고, 이를 자신의 장기적인 비전과 목표에 연결하는 데 중요한 역할을 한다. 자신을 깊이 이해함으로써, 학생들은 자신의 장점과 관심사를 자신의 비전에 효과적으로 통합하고, 이를 바탕으로 자신만의 독특한 경로를 개발할 수 있다. 이러한 자기 이해는 학생들이 자신의 잠재력을 최대한 발휘하고, 성공적인 미래를 설계하는 데 필수적인 기초가 된다.

2) 열정과 비전의 연결

개인의 열정과 비전을 연결하는 것은 학생들의 동기 부여와 지속적인 헌신에 결정적인 역할을 한다. 학생들은 자신이 진심으로 열정을 느끼는 분야를 발견하고, 이를 자신의 장래 비전과 통합함으로써, 더 의미 있는 목표를 설정하고 이를 추구하는 데 필요한 동기를 얻을 수 있다. 이 과정은 학생들이 자신의 꿈을 추구하는 동안 견지할 수 있는 지속 가능한 열정의 원천이 된다.

예를 들어, 환경 문제에 대한 깊은 열정을 가진 학생은 이를 자신의 비전에 반영하여 지속 가능한 개발에 기여하는 경력을 목표로 할 수 있다. 이 학생은 환경 과학, 생태학, 지속 가능한 비즈니스 전략 등의 분야에서 지식을 쌓고, 이를 바탕으로 환경 보호 및 지속 가능성에 중점을 둔 커리어 경로를 탐색한다. 대학에서 환경 관련 동아리나 조직에 참여하거나, 환경 보호 캠페인에 적극적으로 참여함으로써, 학생은 자신의 열정을 실천에 옮기고, 이와 관련된 실질적인 경험을 쌓는다.

또한, 학생은 해당 분야의 전문가들과 네트워킹을 구축하고, 인턴십이나 자원봉사 활동을 통해 실무 경험을 얻는다. 이러한 활동은 학생이 자신의 열정을 실제 직업으로 전환하는 데 도움을 준다. 예를 들어, 학생은 환경 보호 단체에서의 인턴십을 통해 환경 정책 분석, 프로젝트 관리, 커뮤니티 참여 활동 등의 경험을 쌓을 수 있다.

이러한 열정과 비전의 연결은 학생들에게 자신의 경력 목표를 향한 지속적인 동기 부여와 의미 있는 경험을 제공한다. 자신의 열정을 중심으로 비전을 설정함으로써, 학생들은 자신의 일에 대한 더 깊은 애착과 만족감을 느끼며, 이는 학업과 직업적 성공을 추구하는 데 중요한 원동력이 된다. 열정과 비전의 이러한 연결은 학생들이 자신의 꿈을 추구하는 과정에서 겪는 어려움과 도전에 맞서 꾸준히 노력할 수 있는 기반을 마련해 준다.

종합적으로, 열정과 비전의 연결은 학생들이 자신의 잠재력을 실현하고, 자신이 진정으로 열정을 느끼는 분야에서 성공적인 경력을 구축하는 데 필수적인 요소이다. 이를 통해 학생들은 자신의 열정을 구체적인 목표와 행동으로 전환하고, 이를 실현하기 위한 지속적인 노력을 기울일 수 있다. 이 과정은 학생들이 자신의 꿈을 현실로 만드는 데 필요한 동기와 열정을 유지하는 데 중요한 역할을 한다.

3) 가치관과 비전의 일치

개인의 가치관이 자신의 비전과 일치할 때, 학생들은 자신의 삶과 경력에 더 큰 의미와 목적을 부여할 수 있다. 가치관은 개인이 중요하게 여기는 원칙과 신념을 반영하며, 이는 결국 그들의 비전과 목표를 형성하는 데 중요한 역할을 한다. 가치관을 명확히 인식하고, 이를 비전에 통합하는 것은 학생들이 더 집중하고 지속 가능한 목표를 추구하는 데 도움을 준다.

예를 들어, 교육의 가치를 깊이 믿는 학생은 이를 자신의 비전에 반영하여 교육 분야에서 혁신을 이루고자 하는 목표를 설정할 수 있다. 이러한 학생은 교육 개혁, 새로운 교육 방법의 개발, 또는 불평등한 교육 기회 해소와 같은 분야에서 변화를 만들기 위한 구체적인 계획을 세울 수 있다. 이를 위해, 학생은 교육학과 정책학 등 관련 학문을 전공하고, 교육 관련 단체나 프로그램에 참여하며, 이 분야에서의 인턴십 기회를 탐색한다.

또한, 이러한 가치관과 일치하는 비전은 학생이 겪는 도전과 장애를 극복하는 데 필요한 동기와 지속성을 제공한다. 가치관을 중심으로 한 비전은 단순한 목표 이상의 것으로, 개인의 신념과 정체성의 일부가 되며, 이는 학생이 어려움에 직면했을 때 흔들리지 않고 지속적으로 노력할 수 있는 기반을 제공한다.

교육에 대한 열정을 가진 학생은 예를 들어, 교육 불평등을 해소하기 위한 캠페인을 조직하거나, 교육 기술 스타트업에 참여하여 혁신적인 교육 솔루션을 개발할 수 있다. 이러한 활동은 학생이 자신의 가치관을 실천에 옮기고, 실제 변화를 만드는 데 기여한다. 또한, 이러한 경험은 학생이 전문성을 쌓고, 자신의 비전을 현실로 만드는 데 도움이 된다.

종합적으로, 가치관과 비전의 일치는 학생들이 자신의 목표에 더 깊이 몰입하고, 의미 있는 경력을 구축하는 데 필수적이다. 이를 통해 학생들은 자신의 가치와 일치하는 경력을 추구하며, 자신의 꿈을 실현하는 과정에서 더 큰 만족감과 성취감을 느낄 수 있다. 가치관과 비전의 일치는 학생들이 자신의 열정을 삶의 방향과 목표에 통합하고, 그 과정에서 개인적인 성장과 전문적인 발전을 이루는 데 중요한 역할을 한다.

4) 자기 발견을 통한 비전 정립

자기 발견은 개인이 자신의 내면을 깊이 탐색하고 이해하는 과정이다. 이 과정은 대학생들이 자신의 비전을 정립하고 그들의 꿈을 현실화하는 데 필수적인 역할을 한다. 자기 발견은 자기 성찰, 멘토링, 다양한 경험을 통해 이루어지며, 이를 통해 학생들은 자신의 진정한 열정, 능력, 그리고 가치를 파악하고 이를 자신의 비전에 통합할 수 있다.

▶ 자기 성찰의 중요성

자기 성찰은 자신의 생각, 감정, 동기를 깊이 이해하는 과정이다. 이 과정을 통해 학생들은 자신의 강점과 약점을 명확히 파악하고, 이를 자신의 비전에 반영할 수 있다. 예를 들어, 예술에 대한 깊은 열정을 가진 학생은 자신의 창의력과 감성을 탐색하고, 이를 바탕으로 예술가로서의 비전을 구체화할 수 있다.

▶ 멘토링의 역할

멘토링은 경험 많은 멘토로부터 지도와 조언을 받는 과정으로, 학생들이 자신의 경로를 탐색하고 비전을 정립하는 데 도움을 준다. 멘토는 학생에게 다양한 관점을 제공하고, 잠재력을 발휘할 수 있는 기회를 지적해줄 수 있다. 예를 들어, 사회적 기업가를 꿈꾸는 학생은 이 분야의 성공한 기업가를 멘토로 삼고, 그들의 경험과 지식을 바탕으로 자신의 경로를 설정할 수 있다.

▶ 다양한 경험의 중요성

다양한 경험은 학생들이 자신의 관심사와 능력을 탐색하고, 이를 비전에 반영하는 데 중요하다. 인턴십, 자원봉사, 여행, 동아리 활동 등은 학생들에게 새로운 환경과 도전을 경험할 기회를 제공한다. 예를 들어, 해외 봉사 활동을 통해 다른 문화를 경험한 학생은 이를 바탕으로 국제적인 관점을 가진 비전을 구축할 수 있다.

▶ 자기 발견과 비전의 통합

자기 발견을 통해 얻은 통찰은 학생들이 자신의 비전을 더욱 명확하고 실현 가능하게 만드는 데 도움을 준다. 학생들은 자신의 진정한 열정과 가치를 비전에 통합함으로써, 더욱 의미 있고 성취 가능한 목표를 설정할 수 있다. 이러한 과정은 학생들이 자신의 잠재력을 최대한 발휘하고, 자신의 꿈을 현실로 만드는 데 필수적인 역할을 한다.

자기 발견을 통한 비전 정립은 학생들이 자신의 삶과 경력에 대한 명확한 방향성을 갖는 데 중요하다. 이 과정을 통해 학생들은 자신의 진정한 열정과 가치를 발견하고, 이를 자신의 비전과 목표에 반영할 수 있다. 이러한 자기 발견과 비전의 통합은 학생들이 자신의 미래를 효과적으로 설계하고, 자신의 꿈을 실현하는 데 필요한 동기와 자신감을 제공한다.

CHAPTER 12

직업의 정의: 다양한 직업 경로

CHAPTER 12

직업의 정의: 다양한 직업 경로

청년들에게 직업 선택은 미래를 결정짓는 중요한 단계이다. 이 장에서는 창업, 창직, 취업, 취직 등 다양한 직업 경로의 차이점을 명확히 하고, 각각의 장단점을 분석한다. 또한, 직업 선택에 영향을 미치는 요인을 탐구하고, 각자에게 맞는 직업 경로를 결정하기 위한 실질적인 가이드라인을 제공한다.

이 장을 통해 학생들은 다양한 직업 경로의 특성을 이해하고, 자신에게 가장 적합한 경로를 선택하는 데 필요한 지식과 도구를 얻게 된다. 창업, 창직, 취업, 취직 각각의 경로가 가지는 독특한 기회와 도전을 이해하고, 자신의 미래에 대한 현명한 결정을 내릴 수 있는 기반을 마련한다.

1 창업, 창직, 취업, 취직의 차이점

대학생들이 직면하는 직업 세계는 다양한 경로를 제공한다. 이 중 창업, 창직, 취업, 취직은 서로 다른 특성과 기회를 가지고 있다. 이 장에서는 이 네 가지 직업 경로의 차이점을 이해하기 쉽도록 설명한다.

1) 창업: 자신만의 비즈니스 시작하기

창업은 개인의 아이디어나 제품을 실현하여 새로운 비즈니스를 시작하는 과정이다. 이 길을 선택하는 이들은 독립적인 사업가로서의 역할을 수행하며, 높은 리스크와 동시에 큰 성취감을 경험한다. 예를 들어, IT 분야에서 새로운 모바일 애플리케이션을 개발하고 시장에 출시하는 것은 창업의 전형적인 사례이다.

대학생 A는 프로그래밍 기술과 창의적인 아이디어를 가지고 있었다. 그는 독특한 사용자 경험을 제공하는 새로운 앱을 구상했다. 이 아이디어를 현실화하기 위해, A는 비즈니스 모델을 개발하고, 시장 조사를 실시했다. 그는 타깃 고객층을 정의하고, 경쟁사 분석을 통해 자신의 앱이 시장에서 어떻게 차별화될 수 있는지 이해했다.

창업 과정에서 A는 자금 조달 방법을 고려해야 했다. 그는 크라우드펀딩, 엔젤 투자자, 또는 벤처 캐피탈과 같은 다양한 자금 조달 옵션을 탐색했다. 그의 목표는 충분한 초기 자본을 확보하여 앱 개발과 마케팅 활동을 지원하는 것이었다. 또한, A는 법적 조언을 받고 사업 등록 절차를 완료함으로써 사업의 공식적인 기반을 마련했다.

개발 과정에서 A는 사용자 경험과 인터페이스 디자인에 중점을 두었다. 그는 명확하고 직관적인 사용자 인터페이스를 개발하고, 사용자 피드백을 반영하여 앱을 개선했다. 그 결과, 그의 앱은 사용자에게 새롭고 흥미로운 경험을 제공했다.

시장 출시 후 A는 앱의 성능을 지속적으로 모니터링하고, 고객의 피드백을 수집했다. 이를 통해 그는 제품을 지속적으로 개선하고, 사용자 기반을 확대할 수 있었다. 또한, 그는 SNS, 온라인 광고, 파트너십과 같은 다양한 마케팅 전략을 사용하여 제품 인지도를 높였다.

이처럼, 창업은 도전적이지만 매우 보람 있는 경로이다. 창업자는 자신만의 아이디어를 현실로 구현하고, 사업을 성장시키는 과정에서 독립성과 리더십을 발휘한다. A의 사례처럼, 창업은 혁신적인 아이디어와 강한 실행력, 그리고 시장의 요구에 대한 깊은 이해가 필요하다. 이러한 과정을 통해 대학생들은 자신만의 비즈니스를 창출하고, 독립적인 경력을 개척할 수 있다.

2) 창직: 기존 조직 내에서 새로운 역할 만들기

창직은 기존의 조직이나 기업 내에서 자신만의 역할을 창조하고, 새로운 가치를 생성하는 과정이다. 이 경로는 기존의 구조나 업무 방식에 변화를 주어 조직 내 혁신을 촉진한다. 대학생 B는 마케팅 회사에서 인턴으로 근무하면서, 회사 내에서 새로운 디지털 마케팅 캠페인을 제안하고 실행하는 창직의 사례를 만들었다.

B는 기존의 마케팅 전략이 디지털 시대의 변화에 뒤처진다고 느꼈다. 그는 소셜 미디어, SEO, 콘텐츠 마케팅 등 최신 디지털 마케팅 도구를 활용한 새로운 캠페인을 제안했다. B의 제안은 창의적이고 혁신적인 접근 방식을 필요로 했으며, 그는 이를 위해 광범위한 시장 조사와 경쟁사 분석을 수행했다.

이 과정에서 B는 목표 고객층을 분석하고, 그들의 관심사와 행동 패턴을 이해하는 데 집중했다. 그는 이 데이터를 기반으로 맞춤형 콘텐츠를 기획하고, 타깃 오디언스에게 더욱 효과적으로 다가갈 수 있는 전략을 개발했다. 예를 들어, B는 젊은 세대를 대상으로 하는 캠페인에서는 소셜 미디어 인플루언서를 활용하는 전략을 제안했다.

B의 제안은 회사 내에서 큰 관심을 받았고, 그는 새로운 디지털 마케팅 팀을 이끌 기회를 얻었다. 이 팀은 B가 제안한 혁신적인 아이디어를 바탕으로 새로운 캠페인을 실행했다. 이 프로젝트는 전통적인 마케팅 방법과 결합하여 회사의 브랜드 인지도와 시장 점유율을 크게 향상시켰다.

창직 과정에서 B는 자신의 창의력, 전략적 사고력, 그리고 리더십 능력을 발휘할 수 있었다. 그는 조직 내에서 새로운 아이디어를 제시하고, 이를 실현하기 위한 구체적인 계획을 수립하는 데 중점을 뒀다. 또한, B는 다양한 부서와 협력하고, 자신의 아이디어를 효과적으로 소통하여 프로젝트를 성공으로 이끌었다.

이러한 창직의 예는 조직 내에서 자신만의 독특한 역할을 만들고, 새로운 가치를 창출하는 가능성을 보여준다. 창직은 기존의 업무 방식에 변화를 가져오고, 조직의 성장과 발전에 기여한다. B의 사례처럼, 창직은 개인의 창의성과 혁신적인 사고를 조직 내에서 실현하는 기회를 제공하며, 이는 개인의 경력 발전과 함께 조직의 경쟁력 강화에도 중요한 역할을 한다.

3) 취업: 기존 기업이나 조직에 합류하기

취업은 기존의 기업이나 조직에 합류하여 정해진 업무를 수행하는 것을 의미한다. 이 경로는 일반적으로 안정적인 직업 환경, 규칙적인 소득, 그리고 명확한 경력 경로를 제공한다. 대학생 C는 컴퓨터 공학을 전공하고 IT 회사에서 소프트웨어 엔지니어로 취업하는 것을 목표로 삼았다.

C는 대학에서 코딩, 소프트웨어 개발, 시스템 설계 등의 교육을 받으며 전문적인 지식을 쌓았다. 그는 프로그래밍 언어에 능숙하며, 다양한 프로젝트를 통해 실무적인 경험을 얻었다. 예를 들어, C는 대학에서 진행된 여러 팀 프로젝트에 참여하며 협업 능력과 문제 해결 능력을 키웠다.

취업을 준비하면서 C는 자신의 이력서와 포트폴리오를 구성하는 데 많은 시간을 할애했다. 그는 대학 생활 동안 작업한 프로젝트와 인턴 경험을 이력서에 구체적으로 기술하고, 자신의 기술과 업적을 강조했다. 또한, C는 면접 준비에도 철저를 기해 회사에서 요구하는 기술과 직무에 대한 깊은 이해를 보여주었다.

취업 과정에서 C는 여러 IT 회사에 지원했으며, 면접과 기술 테스트를 거쳐 몇몇 회사에서 채용 제안받았다. C는 각 회사의 기업 문화, 성장 가능성, 근무 조건 등을 고려하여 최종적으로 한 회사에 입사하기로 결정했다. 그는 새로운 업무에 적응하기 위해 노력했으며, 팀과 협력하여 다양한 소프트웨어 개발 프로젝트에 참여했다.

취업을 통해 C는 안정적인 직장 생활과 함께 전문적인 경험을 쌓을 수 있었다. 그는 회사에서 제공하는 다양한 교육 프로그램과 멘토링을 통해 지속적으로 자신의 기술을 발전시켰다. 또한, 정기적인 성과 평가를 통해 자신의 업무 능력을 객관적으로 평가받고, 경력 개발을 위한 피드백을 받았다.

취업은 대학생들에게 직장 생활을 경험하고, 특정 분야에서 전문성을 쌓을 수 있는 기회를 제공한다. C의 사례처럼, 취업은 안정적인 경제적 기반과 함께 전문적인 성장을 도모할 수 있는 경로이다. 학생들은 취업을 통해 조직 내에서 협력하고, 다양한 업무 경험을 얻으며, 장기적인 경력을 구축하는 데 필요한 기초를 마련한다.

4) 취직: 특정 직무에 맞추어 일하기

취직은 특정 직무나 업무에 초점을 맞추어 일하는 것을 말한다. 이는 특정 분야에서 전문성을 발휘하고 경력을 쌓을 수 있는 기회를 제공한다. 대학생 E는 광고와 마케팅에 대한 열정을 가지고 있으며, 광고 대행사에서 카피라이터로 취직하는 것을 목표로 하고 있다.

E는 대학에서 광고학과 마케팅을 전공하며, 창의적인 글쓰기와 브랜드 전략에 대한 깊은 이해를 쌓았다. 그는 다양한 광고 캠페인 사례를 분석하고, 자신만의 카피라이팅 포트폴리오를 구축했다. 예를 들어, E는 수업 프로젝트를 통해 가상의 브랜드를 위한 광고 카피를 작성하고, 이를 통해 자신의 창의력과 글쓰기 능력을 입증했다.

취직 준비 과정에서 E는 여러 광고 대행사에 지원했다. 그는 각 회사의 업무 스타일과 문화, 그리고 카피라이터 직무에 대한 기대를 면밀히 조사하고, 자신의 역량과 경험이 잘 드러나는 이력서와 포트폴리오를 제출했다. E는 면접에서 자신의 카피라이팅 작업과 창의적인 아이디어를 발표하며, 자신이 왜 이 직무에 적합한지를 강조했다.

취직 후 E는 광고 대행사의 카피라이터로서 다양한 프로젝트에 참여했다. 그는 고객 브랜드의 메시지를 효과적으로 전달하기 위해 창의적이고 설득력 있는 카피를 작성했다. 예를 들어, E는 신제품 출시를 위한 광고 캠페인에서 핵심 메시지를 담은 카피를 작성하고, 이를 통해 성공적인 제품 론칭에 기여했다.

취직은 E에게 자신의 전문성을 발휘하고 특정 분야에서 경력을 쌓을 수 있는 기회를 제공했다. 그는 광고 업계의 동향을 지속적으로 학습하고, 다양한 브랜드와 프로젝트에 참여하며 경험을 쌓았다. 또한, E는 동료들과의 협업을 통해 업무 능력을 향상시키고, 새로운 아이디어를 실현하는 데 기여했다.

취직은 대학생들에게 특정 분야에서 전문성을 쌓고, 경력을 발전시킬 수 있는 훌륭한 기회이다. E의 사례처럼, 취직은 학생들이 자신의 열정과 전문 지식을 활용하여 특정 분야에서 성공적인 경력을 쌓을 수 있도록 지원한다. 이러한 경험은 학생들이 자신의 전문 분야에서 독특한 위치를 확립하고, 장기적인 전문 경력을 구축하는 데 중요한 역할을 한다.

이들 각각의 경로는 독특한 장점과 도전을 지니고 있으며, 학생들은 자신의 성향, 열정, 목표에 따라 적합한 경로를 선택할 수 있다. 이 장에서는 학생들이 각 경로를 이해하고, 자신의 미래에 대해 신중한 선택을 할 수 있도록 해야 한다.

2 각 경로의 장단점 분석

대학생들이 진로를 결정할 때, 창업, 창직, 취업, 취직 등의 다양한 경로를 고려하게 된다. 각각의 경로는 고유한 장단점을 가지고 있으며, 이를 이해하는 것은 학생들이 자기 경력을 계획하는 데 매우 중요하다. 이 장에서는 대학생이 이해하기 쉽도록 이러한 경로의 장단점을 설명한다.

1) 창업의 장단점

창업은 개인의 아이디어와 비전을 실현하는 과정이다. 이는 독립성과 창의성을 극대화할 수 있는 큰 장점을 가지고 있다. 예를 들어, 대학생 A는 기술 스타트업을 창업하여, 자신만의 혁신적인 앱을 시장에 출시하고자 한다. 이러한 창업 과정은 A에게 자유로운 의사결정, 창의적인 아이디어 실행, 그리고 자신만의 기업 문화를 만들 수 있는 기회를 제공한다. A는 자신의 비전에 따라 회사를 운영하며, 시장의 변화에 신속하게 대응할 수 있다.

하지만 창업은 높은 리스크와 불확실성을 동반한다. 초기 자본이 충분하지 않거나, 지속적인 자금 조달에 어려움을 겪을 수 있다. 예를 들어, A는 투자자를 찾기 위해 여러 피칭 세션에 참여해야 하며, 제품 개발과 시장 진입을 위한 충분한 자본을 확보하는 데 도전을 겪을 수 있다. 또한, 창업 초기에는 안정적인 수익을 창출하기 어려워 재정적인 어려움을 겪을 수 있다. A는 수익 모델을 지속적으로 개선하고, 시장의 수요에 맞는 제품을 개발하기 위해 끊임없이 노력해야 한다.

창업은 또한 시장의 높은 경쟁과 변동성에 직면한다. A는 경쟁사의 동향을 주시하고, 고객의 요구 사항에 맞춰 제품을 지속적으로 업데이트해야 한다. 이 과정에서 A는 다양한 시행착오를 겪으며, 비즈니스 모델을 조정해야 할 수도 있다.

종합적으로, 창업은 큰 잠재력과 자유를 제공하지만, 동시에 높은 리스크와 불확실성을 안고 있다. 초기 자본 확보와 지속적인 수익 창출, 시장 경쟁에서의 도전 등은 창업가가 직면하는 주요한 어려움이다. 그러나 이러한 도전에도 불구하고, 창업은 자신만의 비즈니스를 성공적으로 성장시키고자 하는 대학생들에게 매력적인 경로가 될 수 있다. 창업은 개인의 창의력과 독립성을 발휘할 수 있는 기회를 제공하며, 성공적인 창업가는 자기 아이디어를 실현하고 시장에 새로운 가치를 창출할 수 있다.

2) 창직의 장단점

창직은 기존 조직 내에서 자신만의 역할을 만들거나 새로운 프로젝트를 시작하는 것이다. 예를 들어, 대학생 A가 졸업 후 대기업의 마케팅 부서에 입사했다고 가정하자. A는 기존의 마케팅 전략에서 벗어나 새로운 디지털 마케팅 캠페인을 제안하며 창직의 기회를 포착한다. 이는 A에게 기존 조직의 자원과 지원을 바탕으로 혁신적인 아이디어를 실현할 수 있는 기회를 제공한다. A는 조직 내부의 네트워크를 활용하여 프로젝트에 필요한 협력을 이끌어내고, 조직 내에서의 경험과 전문성을 축적한다.

창직의 주요 장점 중 하나는 안정적인 환경에서 혁신을 추구할 수 있다는 것이다. A는 기업이 제공하는 자원과 구조 안에서 자신의 아이디어를 발전시킬 수 있다. 또한, 조직 내 다양한 팀과의 협업을 통해 네트워크를 확장하고, 다양한 경험을 쌓을 수 있다. 이는 A가 자신의 경력을 다양하게 발전시키고, 조직 내에서 중요한 역할을 맡을 수 있는 기회를 제공한다.

하지만 창직의 과정은 조직의 구조와 정책에 의한 한계를 경험할 수 있다. 예를 들어, A의 혁신적인 아이디어가 기업의 기존 전략과 상충될 수 있고, 이로 인해 경영진의 승인을 얻기 어려울 수 있다. 또한, 조직 내의 변화에 대한 저항도 경험할 수 있다. 동료나 상사가 새로운 아이디어에 회의적일 수 있으며, 이는 프로젝트 진행에 어려움을 초래할 수 있다.

A는 이러한 도전에 직면하여, 자신의 아이디어를 조직 내 다른 이해관계자들에게 설득력 있게 전달하고, 그들의 지지를 얻기 위해 노력해야 한다. 이 과정에서 A는 협상 기술, 영향력 있는 커뮤니케이션, 그리고 정치적 기술을 개발하며, 이는 장기적인 경력 발전에 중요한 역할을 한다.

종합적으로, 창직은 기존 조직의 지원을 바탕으로 혁신적인 아이디어를 실현하고, 조직 내에서 중요한 역할을 맡을 수 있는 기회를 제공한다. 이는 개인의 경력 발전과 전문성 증진에 중요한 기여를 하지만, 조직의 한계와 내부 저항과 같은 도전에 직면할 수 있다. 그러나 이러한 도전을 극복하고, 조직 내에서 새로운 역할을 만들어내는 것은 개인의 경력 발전에 중요한 도

약점이 될 수 있다. 창직은 조직 내 혁신을 추구하고, 자신의 전문성을 발휘하고자 하는 대학생들에게 매력적인 경로가 될 수 있다.

3) 취업의 장단점

취업은 기존 기업이나 조직에 들어가 일하는 것을 의미하며, 대학생들에게 많은 장점을 제공한다. 예를 들어, 대학을 졸업한 A가 IT 회사에 소프트웨어 엔지니어로 취업한 경우를 생각해보자. A는 취업을 통해 안정적인 월급과 복리후생 혜택을 받으며, 직업적 안정성을 확보한다. 이 회사에서 A는 구조화된 환경에서 교육과 멘토링을 받으며 체계적으로 자신의 경력을 개발한다. A는 다양한 프로젝트에 참여하며 기술적 능력을 향상시키고, 동료들과 협업하면서 커뮤니케이션과 팀워크 능력을 강화한다. 이러한 환경은 A에게 전문성을 발휘하고, 직업적 성장을 이룰 수 있는 기회를 제공한다.

그러나 취업은 몇 가지 단점도 가지고 있다. A는 회사의 정책과 방향에 따라야 하며, 때로는 개인의 목표와 이상이 회사의 목표와 상충할 수 있다. 예를 들어, A가 특정 기술 분야에 더 깊이 연구하고 싶어도 회사의 프로젝트 요구 사항에 따라 다른 작업에 할당될 수 있다. 또한, 조직 내에서의 엄격한 계층 구조나 정치적 상황은 A가 직면할 수 있는 다른 도전 과제이다. 이러한 환경은 때때로 창의성과 개인의 발전을 제한할 수 있다.

취업은 구조화된 환경에서 경력을 개발할 수 있는 장점이 있지만, 직업 선택의 자유와 개인의 목표 추구에 있어서는 제한이 따를 수 있다. 이러한 이

유로 A와 같은 대학 졸업생들은 취업 전에 자신의 진로 목표와 회사의 비전이 어떻게 맞물리는지 신중하게 고려해야 한다. 취업은 안정적인 수입과 경력 개발 기회를 제공하지만, 개인의 목표와 조직의 목표 사이의 균형을 맞추는 것이 중요하다. 이러한 균형을 이루는 것은 직업적 만족감과 성공을 위한 핵심 요소이며, 대학생들이 취업을 결정할 때 고려해야 할 중요한 측면이다.

4) 취직의 장단점

취직은 특정 직무나 업무에 집중하는 경로로, 대학생들에게 특화된 분야에서의 전문성 개발 기회를 제공한다. 예를 들어, 대학을 졸업한 B가 광고대행사에서 카피라이터로 취직한 경우를 상상해보자. B는 이 직무에서 창의적인 글쓰기 능력과 광고 콘텐츠 개발에 대한 전문 지식을 활용한다. 이 역할에서 B는 특정 분야의 심층적인 지식을 쌓으며, 고유한 기술과 경험을 발전시킨다. 그는 카피라이팅 프로젝트를 통해 자신만의 독특한 스타일을 개발하고, 업계에서 인정받는 전문가로 성장한다. 이러한 경험은 B에게 해당 분야에서 깊이 있는 전문 지식을 쌓고, 자신의 경력을 발전시키는 기회를 제공한다.

그러나 취직의 경로는 특정 분야에 집중함으로써 다른 분야로의 전환에 어려움을 겪을 수 있다는 단점도 있다. B는 광고 분야의 카피라이팅에 전문성을 갖지만, 이러한 전문성이 다른 분야로의 이동을 어렵게 만들 수 있다. 예를 들어, B가 나중에 기술 글쓰기나 출판 분야로 직업을 전환하고자 할 때, 그의 광고 카피라이팅 경험은 다른 분야의 요구사항과 맞지 않을 수 있다. 또한, B는 광고 업계에만 집중함으로써 다른 분야의 새로운 기회나 도전을 경험하는 데 제한을 받을 수 있다.

취직은 특정 직무에서 전문성을 발휘하고 깊이 있는 경험을 쌓는 데 유리하지만, 경력의 다양성과 유연성 측면에서 제한을 받을 수 있다는 점을 고려해야 한다. B와 같은 대학 졸업생들은 자신의 전문성을 어떻게 다른 분야로 확장할 수 있을지, 그리고 장기적인 경력 계획에서 어떻게 다양성을 유지할 수 있을지 고민해야 한다. 취직은 특정 분야에서 깊은 전문 지식을 개발하는 데 도움이 되지만, 직업 경로의 다양성과 전환 가능성을 유지하는 것도 중요하다. 이러한 균형을 찾는 것은 B가 향후 진로에서 더 많은 기회를 탐색하고, 전문성을 넓히는 데 도움이 될 것이다.

이 장에서 제시된 각 경로의 장단점을 이해함으로써, 학생들은 자신의 성향과 목표에 맞는 직업 경로를 선택할 수 있다. 자신의 꿈과 열정, 능력을 고려하여 가장 적합한 경로를 선택하고, 이를 통해 성공적인 진로를 개척하는 것이 중요하다.

3 직업 선택에 영향을 미치는 요인

1) 개인의 가치관과 선호도

대학생 A는 자신의 직업 선택에 있어 개인의 가치관과 선호도가 중요한 역할을 한다는 것을 잘 알고 있다. A는 사회적 기여와 환경 보호에 큰 가치를 두며, 이러한 신념은 그의 직업 선택에 큰 영향을 미친다. A는 대학에서 환경 과학을 전공하며, 이 분야에서의 경력을 통해 사회와 환경에 긍정적인 영향을 미치고자 한다.

A는 이러한 가치관을 바탕으로 사회적 기업, 친환경 스타트업, 비영리 환경 보호 단체와 같은 조직에서의 경력 기회를 탐색한다. 예를 들어, A는 지속 가능한 에너지 솔루션을 개발하는 스타트업에서 인턴십 기회를 찾거나, 지역 사회의 환경 보호 프로젝트에 참여하여 실제 경험을 쌓는다. 이러한 활동을 통해 A는 자신의 가치관에 부합하는 직업을 찾고, 동시에 관련 분야의 실질적인 지식과 경험을 쌓는다.

A의 경우처럼, 개인의 가치관과 선호도는 직업 선택에 있어 중요한 지표가 된다. 학생들은 자신이 중요하게 여기는 것들을 고려하여, 그에 부합하는 직업 경로를 선택할 수 있다. 이는 단순히 직업을 찾는 것을 넘어서, 자신의 열정과 가치를 반영하는 경력을 구축하는 것을 의미한다.

따라서, 대학생들은 자신이 중요하게 여기는 가치와 선호하는 활동을 명확히 하고, 이를 바탕으로 진로를 탐색해야 한다. 자신의 가치관에 부합하는 조직에서 일하는 것은 개인의 만족도를 높이고, 더 의미 있는 직업 생활을 영위하는 데 기여한다. 예를 들어, 환경 보호에 관심이 많은 학생은 이 분야에서 활동하는 조직에서의 경력이 더 만족스럽고 보람 있는 경험이 될 수 있다.

이러한 가치관과 선호도를 기반으로 한 직업 선택은 학생들이 자신의 열정을 따르고, 자신의 능력을 사회적으로 의미 있는 방식으로 활용하는 데 도움을 준다. A와 같은 학생들은 자신의 가치와 열정을 경력에 통합함으로써, 개인적으로도, 전문적으로도 성취감을 느끼는 직업을 찾을 수 있다. 이 과정은 단순히 직업을 선택하는 것을 넘어서, 자신의 가치를 실현하고 사회에 긍정적인 기여를 하는 길을 찾는 것을 의미한다.

2) 자신의 능력과 흥미

대학생 B는 자신이 가진 능력과 흥미가 직업 선택에 중요한 요인임을 인식하고 있다. B는 특히 수학과 과학 분야에서 강점을 가지고 있으며, 이러한 능력은 그가 진로를 결정하는 데 중요한 기준이 된다. B는 고등학교 시절부터 수학과 과학 과목에서 뛰어난 성적을 거두었으며, 이 분야에 대한 깊은 흥미와 열정을 가지고 있다.

B의 수학적 능력과 과학에 대한 흥미는 그가 엔지니어링과 데이터 분석 분야에 관심을 갖게 했다. 대학에 진학한 후, B는 이러한 분야에서의 경력

기회를 탐색하기 시작했다. 그는 엔지니어링과 데이터 과학 관련 강의를 듣고, 관련 분야의 동아리와 프로젝트에 참여하여 실질적인 경험을 쌓았다. 예를 들어, B는 데이터 분석 프로젝트에 참여하여, 실제 데이터를 분석하고 해석하는 기술을 개발했다.

B는 자신의 능력과 흥미를 바탕으로 한 직업 경로를 탐색함으로써, 자신이 잘할 수 있고 즐길 수 있는 일을 찾았다. 그는 수학과 과학에 대한 자신의 강점을 활용하여, 엔지니어링이나 데이터 과학 분야에서 유망한 경력을 개척할 수 있는 기반을 마련했다. 또한, B는 이 분야에서의 전문 지식과 경험을 쌓음으로써, 미래에 높은 수요가 예상되는 분야에서 경쟁력 있는 인재로 성장할 수 있는 기회를 얻었다.

이처럼, 학생들은 자신이 가진 능력과 흥미를 고려하여 직업을 선택하는 것이 중요하다. 자신의 강점을 이해하고, 이를 자신의 경력 계획에 반영하는 것은 학생들이 만족스러운 직업 생활을 영위하는 데 도움을 준다. 예를 들어, 창의적인 사고를 좋아하는 학생은 디자인이나 광고 분야에, 사람과의 상호작용을 즐기는 학생은 교육이나 고객 서비스 분야에 관심을 가질 수 있다.

학생들이 자신의 능력과 흥미에 맞는 직업 경로를 선택함으로써, 그들은 자신의 열정을 따르고, 자신의 강점을 최대한 활용할 수 있다. B와 같은 학생들은 자신의 능력과 흥미에 부합하는 분야에서 일함으로써, 직업적 만족감과 성취감을 느끼고, 자신의 잠재력을 충분히 발휘할 수 있다. 이 과정은 단순히 직업을 선택하는 것을 넘어서, 자신의 능력과 열정을 반영하는 경력을 구축하는 것을 의미한다.

3) 경제적 요인

대학생 C는 직업 선택 시 경제적 안정성과 수입이 중요한 요인임을 인식하고 있다. C는 자신의 장기적인 경제적 목표를 고려하여, 안정적인 수입을 제공하고 높은 수익 잠재력이 있는 직업을 찾고자 한다. 예를 들어, C는 금융, IT, 건설 등의 분야에서 높은 수익을 기대할 수 있는 직업을 탐색하고 있다.

C는 학부 시절부터 경제적으로 안정된 미래를 위해 준비하기 시작했다. 그는 재무 관리, 투자, 부동산 개발 등에 관련된 강의를 듣고, 해당 분야의 인턴십에 참여하여 실무 경험을 쌓았다. 예를 들어, C는 여름 방학 동안 금융 회사에서 인턴으로 일하며, 실제 금융 시장의 작동 방식과 투자 전략을 배웠다.

C의 직업 선택에서 경제적 요인은 그가 장기적인 재정적 목표를 달성하는 데 중요한 역할을 한다. 그는 안정적인 수입을 제공하는 직업을 찾기 위해 노력하며, 동시에 자신의 재정적 미래를 위한 전략적 계획을 세우고 있다. 예를 들어, C는 졸업 후 금융 분야에서의 경력을 통해 높은 수익을 달성하고, 이를 통해 장기적인 재정적 안정성과 부를 구축하고자 한다.

C의 경우처럼, 많은 학생들은 경제적 안정성과 수입을 중요한 요인으로 고려하여 직업을 선택한다. 이는 학생들이 장기적인 재정적 목표를 설정하고, 이를 달성하기 위한 직업 경로를 탐색하는 데 도움을 준다. 경제적으로 안정된 미래를 위해, 학생들은 안정적인 수입을 제공하고, 개인의 재정적 목표에 부합하는 직업을 선택하는 것이 중요하다.

종합적으로, 직업 선택 시 경제적 요인의 고려는 학생들이 장기적인 재정적 안정성을 확보하고, 재정적으로 독립적인 성인으로 성장하는 데 중요한 역할을 한다. 학생들은 자신의 경제적 목표를 명확히 하고, 이에 부합하는 직업을 선택함으로써, 재정적으로 성공적인 미래를 구축할 수 있다. 이 과정은 단순히 직업을 선택하는 것을 넘어서, 학생들이 자신의 경제적 미래를 효과적으로 계획하고 준비하는 것을 의미한다.

4) 시장의 수요와 전망

대학생 D는 직업 선택 시 시장의 수요와 미래 전망을 중요한 요인으로 고려한다. D는 특히 빠르게 성장하는 IT 분야와 신재생 에너지 분야에 관심을 가지고 있으며, 이들 분야에서의 직업 기회가 미래에 크게 증가할 것으로 예상한다.

D는 IT 분야의 급속한 발전과 기술 혁신에 주목하며, 이 분야에서의 전문 지식과 기술이 미래에 높은 수요를 가질 것으로 예측한다. 예를 들어, 그는 인공 지능, 데이터 과학, 소프트웨어 개발 등 IT 분야의 여러 전문 영역에서

고급 기술과 전문성을 개발하는 데 중점을 둔다. D는 이러한 기술이 미래의 직업 시장에서 경쟁력을 갖출 것으로 생각하며, 관련 과목과 프로젝트에 적극적으로 참여한다.

신재생 에너지 분야 역시 D의 관심사 중 하나이다. D는 환경 보호와 지속 가능한 에너지 사용의 중요성을 인식하며, 이 분야에서의 직업 기회가 증가할 것으로 보고 있다. 예를 들어, 그는 태양광, 풍력, 바이오에너지와 같은 신재생 에너지 기술에 대한 지식을 쌓고, 이 분야에서의 직업 기회를 모색한다.

D는 이러한 미래 전망이 높은 분야에서 직업을 찾기 위해 관련 인턴십에 참여하고, 네트워킹을 활발히 하며, 관련 분야의 최신 동향과 기술 발전을 지속적으로 연구한다. 예를 들어, 그는 대학 내에서 열리는 관련 분야의 컨퍼런스와 워크숍에 참여하고, 업계 전문가와의 멘토링 기회를 활용한다.

이처럼, 직업 시장의 수요와 미래 전망은 학생들이 직업을 선택하는 데 중요한 요인이다. 학생들은 시장의 수요가 높은 분야에서 직업 기회를 찾고, 이를 통해 미래에 안정적인 경력을 구축할 수 있다. 시장의 수요와 전망을 고려하여 직업을 선택함으로써, 학생들은 자신의 전문성을 발전시키고, 미래의 직업 시장에서 경쟁력을 갖추게 된다. 이러한 접근은 단순히 현재의 직업 기회를 탐색하는 것을 넘어서, 학생들이 미래의 변화하는 시장에 적응하고 성공적인 경력을 개척하는 데 필수적인 기초를 마련한다.

5) 사회적 영향과 네트워크

대학생 E는 직업 선택 과정에서 사회적 영향과 네트워크의 중요성을 깊이 인식한다. 그는 가족, 친구, 멘토, 그리고 교수들의 조언과 경험을 직업 선택의 중요한 기준으로 삼는다. 예를 들어, E는 가족의 사업 배경에 영향을 받아 경영학에 관심을 갖게 되었고, 이 분야에서의 직업을 고려하고 있다.

E는 대학 내외의 네트워킹 행사에 적극적으로 참여하며 다양한 직업 경로에 대한 정보를 수집한다. 그는 학과 행사, 산업 관련 세미나, 그리고 직업 박람회에 참석하여 업계 전문가들과 대화를 나누고, 실질적인 직업 정보와 조언을 얻는다. 이러한 활동은 E가 자신의 진로에 대해 더 넓은 시각을 가지고 고민할 수 있도록 돕는다.

가족과 친구들의 경험과 조언도 E의 직업 선택에 중요한 영향을 미친다. 예를 들어, 부모님이 경험한 직업의 장단점, 친구들의 직장 경험, 그리고 멘토의 진로 조언은 E에게 다양한 관점을 제공한다. 이러한 사회적 영향은 E가 자신의 열정과 능력에 맞는 직업을 찾는 데 도움을 준다.

또한, E는 네트워킹을 통해 실무 경험의 기회를 찾는다. 예를 들어, 학과 교수의 추천으로 인턴십을 하거나, 산업 관련 행사에서 만난 전문가의 조언을 바탕으로 프로젝트에 참여한다. 이러한 경험은 E가 자신의 진로에 대해 더 구체적인 이해를 하고, 실질적인 직업 기술을 개발하는 데 중요하다.

이처럼, 사회적 영향과 네트워킹은 대학생들이 직업을 선택하는 데 있어 중요한 요소이다. 주변 사람들의 경험과 조언, 그리고 다양한 네트워킹 기회를 통해 학생들은 자신에게 적합한 직업 경로를 탐색하고, 보다 현명한 진로 결정을 내릴 수 있다. 이 과정은 학생들이 자신의 가치관, 능력, 경제적 요인, 시장 전망, 사회적 영향을 종합적으로 고려하여 자신에게 가장 적합한 직업 경로를 선택하는 데 도움을 준다. 사회적 영향과 네트워킹은 학생들이 자신의 진로를 탐색하고, 미래의 직업적 성공을 위한 견고한 기반을 마련하는 데 필수적인 역할을 한다.

4 직업 경로 결정을 위한 가이드라인

1) 자기 평가의 중요성

대학생 A는 자신의 직업 경로를 결정하기 위해 자기 평가의 중요성을 깨닫고 있다. 그는 자신의 흥미, 열정, 강점 및 약점을 철저히 분석하고 이를 바탕으로 적합한 직업 분야를 탐색한다. 예를 들어, A는 커뮤니케이션 능력이 뛰어나고 사람들과의 상호 작용을 즐긴다는 것을 인식하고, 이를 마케팅이나 공공 관계(PR) 분야의 직업과 연결지어 고려한다.

A는 자신의 열정을 파악하기 위해 다양한 활동에 참여한다. 그는 대학의 마케팅 동아리에 가입하고, 광고 및 PR 관련 강의를 듣는다. 이러한 활동들

은 A가 자신의 진정한 관심사와 적성을 탐색하는 데 도움을 준다. 또한, A는 토론 대회나 프레젠테이션 경연 대회에 참여하며 자신의 커뮤니케이션 능력을 시험하고 강화한다.

자신의 강점과 약점을 이해하는 것도 A의 자기 평가 과정의 중요한 부분이다. 그는 자신의 창의력과 팀워크 능력이 강점임을 깨닫고, 이를 마케팅 프로젝트나 PR 캠페인 기획에 적용한다. 반면, 데이터 분석이나 통계학적 접근에는 다소 어려움을 겪음을 인지하고, 이러한 영역에서의 기술을 개발하기 위해 추가적인 학습과 실습 기회를 찾는다.

이러한 자기 평가 과정은 A에게 자신의 진로를 보다 명확히 이해하고, 장래의 직업 선택에 대해 보다 정보에 기반한 결정을 내리는 데 도움을 준다. A는 마케팅이나 PR 분야에서 자신의 열정과 강점을 발휘할 수 있는 기회를 찾아내고, 이를 통해 진로에 대한 자신감을 키워나간다. 자기 평가는 대학생들이 자신의 흥미와 능력을 깊이 이해하고, 이를 바탕으로 적합한 직업 경로를 선택하는 데 필수적인 단계이다. 이 과정은 학생들이 자신의 잠재력을 최대한 발휘하고, 장래에 성공적인 직업 생활을 영위하는 데 중요한 기반이 된다.

2) 목표 설정과 계획 수립

대학생 B는 IT 분야에서의 경력을 목표로 삼고 있다. 그는 자신의 장단기 목표를 명확히 설정하고, 이를 달성하기 위한 구체적인 계획을 수립하는 과정에 착수한다. B의 장기 목표는 IT 전문가로서 성공적인 경력을 쌓는 것이며, 단기 목표로는 관련 학위 취득, 인턴십 참여, 필요한 기술 및 지식 습득 등을 포함한다.

B는 먼저 학위 취득을 위한 학업 계획을 세운다. 그는 컴퓨터 과학과 소프트웨어 엔지니어링 과목을 중점적으로 수강하고, 프로젝트 기반 학습에 적극적으로 참여하여 실용적인 기술을 습득한다. 이러한 학업 경험은 B에게 IT 분야의 근본적인 이론과 실무 지식을 제공한다.

인턴십 참여는 B의 단기 목표 중 하나이다. 그는 IT 회사에서의 인턴십 기회를 적극적으로 찾아, 실무 경험을 쌓고 업계의 최신 동향을 이해하기 위한 노력을 기울인다. 인턴십을 통해 B는 현장에서 필요한 기술을 배우고, 직업적 네트워크를 구축한다. 또한, 실제 프로젝트에 참여함으로써 그의 이론적 지식이 실제 환경에서 어떻게 적용되는지를 배운다.

기술 습득은 B의 직업 목표 달성에 필수적인 요소이다. 그는 코딩, 데이터베이스 관리, 네트워크 보안과 같은 기술을 습득하기 위해 온라인 코스와 워크숍에 참여한다. 이러한 기술 습득은 B가 IT 분야에서 경쟁력을 갖추는데 중요하다. B는 또한 기술 동향에 대한 지속적인 학습을 통해, 변화하는 IT 환경에 능동적으로 대응할 수 있는 능력을 개발한다.

이러한 목표 설정과 계획 수립은 B에게 명확한 경로를 제시하며, 그의 진로에 대한 자신감을 높인다. B는 자신의 목표를 달성하기 위한 단계별 계획을 체계적으로 수행함으로써, IT 분야에서 성공적인 직업을 구축해 나간다. 목표 설정과 계획 수립은 학생들이 자신의 진로를 명확하게 이해하고, 장래의 경력을 향해 체계적으로 나아가는 데 필수적인 과정이다. 이 과정은 학생들이 자신의 잠재력을 실현하고, 궁극적으로 성공적인 직업 생활을 영위하는 데 중요한 역할을 한다.

3) 시장 조사와 정보 수집

대학생 C는 재생 에너지 분야에 대한 깊은 관심을 가지고 있다. 이 분야의 전망과 기회를 파악하기 위해, C는 시장 조사와 정보 수집에 착수한다. 그는 다양한 출처에서 재생 에너지 분야의 최신 동향, 기술 발전, 산업 내 채용 동향 등에 관한 정보를 수집한다. 이를 위해 C는 업계 보고서, 학술 논문, 전문가 인터뷰, 온라인 포럼, 전시회 및 세미나 등 다양한 자료와 행사에 주목한다.

C는 이 분야의 선도적인 기업과 신생 기업의 동향을 면밀히 조사한다. 그는 기업들의 비즈니스 모델, 시장 진입 전략, 제품 개발, 지속 가능성에 대한 접근 방식을 이해하기 위해 시간을 할애한다. 이러한 조사는 C에게 재생 에너지 분야의 업계 지식을 넓히고, 산업 내 중요한 이슈와 도전 과제를 이해하는 데 도움을 준다.

또한, C는 관련 분야의 전문가들과의 네트워킹을 추구한다. 대학 내외의 세미나, 워크숍, 네트워킹 이벤트에 적극적으로 참여하여 업계 전문가들과의 만남을 추구한다. 이러한 상호 작용은 C에게 실질적인 조언과 산업에 대한 심층적인 통찰을 제공한다. C는 이를 통해 자신의 경력 목표와 직업적 흥미에 대한 명확한 방향성을 얻는다.

C는 또한 재생 에너지 분야에서의 채용 동향에 주목한다. 산업 내 주요 기업의 채용 공고, 인턴십 기회, 채용 박람회 등을 살펴보며, 이 분야에서의 경력 개발 기회를 탐색한다. 이 과정에서 C는 자신의 학습 경로와 기술 개발 계획을 재생 에너지 분야의 실제 필요와 연관시킨다. 그는 특히, 산업이 요구하는 기술적 역량과 소프트 스킬을 개발하기 위해 노력한다

4) 경험과 네트워킹의 활용

대학생 D는 경영학을 전공하며 마케팅 분야에 관심을 갖고 있다. 그녀는 다양한 경험을 통해 이 분야에 대한 실질적인 이해를 넓히고자 한다. D는 학내 마케팅 동아리에 가입하여 실제 프로젝트에 참여함으로써 마케팅 전략 개발과 실행에 대한 경험을 쌓는다. 동아리 활동을 통해 D는 팀워크, 프로젝트 관리, 고객 분석 등 실제 업무에 필요한 기술을 배운다.

또한, D는 여름 방학 동안 마케팅 분야의 인턴십 기회를 찾아, 현장에서의 경험을 쌓는다. 인턴십을 통해 그녀는 시장 조사, 캠페인 기획, 디지털 마케팅 등의 업무를 직접 경험하며, 업계의 동향과 실무 지식을 습득한다. 이 경

험은 그녀가 학교에서 배운 이론을 실제 업무에 적용하는 데 도움을 준다.

네트워킹도 D의 진로 계획에 중요한 부분이다. 그녀는 학교의 취업 박람회, 산업 관련 세미나, 전문가 강연에 참석하여 업계 전문가들과 연결을 맺는다. 이러한 행사에서 D는 전문가들로부터 조언을 얻고, 업계의 최신 동향과 채용 정보를 파악한다. 또한, 이를 통해 D는 자신의 직업적 네트워크를 구축하고, 미래의 취업 기회를 모색한다.

E는 또한 대학에서 제공하는 멘토링 프로그램에 참여하여, 업계의 선배와 1대1 멘토링을 받는다. 멘토링을 통해 그녀는 직업 경로 설정, 이력서 작성, 면접 기술 등에 대한 구체적인 조언을 받는다. 이러한 멘토링 경험은 D가 직업 세계에 대한 보다 심층적인 이해를 얻고, 자신의 진로 계획을 구체화하는 데 도움을 준다.

E의 경우처럼, 다양한 경험과 네트워킹의 활용은 대학생들이 직업 세계에 대한 실질적인 이해를 넓히고, 진로 계획을 구체화하는 데 중요한 역할을 한다. 인턴십, 동아리 활동, 네트워킹, 멘토링 등을 통해 얻은 경험과 관계는 학생들이 자신의 직업적 미래를 탐색하고 준비하는 데 필수적인 자원이 된다. 이러한 활동은 학생들이 장래의 직업 생활에서 성공하기 위한 실질적인 기술과 지식을 개발하는 데 도움을 준다.

5) 적극적인 태도와 유연성

적극적인 태도와 유연성은 직업 경로 결정에 있어 필수적인 요소이다. 현대 직업 시장은 변화가 빠르고, 예측하기 어려운 도전들로 가득하다. 이러한 환경에서 적극적인 태도는 새로운 기회를 찾아내고, 이를 최대한 활용하는 데 중요하다.

예를 들어, 대학생 E는 마케팅 분야에 취업하고자 하는 열망을 가지고 있었다. 하지만, 졸업 직전 경쟁이 치열한 채용 시장에서 마케팅 관련 직무에 성공적으로 취업하지 못했다. 이때 E는 좌절하지 않고, 자신의 커뮤니케이션 능력과 창의성을 활용할 수 있는 다른 직업 분야를 모색하기 시작했다. 그는 공공 관계(Public Relations) 분야에 관심을 가지게 되었고, 이 분야에서의 인턴십 기회를 발견하여 적극적으로 지원했다.

E의 이러한 유연한 접근 방식은 그에게 새로운 기회를 제공했다. 공공 관계 분야에서의 인턴십 경험을 통해 E는 자신의 커뮤니케이션 능력을 발휘할 수 있었으며, 이 분야에서의 전문 지식과 네트워크를 확장할 수 있었다. 이 경험은 나중에 마케팅 분야로의 전환을 가능하게 하는 교두보가 되었다.

이와 같이, 적극적인 태도는 상황의 변화에 적응하고, 새로운 기회를 발견하는 데 중요한 역할을 한다. 또한, 상황에 따라 유연하게 계획을 조정하는 능력은 불확실한 미래에 대비하고, 다양한 경로를 통해 목표에 도달할 수 있게 한다.

대학생들은 자신이 처한 상황에 적극적으로 대응하고, 계획에 유연성을 가지며, 다양한 경로를 탐색함으로써 직업 생활에서의 성공을 준비할 수 있다. 이러한 적극적이고 유연한 태도는 그들이 직면할 수 있는 다양한 직업적 도전을 극복하고, 자신의 진로를 효과적으로 개척하는 데 필수적인 자질이다.

CHAPTER 13

나의 이름으로 살아가는 나의 삶

CHAPTER 13

나의 이름으로 살아가는 나의 삶

대학 생활은 학문적 지식을 넘어 자아를 발견하고 개인 정체성을 구축하는 여정의 시작점이다. 이 장에서는 학생들이 기업가정신을 통해 자신만의 삶을 설계하고 주도적으로 이끌어가는 방법을 탐구한다. '나의 이름으로 살아가는 나의 삶'이라는 주제 아래, 자기 이해, 목표 설정, 삶의 도전과 기회 속에서의 성장 방법을 모색한다.

학생들의 삶은 단순한 직업 선택이나 경력 개발을 넘어선다. 자신만의 가치와 열정을 반영하는 삶을 살아가는 것이 중요하다. 이를 위해 자신의 장단점을 정직하게 평가하고, 개인적인 성공과 행복에 대한 정의를 내려야 한다.

기업가정신은 사업 시작을 넘어 삶의 모든 영역에서 자신을 표현하고, 도전을 극복하며, 지속 가능한 성공을 이루는 방법이다. 도전과 실패는 성장의 발판이 되며, 사회적 책임과 기여는 삶에 의미를 부여한다.

자신만의 길을 걷는 여정은 어려울 수 있다. 그러나 이 장은 독특한 길을 찾고, 자신의 이름으로 살아가는 삶을 위한 구체적인 지침과 영감을 제공한다. 삶은 각자의 것이며, 이를 가장 잘 이끌 수 있는 사람은 바로 자신이다. 이제, 자신의 삶을 주도적으로 이끌어갈 시간이다.

1 개인적 정체성과 기업가정신의 중요성

1) 자기 자신을 이해하는 것의 중요성

개인적 정체성은 자기 자신에 대한 깊은 이해와 자아 인식에서 비롯된다. 이는 개인의 성격, 가치관, 열정, 강점 및 약점을 포함하는 광범위한 개념이다. 자기 자신을 이해하는 것은 기업가정신을 발휘하는 데 중요한 첫걸음이다. 자신의 진정한 정체성을 파악하고 이를 기반으로 목표를 설정하고 결정을 내리는 과정은 개인의 성장과 성공을 위한 필수적인 요소이다.

예를 들어, 대학생 A는 자신이 창의적인 사고를 가지고 있으며, 새로운 아이디어를 구상하는 데 탁월함을 깨닫는다. 이러한 자기 인식은 그가 창업이라는 경로를 선택하는 데 결정적인 역할을 한다. 그는 자신의 창의력을 활용하여 혁신적인 사업 아이디어를 개발하고, 이를 실현하는 데 필요한 계획과 전략을 수립한다. 이 과정에서 자신의 강점을 활용하고, 약점을 개선하기 위한 노력은 그의 기업가정신을 강화한다.

자기 이해는 또한 개인이 자신의 경력과 삶에서 중요한 결정을 내릴 때 중요한 역할을 한다. 자신의 가치관과 선호도를 이해하는 것은 직업 선택, 업무 스타일, 그리고 일과 삶의 균형 설정에 있어 중요한 기준이 된다. 예를 들어, 마케팅 분야에서 일하는 B는 자신이 사람들과 소통하는 것을 즐기고, 창의적인 캠페인을 기획하는 데 능력이 있다는 것을 알게 된다. 이러한 자기 인식은 그가 자신의 업무에서 창의적이고 효과적인 전략을 개발하는 데 도움을 주며, 그의 경력 발전에 긍정적인 영향을 미친다.

자기 자신을 이해하는 과정은 개인이 자신의 열정을 추구하고, 자신만의 경로를 개척하는 데 중요한 동기 부여가 된다. 자신의 진정한 열정과 관심사를 파악하는 것은 인생에서 중요한 결정을 내릴 때 확고한 기준이 된다. 예를 들어, 환경 보호에 열정을 가진 C는 이를 직업으로 삼기로 결정하고, 지속 가능성에 초점을 맞춘 사업을 시작한다. 자신의 가치관과 열정을 일과 삶에 통합하는 것은 그에게 큰 만족감과 성취감을 준다.

결론적으로, 자기 자신을 이해하는 것은 개인의 기업가정신을 발휘하는 데 필수적인 요소이다. 자신의 강점, 약점, 가치관, 열정을 명확히 하는 과정은 개인이 자신만의 독특한 길을 개척하고, 목표를 향해 나아가는 데 중요한 지침이 된다. 이는 개인이 자신의 잠재력을 최대한 발휘하고, 성공적인 삶을 영위하는 데 기여한다.

2) 기업가정신이 개인의 삶에 미치는 영향

기업가정신은 단순히 사업을 시작하고 운영하는 것 이상의 의미를 가진다. 이는 도전적인 상황에 대처하는 태도, 혁신적인 사고방식, 그리고 변화를 주도하는 능력을 포함한다. 이러한 기업가정신은 개인의 삶에 깊은 영향을 미치며, 자신의 삶을 주도적으로 이끌고 자기 실현을 추구하는 데 중요한 역할을 한다.

기업가정신은 먼저 자기 주도성을 강화한다. 이는 개인이 스스로의 삶을 설계하고 결정을 내리는 데 필요한 자신감과 독립성을 제공한다. 예를 들어, 대학을 졸업한 A는 전통적인 직업 경로를 따르는 대신, 자신의 창업 아이디어를 실현하기로 결정한다. 이러한 결정은 그에게 책임감, 리더십, 그리고 자신의 결정에 대한 확신을 강화한다. 그는 자신의 비즈니스를 설립하고 운영함으로써, 자신의 삶을 스스로 결정하고 이끄는 데 필요한 기술과 경험을 얻는다.

또한, 기업가정신은 창의적이고 혁신적인 사고를 촉진한다. 기업가정신을 가진 개인은 문제를 해결하기 위해 전통적인 방법을 넘어서는 새로운 해결책을 모색한다. 예를 들어, B는 기존의 마케팅 전략에 만족하지 않고, 디지털 시대에 맞는 새로운 방식을 도입하여 회사의 마케팅 방식을 혁신한다. 이러한 창의적 사고는 그가 직면한 문제들을 독특하고 효과적인 방식으로 해결하는 데 도움을 준다. 창의적인 접근은 또한 그가 일상 생활에서도 새로운 기회를 발견하고, 기존의 관행에 도전하는 데 영감을 준다.

기업가정신은 또한 위험 감수와 회복 탄력성을 강화한다. 사업을 운영하는 과정에서 불가피하게 위험을 감수하고 실패를 경험하는 것은 개인의 회복 탄력성을 발전시킨다. C의 예에서, 그는 창업 과정에서 여러 번의 실패를 경험한다. 하지만, 그는 이를 극복하고 계속해서 도전한다. 이러한 경험은 그에게 끈기와 회복력을 강화하며, 실패를 학습의 기회로 활용하는 방법을 가르친다. 이러한 탄력성은 그가 개인적으로나 전문적으로 어려운 상황을 극복하는 데 중요한 역할을 한다.

종합적으로 볼 때, 기업가정신은 개인의 삶에 긍정적인 영향을 미친다. 이는 자기 주도성, 창의적 사고, 위험 감수, 회복 탄력성과 같은 중요한 특성을 강화한다. 이러한 특성들은 개인이 자신의 삶을 의미 있고 성공적으로 이끌기 위한 필수적인 요소들이다. 기업가정신을 내면화한 개인은 자신의 삶을 주도적으로 관리하고, 어떠한 도전에도 유연하게 대응할 수 있는 능력을 갖춘다.

2 자기 주도적 삶의 설계

1) 목표 설정과 자기 주도적 삶의 중요성

목표 설정은 자기 주도적 삶을 설계하는 데 필수적인 과정이다. 이는 개인이 자신의 삶의 방향을 명확히 하고, 이를 통해 의미 있는 성과를 달성할 수 있도록 한다. 목표를 설정하는 과정은 개인이 자신의 가치, 열정, 그리고 장기적인 비전에 기반하여 자신의 삶을 주도적으로 관리하는 데 도움을 준다.

예를 들어, 대학생 A는 자신의 졸업 후 진로를 고민하며 명확한 목표를 설정한다. A는 자신의 열정이 IT와 창업에 있음을 인지하고, 이를 기반으로 자신의 진로를 결정한다. 그는 특정 기술을 습득하고, 관련 분야의 인턴십에 참여하며, 자신만의 스타트업을 설립하기 위한 계획을 세운다. 이러한 목표 설정은 A에게 명확한 방향성을 제공하고, 그가 학업과 경력 개발에 집중할 수 있도록 돕는다.

자기 주도적 삶의 설계에서 목표 설정은 개인이 적극적으로 자신의 미래를 계획하고, 그 과정에서 필요한 자원과 기술을 확보하는 데 중요한 역할을 한다. 목표를 명확히 함으로써 개인은 자신의 노력을 효과적으로 집중시킬 수 있고, 달성하기 어려운 목표에 대한 동기 부여와 지속성을 유지할 수 있다.

또한, 목표 설정은 자기 인식을 증진시키는 데도 중요하다. 개인이 자신의 강점, 약점, 관심사, 가치를 반영하여 목표를 설정함으로써, 그들은 자신의 진정한 열망과 일치하는 삶을 살 수 있다. 이는 개인이 자신의 삶에서 더 큰 만족과 성취감을 느끼게 하고, 자신의 잠재력을 최대한 발휘할 수 있도록 한다.

결론적으로, 목표 설정과 자기 주도적 삶의 설계는 개인이 자신의 삶을 의미 있고 목적 있는 방향으로 이끌어 가는 데 핵심적인 요소이다. 이는 개인이 자신의 삶을 적극적으로 관리하고, 자신의 꿈과 목표를 실현하는 데 필요한 동기 부여와 지침을 제공한다. 목표 설정을 통해 개인은 자신의 삶을 주도적으로 설계하고, 그 과정에서 성장하며, 자신의 미래를 형성하는 데 중요한 발판을 마련한다.

2) 장기적인 비전과 단기적인 목표의 균형

장기적인 비전과 단기적인 목표 사이의 균형은 자기 주도적인 삶을 설계하는 데 핵심적인 요소이다. 장기적인 비전은 개인의 꿈과 삶의 방향을 설정하는 광범위한 목표를 제공한다. 반면, 단기적인 목표는 그 비전을 달성하기 위한 구체적이고 실행 가능한 단계를 마련한다. 이 두 가지 요소 사이의 균형은 개인이 일상에서의 성취와 장기적인 꿈 사이에서 조화를 이루도록 한다.

예를 들어, 대학생 B는 장래에 성공적인 기업가가 되고자 하는 장기적인 비전을 가지고 있다. 이를 위해 B는 단기적인 목표로 학업 성취, 네트워킹 기회 창출, 실무 경험 쌓기 등을 설정한다. 그는 매 학기마다 학업 성적을 유지하고, 관련 분야의 전문가와의 만남을 추구하며, 여름 방학 동안 인턴십 기회를 활용한다. 이러한 단기적 목표들은 B가 장기적인 비전을 향해 한 걸음씩 나아갈 수 있게 한다.

장기적인 비전과 단기적인 목표 사이의 균형은 또한 개인이 현재와 미래 사이에서 균형을 잡는 데 도움을 준다. 장기적인 비전은 동기 부여와 방향성을 제공하며, 단기적인 목표는 일상적인 성취감과 진행 상황에 대한 피드백을 제공한다. 이러한 균형은 개인이 현재의 노력이 미래의 꿈을 향한 중요한 단계임을 인식하게 하며, 동시에 현재의 성취를 통해 동기 부여를 얻게 한다.

이 균형을 유지하기 위해서는 개인이 자신의 목표와 활동을 주기적으로 평가하고 조정하는 것이 중요하다. 예를 들어, B는 학기 말마다 자신의 학업 성적과 인턴십 경험을 평가하고, 필요한 경우 그의 접근 방식을 조정한다. 이러한 평가와 조정은 B가 단기적인 목표를 효과적으로 달성하면서도 장기적인 비전에 충실할 수 있게 한다.

장기적인 비전과 단기적인 목표 사이의 균형은 개인이 자신의 삶을 보다 효과적으로 관리하고, 자신의 꿈과 목표를 향해 지속적으로 나아갈 수 있도록 한다. 이 균형은 개인이 현재의 업무와 미래의 꿈 사이에서 일관성과 목적의식을 유지하며, 자신의 능력을 최대한 발휘할 수 있도록 돕는다. 따라서, 장기적인 비전을 가지면서도 단기적인 목표에 집중하는 것은 자기 주도적 삶을 성공적으로 설계하는 데 필수적인 요소이다.

3 도전과 실패를 통한 성장

1). 도전을 통한 자기 개발의 중요성

도전은 자기 개발과 성장의 핵심 요소이다. 새로운 경험과 도전은 개인이 자신의 한계를 넘어서고, 새로운 기술을 습득하며, 자신감을 키우는 데 필수적이다. 도전을 통해 개인은 자신의 잠재력을 발견하고, 불확실한 상황에 대처하는 능력을 개발한다. 이 과정은 자기 인식을 향상시키고, 변화에 적응하는 유연성을 강화한다.

예를 들어, 대학생 A는 공개 연설에 대한 두려움을 극복하기 위해, 학교 토론 클럽에 참여하기로 결정했다. 이것은 그에게 큰 도전이었지만, 꾸준히 연습하고 참여함으로써, 그는 점차 자신감을 얻고 대중 앞에서 말하는 기술을 향상시켰다. 이 경험은 A가 자신의 두려움을 극복하고, 새로운 기술을 습득하는 데 도움이 되었다.

도전은 또한 새로운 시각과 창의력을 개발하는 데 기여한다. 도전적인 상황은 사람들로 하여금 전통적인 사고방식을 넘어서고, 창의적인 해결책을 모색하도록 한다. 예를 들어, B는 대학 프로젝트에서 기존의 해결책이 효과가 없는 복잡한 문제에 직면했다. 이 도전을 통해 B는 혁신적인 접근 방법을 고안하고, 팀원들과 함께 새로운 솔루션을 개발했다. 이 경험은 B에게 문제 해결 능력을 키우고, 창의적인 사고를 발전시키는 데 도움이 되었다.

또한, 도전은 실패를 경험하고 이로부터 배우는 기회를 제공한다. 실패는 자기 성장의 중요한 부분이며, 이를 통해 개인은 회복력을 강화하고, 자신의 강점과 약점을 더 잘 이해한다. 예를 들어, C는 창업 프로젝트에서 초기 실패를 경험했다. 그러나 이 실패는 그에게 중요한 교훈을 제공했으며, 그는 이를 바탕으로 자신의 사업 계획을 개선하고 더 강력한 전략을 수립했다.

결국, 도전은 개인이 자신의 한계를 시험하고, 새로운 기술을 습득하며, 회복력을 구축하는 과정이다. 이는 자기 개발의 핵심 요소로서, 개인이 더 강하고 유능한 자신으로 성장하는 데 필수적이다. 따라서, 도전을 통한 자기 개발은 개인이 자신의 잠재력을 최대한 발휘하고, 삶의 여러 영역에서 성공을 달성하는 데 중요한 역할을 한다.

2) 실패를 경험하고 교훈을 얻는 과정

실패를 경험하는 것은 인생에서 불가피한 부분이며, 이를 통해 얻는 교훈은 개인의 성장과 발전에 필수적이다. 실패는 단순한 좌절이 아니라, 더 나은 방향으로 나아가기 위한 귀중한 피드백을 제공한다. 이 과정에서 개인은 자신의 한계를 인식하고, 더 강한 내적 강인함을 개발하며, 자신의 접근 방식을 재평가하게 된다.

예를 들어, 대학생 A는 자신이 참여한 비즈니스 경진대회에서 실패를 경험했다. 처음에는 실망감과 자책감에 사로잡혔지만, 점차 이 경험에서 배울

점을 찾기 시작했다. A는 자신의 프레젠테이션 기술이 부족했음을 인식하고, 이를 개선하기 위해 추가적인 연습과 멘토링을 추구했다. 또한, 그는 자신의 사업 아이디어가 시장의 필요와 충분히 일치하지 않았음을 깨달았고, 더 철저한 시장 조사와 고객 피드백을 통해 아이디어를 개선했다.

실패를 통한 학습은 또한 자기 인식을 높이는 데 중요한 역할을 한다. 개인은 실패를 통해 자신의 약점과 강점을 더 명확히 이해하고, 이를 바탕으로 개인적이고 전문적인 발전을 도모할 수 있다. 예를 들어, B는 자신의 창업 프로젝트가 실패한 후, 리더십과 팀 관리 능력이 부족했음을 깨달았다. 이를 계기로 B는 리더십 교육 프로그램에 참여하고, 팀워크와 의사소통 기술을 강화하기 위해 노력했다.

실패는 또한 회복력과 인내심을 구축하는 데 중요하다. 실패를 경험한 후에도 다시 일어서고, 목표를 향해 계속 나아가는 것은 개인이 더 큰 성공을 달성하는 데 필수적인 특성이다. C는 그의 첫 창업 시도가 실패한 후, 좌절감을 극복하고 새로운 사업 아이디어로 재도전했다. 이 과정에서 C는 인내심을 강화하고, 어려움을 극복하는 능력을 개발했다.

결국, 실패를 경험하고 여기서 교훈을 얻는 과정은 개인이 자신의 한계를 뛰어넘고, 더 강한 인격을 형성하며, 성공을 위한 중요한 기반을 마련하는 데 기여한다. 실패는 인생의 필수적인 부분으로서, 이를 통해 얻는 교훈과 경험은 개인이 더 견고하고 유능한 자신으로 성장하는 데 중요한 역할을 한다. 따라서, 실패를 경험하고 이로부터 배우는 과정은 자기 발전의 중요한 측면이며, 개인이 직면하는 어려움을 극복하고 궁극적인 성공을 달성하는 데 필수적이다.

4 지속 가능한 성공을 위한 전략

1) 경력 개발과 개인적 성장의 지속성

경력 개발과 개인적 성장의 지속성은 지속 가능한 성공을 위한 핵심 전략이다. 이는 단순히 초기 성공에 만족하는 것이 아니라, 꾸준한 학습, 적응, 그리고 발전을 통해 장기적인 성공을 도모하는 과정이다. 지속 가능한 경력 개발은 변화하는 시장 환경과 산업의 동향에 대한 지속적인 관심과 학습을 필요로 한다. 이를 통해 개인은 자신의 역량을 지속적으로 강화하고, 새로운 기회에 빠르게 반응할 수 있다.

예를 들어, 대학생 A는 IT 분야에서의 경력을 목표로 삼고 있다. 그는 최신 기술 동향에 대한 지속적인 학습을 통해 자신의 기술적 역량을 강화한다. A는 온라인 코스, 세미나, 워크숍에 참여하고, 업계 전문가와의 네트워킹을 통해 최신 지식을 습득한다. 이러한 노력은 A가 IT 분야에서 경쟁력을 유지하고, 새로운 기술 발전에 빠르게 적응할 수 있게 한다.

개인적 성장의 지속성 또한 중요하다. 이는 자기 인식, 감정 관리, 의사소통 기술 등의 개발을 포함한다. 예를 들어, B는 리더십 역량과 팀 관리 능력을 지속적으로 발전시키기 위해 노력한다. 그는 멘토링 프로그램에 참여하고, 리더십 관련 서적을 읽으며, 자신의 강점과 약점에 대한 깊은 이해를 바탕으로 개인적 성장을 추구한다.

지속 가능한 성공을 위한 전략은 또한 유연한 사고방식과 개방적인 태도를 필요로 한다. 이는 새로운 아이디어와 접근법에 대한 수용성을 의미하며, 이를 통해 개인은 다양한 도전과 기회에 효과적으로 대응할 수 있다. 예를 들어, C는 기존의 사고방식에 얽매이지 않고, 다양한 분야에서 새로운 아이디어를 탐색하며 자신의 전문성을 넓힌다. C는 교차 분야의 지식을 탐구하고, 다양한 문화와 배경을 가진 사람들과의 교류를 통해 새로운 시각을 얻는다.

결론적으로, 경력 개발과 개인적 성장의 지속성은 장기적인 성공을 위한 중요한 요소이다. 이를 위해서는 지속적인 학습, 유연한 사고방식, 개인적 성장에 대한 끊임없는 추구가 필요하다. 이 과정은 개인이 끊임없이 발전하고, 변화하는 세계에서 자신의 자리를 굳건히 유지할 수 있게 한다. 지속 가능한 성공을 위한 이러한 전략은 개인이 자신의 잠재력을 최대한 발휘하고, 끊임없이 변화하는 직업 세계에서 두각을 나타내는 데 중요한 역할을 한다.

2) 균형 잡힌 삶과 직업적 만족의 추구

균형 잡힌 삶과 직업적 만족의 추구는 지속 가능한 성공을 위한 필수적인 전략이다. 이는 단순히 경력 성공에만 초점을 맞추는 것이 아니라, 개인의 삶의 질과 전반적인 만족도를 함께 고려하는 것을 의미한다. 직업적 성공과 개인적 행복 사이의 균형을 찾는 것은 장기적인 웰빙과 성취감을 보장한다.

예를 들어, 대학생 A는 경영 컨설턴트로서의 성공적인 경력을 추구한다. 그러나 그는 동시에 취미, 가족, 건강과 같은 개인적인 측면에도 중요성을 두며, 일과 삶의 균형을 유지하기 위해 노력한다. A는 업무 후 시간을 운동, 독서, 가족과의 시간에 할애하며, 이를 통해 스트레스를 관리하고 재충전한다. 이러한 균형 잡힌 접근 방식은 A가 업무에 대한 열정을 유지하고, 동시에 개인적인 삶에서도 만족을 경험하게 한다.

직업적 만족의 추구는 일에서의 성과뿐만 아니라, 일이 개인의 가치와 어떻게 부합하는지를 고려하는 것을 포함한다. B는 교육 분야에서 일하며, 자신의 업무가 사회에 긍정적인 영향을 끼친다는 사실에서 큰 만족감을 얻는다. B는 학생들의 성장과 발전을 지원함으로써 개인적인 성취감을 느끼며, 이는 그의 업무에 대한 열정과 헌신을 더욱 강화한다.

균형 잡힌 삶의 추구는 또한 정신 건강과 일의 지속 가능성을 보장한다. C는 정기적인 휴식과 여가 활동을 통해 업무로 인한 스트레스를 관리한다. C는 휴가를 활용하여 취미 활동에 참여하고, 새로운 환경에서 시간을 보내며, 이를 통해 업무에 대한 새로운 관점과 에너지를 얻는다.

이렇게 균형 잡힌 삶과 직업적 만족의 추구는 개인이 장기적으로 건강하고 만족스러운 경력을 유지하는 데 핵심적인 역할을 한다. 이는 단기적인 성공을 넘어서, 개인의 전체적인 웰빙과 지속 가능한 경력 발전을 위한 전략이다. 이러한 균형은 개인이 일상에서의 행복과 직업에서의 성공 사이에서 조화를 이루고, 삶의 모든 영역에서 의미와 만족을 찾는 데 중요하다.

5 사회적 책임과 기여

1) 개인의 역할과 사회적 책임

개인의 역할과 사회적 책임은 기업가정신을 발휘하는 데 있어 핵심적인 요소이다. 각 개인은 자신의 직업적 역할을 넘어서 사회에 긍정적인 영향을 미치는 책임을 지니고 있다. 이는 개인이 속한 공동체와 환경에 대한 의식적인 기여를 통해 실현된다. 사회적 책임을 인식하고 이를 실천하는 것은 단순한 의무를 넘어, 보다 나은 사회를 만드는 데 기여한다.

예를 들어, 대학생 A는 환경 보호에 관심이 많아 이를 자신의 경력 발전과 연결한다. A는 환경 공학을 전공하며 지속 가능한 개발에 기여하고자 하는 목표를 설정한다. 그는 학습한 지식을 활용하여 지역 사회의 환경 보호 프로젝트에 참여하고, 지속 가능한 기술의 개발 및 적용에 기여한다. 이러한 활동은 그가 사회적 책임을 실천하는 방법이며, 자신의 전문성을 활용하여 사회에 긍정적인 변화를 가져온다.

개인의 사회적 책임은 또한 자신이 속한 직업 분야에서 윤리적이고 책임감 있는 행동을 하는 것을 포함한다. 예를 들어, 기업가 B는 그의 사업을 통해 공정 무역과 윤리적인 고용 관행을 적극적으로 추구한다. 이는 그의 사업이 경제적 이익뿐만 아니라 사회적 가치에도 기여하고 있음을 보여준다. B는 공급망에서의 공정한 대우와 직원 복지를 강조하며, 이를 통해 사업의 사회적 책임을 실현한다.

이와 같이, 개인의 사회적 책임은 자신의 전문 분야에서의 윤리적 행동과 더불어, 지역 사회와 환경에 대한 적극적인 기여를 통해 나타난다. 이는 단순히 개인의 성공을 넘어서, 사회적으로 긍정적인 변화를 이끌고, 보다 나은 미래를 위한 기반을 마련하는 데 중요하다. 개인이 사회적 책임을 인식하고 이를 실천함으로써, 그들은 자신의 경력과 함께 사회 전체의 성장과 발전에 기여할 수 있다. 이러한 사회적 책임의 실천은 개인이 자신의 역량과 자원을 활용하여 사회적 문제를 해결하고, 보다 지속 가능한 사회를 구축하는 데 필수적인 역할을 한다.

2) 지역 사회와 글로벌 사회에 대한 기여

개인이 지역 사회와 글로벌 사회에 기여하는 것은 오늘날 세계화된 사회에서 더욱 중요해지고 있다. 이러한 기여는 다양한 형태로 이루어지며, 지역적 차원에서 시작하여 전 세계적인 영향을 미칠 수 있다. 지역 사회에 대한 기여는 직접적인 참여와 지원을 통해 이루어지며, 글로벌 사회에 대한 기여는 보다 광범위한 이슈에 대한 인식과 참여를 포함한다.

예를 들어, 대학생 A는 지역 사회의 교육 발전에 기여하기 위해 지역 학교에서 자원봉사 활동을 시작한다. A는 학생들에게 기초 과학과 컴퓨터 프로그래밍을 가르치며, 이를 통해 지역 사회의 교육 수준을 향상시키는 데 기여한다. A의 노력은 학생들에게 새로운 학습 기회를 제공하며, 이들이 미래의 기술 발전에 기여할 수 있는 기반을 마련한다.

글로벌 차원에서의 기여는 예를 들어, 개발도상국의 지속 가능한 발전을 지원하는 프로젝트에 참여하는 것을 포함할 수 있다. 기업가 B는 자신의 기업이 개발도상국에서 친환경 에너지 솔루션을 제공하는 프로젝트에 참여한다. 이 프로젝트는 현지 커뮤니티에 재생 가능 에너지 기술을 도입하고, 이를 통해 지속 가능한 개발과 환경 보호에 기여한다. B의 이러한 활동은 글로벌 차원에서 환경 보호와 경제 발전을 동시에 지원하는 데 중요한 역할을 한다.

지역 사회와 글로벌 사회에 대한 기여는 개인의 역량과 전문성을 활용하여 사회적, 환경적 문제를 해결하는 데 중요하다. 이러한 기여는 지역 커뮤니티의 삶의 질을 향상시키고, 전 세계적인 도전 과제에 대한 해결책을 모색하는 데 도움을 준다. 지역 및 글로벌 차원에서의 사회적 기여는 개인이 자신의 지식과 기술을 넘어서 더 큰 목적을 위해 활용할 수 있는 기회를 제공한다.

이러한 기여는 개인이 사회적 책임을 실천하고, 자신의 행동이 지역 및 글로벌 커뮤니티에 미치는 영향을 이해하는 데 중요하다. 개인의 지역 사회와 글로벌 사회에 대한 기여는 그들이 속한 커뮤니티의 발전과 더불어 전 세계적인 문제에 대한 해결에 기여함으로써, 보다 지속 가능하고 포용적인 세계를 만드는 데 중요한 역할을 한다. 이 과정은 개인이 자신의 역량과 자원을 활용하여 지역 및 글로벌 차원의 사회적 문제를 해결하고, 세계적인 변화를 추구하는 데 필수적인 부분이 된다.

6 결론: 나만의 길을 걷기

자신만의 길을 찾고 따르는 것은 개인의 진정한 성공과 만족감을 위한 핵심 요소이다. 이는 단순히 경력적 성공을 넘어 자신의 가치와 열정에 따라 살아가는 것을 의미한다. 각자가 가진 독특한 재능, 관심사, 가치관을 바탕으로 자신만의 길을 개척하는 것은 개인의 정체성을 확립하고, 삶의 의미와 목적을 찾는 데 중요하다.

대학생 A의 사례를 살펴보면, A는 사회학을 공부하면서 사회적 불평등 문제에 대한 관심을 깊게 가졌다. A는 전통적인 경력 경로를 따르기보다는 자신의 열정과 가치를 반영할 수 있는 길을 선택했다. 그는 비영리 단체에서 일하며 사회적 불평등 문제에 대응하는 활동에 참여한다. A의 이러한 선택은 경제적인 이익보다는 자신의 가치관과 열정을 우선시하는 것으로, 자신만의 길을 따르고 있다는 것을 보여준다.

자신만의 길을 찾는 과정은 때때로 불확실하고 어려울 수 있다. 하지만 이것은 자신이 진정으로 원하는 것이 무엇인지, 어떤 일이 자신을 만족하게 하는지에 대한 깊은 이해로 이어진다. 이 과정을 통해 개인은 자신의 강점과 약점을 인식하고, 이를 바탕으로 더 의미 있고 충족감 있는 경로를 선택할 수 있다.

자신만의 길을 걷는 것은 또한 자신감과 독립성을 발달시킨다. 자신의 결정과 선택에 대한 책임을 지는 것은 개인이 자기 삶을 주도적으로 이끌어갈 수 있는 능력을 키우는 데 도움이 된다. 이러한 자기 주도적 접근 방식은 직업적 성공뿐만 아니라 개인적인 성장과 발전에도 이바지한다.

결국, 자신만의 길을 찾고 따르는 것은 개인이 자기 능력과 열정을 최대한 발휘하고, 자기 삶에 진정한 의미와 가치를 부여하는 데 중요하다. 이는 개인이 자신의 삶을 통제하고, 자신이 진정으로 추구하는 바를 실현할 수 있는 기회를 제공한다. 자신만의 길을 따르는 것은 삶의 여정에서 중요한 발견과 성장을 경험하는 과정이며, 이는 개인이 자기 삶을 더 풍부하고 의미있게 만드는 데 중요한 역할을 한다.

EPILOGUE

에필로그

25년간 13번의 창업 경험기

나의 창업 경험은 창업을 꿈꾸거나, 꿈이 명확하지 않은 청년들에게 기업가정신을 이해하고, '본인의 삶'을 살아가는 의지에 조금이라도 보탬이 되었으면 하는 바램으로 소개하고자 한다. 나의 첫 창업은 대학교 2학년 때부터이고 20여 년간 창업을 12번 시도했고, 13번째 도전 중이다. 창업을 할 때 가장 만족스러웠던 것은 목표를 세우고 그 꿈을 이루어가는 과정이었다.

내가 처음으로 시작했던 것은 창업(創業, start-up)이 아닌, 투잡이었다. 1997년 11월 IMF가 터지면서 사정이 어려워져 군대에 지원하게 되었다. 그 당시는 대학입시 서류를 오프라인으로 접수하는 것을 보고 군대에서 나의 첫 사업을 기획하게 되었다. 입시생을 타깃으로 전국 대학입시 원서를 Door to door(지금의 택배 시스템) 시스템으로 대학 입시원서 접수를 대행해 주는 서비스였다. 전국 대학의 지역 분포와 접수 기간을 분석하고, 차량이 있는 56명의 아르바이트생을 동원하여 전국 각 지역을 커버하는 것이 목표였다. 2000년 전역 후 본격적으로 시작하려 했지만 대학입시 접수가 온라인으로 전면 개편이 되면서 시작도 못해보고 실패한 나의 첫 번째 창업 아이템이었다.

실패한 원인은 PEST 분석(사회 환경 분석)을 하지 않고 접근했기 때문이었다. 세상은 변하고 있었지만 군대안에서 내 생각은 멈추어 있었던 까닭이다.(당시 군대는 핸드폰이나 인터넷이 불가함) 비록 '대학 입시원서 접수 대행'이라는 아이템은 실패였을지 몰라도, Door to door(지금의 택배 시스템) 시스템에 착안했던 발상은 현재 택배 시스템의 근간이 된 아이디어였다.

다양한 창업 경험이 쌓인 지금은 어떤 것이 비즈니스 모델이 될 수 있는지 예측이 가능하지만 처음에는 경험도 부족하고, 아이디어도 실현가능성이 적어 실패한 사업도 많았다. 하지만 이러한 과정을 통해 창업자로 한층 성장하는 계기가 되었고 '기업가정신'이 얼마나 필요한지 인지하게 되었다.

싸이월드는 1999년 시작되어 대한민국 대부분의 젊은 층이 사용한 소셜 네트워크 서비스이다. 오픈마켓이 없던 당시, 나는 싸이월드의 채널에서 은으로 만들어진 쥬얼리를 판매하였다. 또, G마켓 및 옥션 등이 서비스를 시작한 2000년도에는 의정부 청바지공장에서 청바지를 도매가로 구매하여 양재역 사거리에서 1주일 만에 완판한 뒤, 온라인으로 판매하기도 하였다. 이렇게 온오프라인으로 사업영역을 넓히면서 온라인 플랫폼, 앱, 소프트웨어, 하드웨어, 마케팅에 이르기까지 다양한 창업 활동을 할 수 있게 되었다. 이외에도 크고 작은 수많은 경험을 하기도 했다. 아르바이트로는 대학생 때 가구점, 신발 판매장, 편의점 등을 거쳐, 직접 창업해 온 쥬얼리 온라인 판매, 석고 유아 손발 제작 및 유통 판매, 카페, 인플루언서까지 다양한 직업을 경험했다. 하지만 어떤 일을 하더라도 그 일에 최선을 다하려고 노력한 덕분에 일하면서 대학 7학기 전액 장학금을 받기도 하였다.

군대를 가기 이전에는 꿈도 없고, 공부도 그다지 좋아하지 않고, 미래에 무엇을 할지 계획도 없었던 흔히 주변에 마주치는 평범한 청년이었다. 하지만 군대에서 생각이 많이 바뀌게 되었다. 이후에는 기본적인 할 일을 하면서 온라인 밴더, 온라인 마케팅, 온라인 커뮤니티, 종합 마케팅 대행사, 트위터 인플루언서, 앱 제작, 웹 제작, 플랫폼 제작, 다양한 기획, 하드웨어 제작, 소프트웨어 제작 등 다양한 분야에서 여러 가지를 사업을 시도하였다. 도전하는 경험이 쌓일수록 욕심이 생기기 시작했고, 누가 시켜서 한 것이 아닌 스스로 재미있게 하다 보니 자연스럽게 새로운 아이템을 확장하여 갔다. 힘들기도 하였지만 귀한 경험들이었다.

초기 대학생 때는 자본금이 부족해 최대 50만 원으로만 시작을 하였지만 점차로 자본금도 늘어나기 시작했다. 7번째 창업까지는 지속적으로 성장을 했지만, 8번째 창업인 종합 마케팅 대행사를 하면서 연쇄 부도를 맞기도 하였다. 하지만 9번째부터 다시 초기 자금을 모아 창업을 하였고, 12번째 창업은 정부과제 지원금을 신청하여 좀 규모를 크게 사업을 진행할 수 있었다.

대학에서는 전자공학을 전공했지만 지금 내가 하는 분야는 다양하다. 물론 전자공학분야는 9년간의 직장생활과 지금까지 운영하는 보청기 사업에는 큰 도움이 되었다. 그 외에 개인적인 역량은 기획(사업 기획, 마케팅 기획, 제품 기획, 전략 기획, 서비스 기획 등), 소프트웨어, 앱 개발(파이선, 안드로이드 개발), 마케팅(온라인), PM(프로젝트 매니저)의 기능은 도전하여 평균 이상의 실력이고, 대인관계도 무난하여 스타트업을 유지하고 있다. 4년 전쯤부터는 컨설팅과 특강을 시작했고, 현재는 사업을 하면서 대학 겸임교수로 '기업가정신'과 '창업'이라는 교과목을 가르치고 있다.

이렇게 다양한 창업을 할 수 있었던 것은 창업을 할 때마나 제일 중요하게 생각한 점이 돈을 좇아가지 않고, 그 시대의 트렌드를 파악하는 것에 중점을 두었기 때문이었다. 당시 트렌드를 파악하는 것을 따로 공부하거나 배우지는 않았지만, 관심을 가지고 집중하다 보니 자연스럽게 트렌드를 읽는 능력이 배양되었다. 과거에 내가 경험했던 것들이 누적되어 나의 자산이 된 것이다.

다양한 분야의 경험과 자신에 대한 믿음, 새로운 분야를 도전할 때 끈기있게 노력하는 자세와 끊임없는 자아성찰이 현재의 나를 유지하고 있다.

It's me
창업 시리즈 3

창업경험을 바탕으로 이론을 접목한

기업가정신

발행일 | 2024년 7월 8일

저　자 | 이현상
발행인 | 모흥숙

발행처 | 내하출판사
주　소 | 서울 용산구 한강대로 104 라길 3
전　화 | (02)775-3241~5
팩　스 | (02)775-3246

E-mail | naeha@naeha.co.kr
Homepage | www.naeha.co.kr

ISBN | 978-89-5717-574-3 94320
978-89-5717-564-4 94320 (세트)
정가 | 23,000원